대한민국 법령 시리즈 373

농어촌정비법

법령
시행령
시행규칙

해광출판사

머리말

이 책은 방대한 법전을 보지 않고 간편하게 해당되는 법령만 참고해서 볼 수 있도록 하였습니다. 공공기관이나 관련 종사자들이 쉽고 간편하게 해당 법령을 참조 할 수 있도록 하였습니다.

특히 해당법률은 물론 관련 시행령, 시행규칙을 함께 실어 관련법을 서로 참고할 수 있게 하였습니다.

법률이라는 것이 크든 작든 항상 변하는 관계로, 출간 이후의 정확하고 최신의 법률은 법제처 국가법령정보센터에서 확인이 가능하니 법률의 실제 적용 시 확인이 필요한 점 유의하기를 바랍니다.

편집부

* 수록 법률은 법제처 국가법령정보센터에서 확인 가능합니다.
* 발행일 기준 시행 법률이므로 최신 법령은 위 센터에서 볼 수 있습니다.
* 본 책자에 수록된 법률의 문구에 대하여 법적인 효력은 없으며,
  실제 적용 법률은 위 센터에서 최신의 법률로 확인하시기 바랍니다.
* 해당 법령과 함께 시행령, 시행규칙도 수록되어 있습니다.
* 발행일 기준으로 개정 예정 법률은 밑줄로 별도 표시되어 있으며,
  보다 정확한 것은 법제처에서 확인하기 바랍니다.

목차

농어촌정비법

[시행 2024. 12. 20.] [법률 제20581호, 2024. 12. 20., 타법개정]

**개정 예정 법률 밑줄 별도 표시.

농어촌정비법

[시행 2024. 12. 20.] [법률 제20581호, 2024. 12. 20., 타법개정]

제1장 총칙

제1조(목적) 이 법은 농업생산기반, 농어촌 생활환경, 농어촌 관광휴양자원 및 한계농지 등을 종합적·체계적으로 정비·개발하여 농수산업의 경쟁력을 높이고 농어촌 생활환경 개선을 촉진함으로써 환경친화적이고 현대적인 농어촌 건설과 국가의 균형발전에 이바지하는 것을 목적으로 한다. 〈개정 2019. 12. 10.〉

제2조(정의) 이 법에서 사용하는 용어의 뜻은 다음과 같다. 〈개정 2011. 7. 14., 2012. 2. 17., 2015. 1. 6., 2015. 6. 22., 2019. 1. 15., 2020. 2. 11., 2024. 1. 2.〉

1. "농어촌"이란 「농업·농촌 및 식품산업 기본법」 제3조제5호에 따른 농촌과 「수산업·어촌 발전 기본법」 제3조제6호에 따른 어촌을 말한다.

2. "준농어촌"이란 광역시 관할 구역의 지방자치단체인 구(이하 "광역시 자치구"라 한다)의 구역 중 농어촌 외의 지역으로서 「농지법」에 따른 농업진흥지역과 「개발제한구역의 지정 및 관리에 관한 특별조치법」에 따른 개발제한구역을 말한다.

3. "농어촌용수"란 농어촌지역에 필요한 생활용수, 농업용수, 공업용수, 수산용수와 환경오염을 방지하기 위한 용수를 말한다.

4. "농어촌정비사업"이란 다음 각 목의 사업을 말한다.

가. 농업생산기반을 조성·확충하기 위한 농업생산기반 정비사업

나. 생활환경을 개선하기 위한 농어촌 생활환경 정비사업

다. 농어촌산업 육성사업

라. 농어촌 관광휴양자원 개발사업

마. 한계농지등의 정비사업

5. "농업생산기반 정비사업"이란 다음 각 목의 사업을 말한다.

가. 농어촌용수 개발사업

나. 경지 정리, 배수(排水) 개선, 농업생산기반시설의 개수·보수와 준설(浚渫) 등 농업생산기반 개량사업

다. 농수산업을 주목적으로 간척, 매립, 개간 등을 하는 농지확대 개발사업

라. 농업 주 생산단지의 조성과 영농시설 확충사업

마. 저수지[농어촌용수를 확보할 목적으로 하천, 하천구역 또는 연안구역 등에 물을 가두어 두거나 관리하기 위한 시설과 홍수위(洪水位: 하천의 최고 수위) 이하의 수면 및 토지를 말한다. 이하 같다], 담수호 등 호수와 늪의 수질오염 방지사업과 수질개선 사업

바. 농지의 토양개선사업

사. 그 밖에 농지를 개발하거나 이용하는 데에 필요한 사업

6. "농업생산기반시설"이란 농업생산기반 정비사업으로 설치되거나 그 밖에 농지 보전이나 농업 생산에 이용되는 저수지, 양수장(揚水場), 관정(管井: 우물) 등 지하수 이용시설, 배수장, 취입보(取入洑: 하천에서 관개용수를 수로에 끌어 들이기 위하여 만든 저수시설), 용수로, 배수로, 유지(溜池: 웅덩이), 도로(「농어촌도로 정비법」 제4조에 따른 농도(農道) 등 농로를 포함한다. 이하 같다), 방조제, 제방(堤防: 둑) 등의 시설물 및 그 부대시설과 농수산물의 생산·가공·저장·유통시설 등 영농시설을 말한다.

7. "안전점검"이란 경험과 기술을 갖춘 자가 육안이나 점검기구 등으로 농업생산기반시설의 결함 등을 조사하는 행위를 말한다.

8. "정밀안전진단"이란 안전점검을 한 결과 농업생산기반시설의 물리적·기능적 결함을 발견하고, 그에 대한 조치를 신속하고 적절하게 하기 위하여 시설의 구조적 안정성 및 결함의 원인 등을 조사, 측정 및 평가하여 보수, 보강 등의 방안을 제시하는 것을 말한다.

9. "안전관리"란 농업생산기반시설의 안전을 위한 안전점검, 정밀안전진단, 유지·개수·보수, 사용 제한, 철거 등 모든 행위를 말한다.

10. "생활환경정비사업"이란 농어촌지역과 준농어촌지역의 생활환경, 생활기반 및 편익시설·복지시설 등을 종합적으로 정비하고 확

충하며 농어업인 등의 복지를 향상하기 위한 다음 각 목의 사업을 말한다.

가. 집단화된 농어촌 주택, 공동이용시설 등을 갖춘 새로운 농어촌마을 건설사업

나. 기존 마을의 토지와 주택 등을 합리적으로 재배치하기 위한 농어촌마을 재개발사업

다. 분산된 마을의 정비사업

라. 간이 상수도, 마을하수도(「하수도법」 제2조제4호에 따른 공공하수도 중 농어촌지역에 마을 단위로 설치하는 공공하수도를 말한다) 및 오수·폐수 정화시설의 설치 등 농어촌 수질오염 방지를 위한 사업

마. 주민생활의 거점이 되는 지역을 중점적으로 개발하는 정주생활권(定住生活圈) 개발사업

바. 빈집의 정비(빈집의 철거·개량·활용 및 효율적 관리를 위한 사업 등을 말한다)

사. 농어촌 임대주택의 공급 및 관리를 위한 사업

아. 치산녹화(治山綠化) 등 국토보전시설의 정비·확충

자. 농어촌 주택의 개량(신축·증축·개축 및 대수선을 말한다. 이하 같다)사업

차. 슬레이트(석면이 포함된 슬레이트를 말한다. 이하 같다)가 사용된 농어촌 주택·공동이용시설 등 시설물에 대한 슬레이트의 해체·제거 및 처리 사업

카. 그 밖에 농어촌지역과 준농어촌지역의 생활환경을 개선하기 위하여 필요한 사업

11. "농어촌 주택"이란 농어촌지역과 준농어촌지역에 위치하고 장기간 독립된 주거생활을 할 수 있는 구조로 된 건축물(이에 부속되는 건축물 및 토지를 포함한다)을 말한다.

12. "빈집"이란 시장(특별자치시의 경우에는 특별자치시장을 말하고, 특별자치도의 경우에는 특별자치도지사를 말한다. 이하 같다)·군수·구청장(광역시 자치구의 구청장을 말한다. 이하 같다)이 거주 또는 사용 여부를 확인한 날부터 1년 이상 아무도 거주하지 아니하거나 사용하지 아니하는 농어촌 주택이나 건축물을 말한다.

12의2. "빈집우선정비구역"이란 빈집이 증가하고 있거나 빈집 비

율이 높은 지역을 관리하기 위하여 제64조의7에 따라 지정된 구역을 말한다.

13. "마을정비구역"이란 농어촌지역 또는 준농어촌지역에서 농어촌정비사업을 종합적 · 계획적으로 시행하기 위하여 제101조에 따라 지정 · 고시된 구역을 말한다.

14. "환지(換地)"란 농어촌정비사업의 시행으로 종전의 토지를 대신하여 새로 정비된 토지를 지정하는 것을 말한다.

15. "농어촌산업"이란 농어촌의 특산물 · 전통문화 · 경관 등 유형 · 무형의 자원을 활용한 식품가공 등 제조업, 문화관광 등 서비스업 및 이와 관련된 산업을 말한다.

16. "농어촌 관광휴양사업"이란 다음 각 목의 사업을 말한다.

가. 농어촌 관광휴양단지사업: 농어촌의 쾌적한 자연환경과 농어촌 특산물 등을 활용하여 전시관, 학습관, 지역 특산물 판매시설, 체육시설, 청소년 수련시설, 휴양시설 등을 갖추고 이용하게 하거나 휴양 콘도미니엄 등 숙박시설과 음식 등을 제공하는 사업

나. 관광농원사업: 농어촌의 자연자원과 농림수산 생산기반을 이용하여 지역특산물 판매시설, 영농 체험시설, 체육시설, 휴양시설, 숙박시설, 음식 또는 용역을 제공하거나 그 밖에 이에 딸린 시설을 갖추어 이용하게 하는 사업

다. 주말농원사업: 주말영농과 체험영농을 하려는 이용객에게 농지를 임대하거나 용역을 제공하고 그 밖에 이에 딸린 시설을 갖추어 이용하게 하는 사업

라. 농어촌민박사업: 농어촌지역 또는 준농어촌지역의 주민이 소유 및 거주하고 있는 주택을 이용하여 농어촌 소득을 늘릴 목적으로 투숙객에게 숙박 · 취사시설 · 조식 등을 제공하는 사업

17. "한계농지"란 「농지법」 제28조에 따른 농업진흥지역 밖의 농지 중에서 영농 조건이 불리하여 생산성이 낮은 농지로서 대통령령으로 정하는 기준에 해당하는 농지를 말한다.

18. "한계농지등의 정비사업"이란 농어촌지역의 한계농지와 그 주변산지 등 토지(이하 "한계농지등"이라 한다)를 활용하여 농림수산업적 이용, 농어촌 관광휴양자원 이용, 다목적 이용 등의 형태로 개발하는 사업을 말한다.

제2장 농어촌 정비를 위한 자원의 조사와 활용

제3조(자원 조사) ① 농림축산식품부장관 또는 해양수산부장관은 농어촌 정비를 위하여 토지·마을 및 연안해수면의 이용과 개발에 필요한 자원 조사를 할 수 있다. 〈개정 2013. 3. 23., 2020. 2. 11.〉

② 농어촌 정비를 위한 자원 조사는 농어촌지역을 대상으로 한다.

③ 자원 조사의 대상 항목, 연안해수면의 범위, 그 밖에 필요한 사항은 대통령령으로 정한다. 〈개정 2020. 2. 11.〉

제4조(농어촌 정비 종합계획 등) ① 농림축산식품부장관 또는 해양수산부장관은 제3조에 따른 자원 조사 결과를 바탕으로 농업생산기반, 농어촌 생활환경, 농어촌산업, 농어촌 관광휴양자원, 한계농지등을 개발하고 정비하기 위하여 관계 부처의 장과 협의(協議)하여 농어촌 정비 종합계획을 세워야 한다. 〈개정 2013. 3. 23.〉

② 제1항에 따른 농어촌 정비 종합계획은 「농업·농촌 및 식품산업 기본법」 제14조에 따른 농업·농촌 및 식품산업 발전계획 및 「수산업·어촌 발전 기본법」 제7조에 따른 수산업·어촌 발전 기본계획에 따라 세우되, 다음 각 호의 내용이 포함되어야 한다. 〈개정 2013. 3. 23., 2015. 6. 22.〉

1. 농어촌정비사업의 목표와 정책의 기본 방향
2. 대상 지역의 현황
3. 주요 농어촌정비사업 내용
4. 추정사업비

③ 지방자치단체의 장은 지역 개발계획을 세우거나 보완·발전시키려면 제3조의 자원 조사 결과를 활용하여야 한다.

제5조(농어촌경관의 보전관리) ① 농림축산식품부장관 또는 해양수산부장관은 농어촌지역 특성을 고려한 농어촌정비사업의 시행을 위하여 경관의 보전·형성·관리(이하 "농어촌경관관리"라 한다)를 위한 기본방침을 세워 추진할 수 있다. 〈개정 2013. 3. 23.〉

② 농어촌정비사업 시행자는 대통령령으로 정하는 바에 따라 농어촌정비사업 대상지역의 농어촌경관관리를 위한 계획(이하 "농어촌경관관리계획"이라 한다)을 세우고 시행할 수 있다.

③ 농어촌 지역주민 또는 이해관계자는 농어촌정비사업 시행자에게 농어촌경관관리계획의 수립을 제안할 수 있으며, 그 수립을 제안받은 자는 그 처리 결과를 제안자에게 알려야 한다.

④ 제3항에 규정된 사항 외에 농어촌경관관리계획의 제안, 제안서의 처리 등에 필요한 사항은 대통령령으로 정한다.

제3장 농업생산기반 정비

제1절 농업생산기반 정비사업의 시행

제6조(농업생산기반 정비사업의 원칙) 농업생산기반 정비사업은 농지, 농어촌용수 등의 자원을 효율적으로 이용하여 농업의 생산성을 높일 수 있도록 다음 각 호의 사항 등을 고려하여 종합적이고 체계적으로 시행함을 원칙으로 한다. 〈개정 2019. 12. 10., 2020. 2. 11.〉

1. 사업 시행지역의 토질, 토양, 경사도, 기후, 재해방지
2. 재배작물의 종류
3. 경제성 및 농어촌경관
4. 제9조제3항에 따른 토지에 대한 권리를 가지고 있는 자의 동의
5. 환경친화적 농업생산기반시설 구축

제7조(농업생산기반 정비계획과 예정지 조사) ① 농림축산식품부장관은 제3조에 따른 자원 조사 결과와 제4조에 따른 농어촌 정비 종합계획을 기초로 논농사, 밭농사, 시설농업 등 지역별·유형별 농업생산기반 정비계획을 10년마다 세우고 추진하되, 5년마다 타당성을 검토하여 이를 반영하여야 한다. 〈개정 2013. 3. 23., 2023. 3. 28.〉

② 농림축산식품부장관 또는 광역시장·특별자치시장·도지사 또는 특별자치도지사(이하 "시·도지사"라 한다)는 농업생산기반 정비사업을 하려는 자가 신청하거나 농림축산식품부장관 또는 시·도지사가 농업생산기반 정비사업의 필요성을 인정하는 경우 제1항에 따른 농업생산기반 정비계획에 따라 해당 지역에 대한 예정지 조사를 하여야 한다. 이 경우 사업별 예정지 조사의 실시 주체는 다음 각 호의 구분과 같다. 〈개정 2023. 3. 28.〉

1. 다음 각 목의 요건을 모두 충족하는 농업생산기반 정비사업인 경우: 농림축산식품부장관
   가. 수혜면적(受惠面積)이 3천만제곱미터 이상일 것
   나. 다음의 농업생산기반 정비사업 중 둘 이상으로 구성된 사업일 것
      1) 농어촌용수 개발사업
      2) 경지 정리사업

3) 배수 개선사업
4) 간척사업
5) 매립사업
2. 제1호 외의 농업생산기반 정비사업인 경우: 시 · 도지사

제8조(농업생산기반 정비사업 기본계획의 수립) ① 농림축산식품부장관은 제7조제2항에 따른 예정지 조사 결과 농업생산기반 정비사업 중 타당성이 있다고 인정되는 사업은 그 지역에 대한 기본조사를 하고 농업생산기반 정비사업 기본계획을 세워야 한다. 다만, 제2조제5호나목의 경지 정리, 농업생산기반시설의 개수 · 보수 및 준설사업과 그 밖에 수혜면적이 50만제곱미터 미만인 농업생산기반 정비사업은 다음 각 호의 자가 기본조사를 하고 농업생산기반 정비사업 기본계획을 세워야 한다. 〈개정 2013. 3. 23., 2019. 1. 15., 2023. 3. 28.〉

1. 사업지역이 1개 광역시 · 특별자치시 · 도 또는 특별자치도(이하 "시 · 도"라 한다)인 경우: 관할 시 · 도지사
2. 사업지역이 2개 이상의 시 · 도에 걸쳐 있는 경우: 농림축산식품부장관이 관할 시 · 도지사와 협의하여 지정하는 시 · 도지사

② 제1항에도 불구하고 제7조제2항에 따른 예정지 조사 결과 타당성이 있다고 인정된 농업생산기반 정비사업 중 일정 규모 미만의 사업 등 대통령령으로 정하는 사업은 기본조사를 생략할 수 있다.

제9조(농업생산기반 정비사업 시행계획의 수립 등) ① 농림축산식품부장관 또는 시 · 도지사는 제8조에 따른 농업생산기반 정비사업 기본계획 중 타당성이 있는 농업생산기반 정비사업에 대하여는 농업생산기반 정비사업 시행자를 지정하여야 한다. 〈개정 2013. 3. 23.〉

② 농업생산기반 정비사업 시행자는 농업생산기반 정비사업 기본계획에 따라 사업을 하려면 해당 지역에 대한 세부 설계를 하고, 농업생산기반 정비사업 시행계획을 세워야 한다.

③ 농업생산기반 정비사업 시행자는 농업생산기반 정비사업(저수지의 개수 · 보수 등 농림축산식품부령으로 정하는 농업생산기반 개량사업은 제외한다) 시행계획을 공고하고, 제11조에 따른 토지에 대한 권리를 가지고 있는 자에게 열람하도록 한 후 3분의 2 이상의 동의를 받아야 한다. 〈개정 2013. 3. 23.〉

④ 농업생산기반 정비사업 시행자는 농림축산식품부령으로 정하는

특수한 사유로 인하여 제3항에 따른 동의를 받을 수 없는 경우에는 그 지역 수혜면적의 3분의 2 이상에 해당하는 토지 소유자의 동의를 받아야 한다. 〈개정 2013. 3. 23., 2023. 3. 28.〉

⑤ 토지 등에 대한 권리를 가지고 있는 자는 제3항에 따라 공고된 농업생산기반 정비사업 시행계획에 이의가 있으면 공고일부터 30일 이내에 농업생산기반 정비사업 시행자에게 이의신청을 할 수 있다. 이 경우 농업생산기반 정비사업 시행자는 이의신청일부터 30일 이내에 이의신청에 대한 검토의견을 이의신청인에게 알려야 하고, 이의신청 내용이 타당하면 농업생산기반 정비사업 시행계획에 그 내용을 반영하여야 한다.

⑥ 농업생산기반 정비사업 시행자가 농업생산기반 정비사업 시행계획을 수립하면 농림축산식품부령으로 정하는 서류를 첨부하여 농림축산식품부장관에게 승인을 신청하여야 한다. 다만, 제8조제1항 각 호 외의 부분 단서에 따른 사업의 경우에는 시·도지사에게 승인을 신청하여야 한다. 〈개정 2013. 3. 23., 2023. 3. 28.〉

⑦ 농림축산식품부장관 또는 시·도지사는 농업생산기반 정비사업 시행계획을 승인한 경우에는 그 내용을 고시하여야 한다. 〈개정 2013. 3. 23.〉

⑧ 농업생산기반 정비사업 시행자는 승인받은 농업생산기반 정비사업 시행계획을 변경하려는 경우에는 농림축산식품부장관 또는 시·도지사의 승인을 받아야 한다. 〈개정 2013. 3. 23.〉

⑨ 농림축산식품부장관 또는 시·도지사는 제8항에 따라 농업생산기반 정비사업 시행계획 변경을 승인한 경우에는 그 내용을 고시하여야 한다. 다만, 대통령령으로 정하는 경미한 사항은 그러하지 아니하다. 〈개정 2013. 3. 23.〉

제10조(농업생산기반 정비사업 시행자) 농업생산기반 정비사업은 국가, 지방자치단체, 「한국농어촌공사 및 농지관리기금법」에 따른 한국농어촌공사(이하 "한국농어촌공사"라 한다) 또는 토지 소유자가 시행한다. 다만, 제2조제5호라목의 농업 주 생산단지의 조성과 영농시설 확충사업은 「농업협동조합법」 제2조에 따른 조합도 시행할 수 있다. 〈개정 2020. 2. 11.〉

제11조(토지에 대한 권리를 가지고 있는 자) 제9조제3항에 따라 동의를 받아야 하는 자는 그 사업 시행지역의 토지에 대한 다음 각

호의 어느 하나에 해당하는 권리를 가지고 있는 자(이하 "토지등 소유자"라 한다)로 한다.

1. 농업의 목적으로 사용·수익하는 토지의 소유자
2. 농업의 목적으로 사용·수익하기 위하여 토지에 소유권 외의 물권(등기된 임차권을 포함한다. 이하 같다)을 가지고 있는 자
3. 농업 외의 목적으로 사용·수익하는 토지의 소유자
4. 농업 외의 목적으로 사용·수익하기 위하여 토지에 소유권 외의 물권을 가지고 있는 자
5. 그 밖에 대통령령으로 정하는 자

제12조(농지의 규모 확대 및 집단화 추진) ① 농업생산기반 정비사업 시행자는 농업경영을 합리화하기 위하여 농지 규모를 확대하고 농지를 집단화할 수 있도록 농업생산기반 정비사업을 시행하고, 농지가 세분화되는 것을 막을 수 있도록 사업을 추진하여야 한다.

② 농업생산기반 정비사업 시행자는 특정 용도의 용지 등을 확보하기 위하여 필요한 경우에는 제34조에 따라 창설환지(創設換地)를 정할 수 있다.

제13조(매립, 간척 또는 개간의 효율적 시행) ① 농업이나 수산업을 주목적으로 매립사업이나 간척사업을 하는 자는 농지, 초지, 농어촌용수시설, 농어촌도로, 농어촌마을, 영농편익시설, 농공단지 및 하수·배수·퇴적토(堆積土) 처리시설 등 종합적인 토지 이용계획을 세워야 한다.

② 농업이나 수산업을 주목적으로 하는 매립사업이나 간척사업으로 조성하는 농지는 기계화 영농이나 영농 규모 확대에 적합하도록 개발하여야 한다.

③ 농업이나 수산업을 주목적으로 하는 매립사업이나 간척사업의 면허·인가 및 고시 등에 관하여는 「공유수면 관리 및 매립에 관한 법률」을 적용한다. 〈개정 2010. 4. 15.〉

④ 국가는 농지를 늘리기 위하여 필요하면 개간 대상 지역의 조사·결정 및 고시 등 농지 개발과 관련된 조치를 할 수 있다.

제14조(농업생산기반 정비사업 시행으로 조성된 재산의 관리와 처분) ① 농업생산기반 정비사업 시행으로 조성된 재산 중 농업생산기반시설에 제공되지 아니하는 매립지·간척지·개간지·취토장(取土場: 쓸 흙을 파내는 곳) 등 토지와 그 밖의 물건 등(이하 "매립지등"

이라 한다)은 대통령령으로 정하는 바에 따라 농업생산기반 정비사업 시행자가 각 호의 어느 하나에 해당하는 방법으로 관리·처분한다.

1. 임대
2. 매각
3. 직접 사용
4. 일시 사용

② 농업생산기반 정비사업 시행자가 제1항에 따라 매립지등을 관리·처분하려면 농림축산식품부장관[제8조제1항 각 호 외의 부분 단서에 따른 사업(「한국농어촌공사 및 농지관리기금법」 제31조에 따른 농지관리기금이 투입된 사업은 제외한다) 시행으로 조성된 재산의 경우에는 시·도지사를 말한다]의 승인을 받아야 하며, 이에 필요한 다음 각 호의 사항은 대통령령으로 정한다. 〈개정 2013. 3. 23., 2019. 1. 15., 2023. 3. 28.〉

1. 임대기간, 임대료 산정 기준, 임대 절차 및 방법, 임대료 감면 대상
2. 매각 대상 자격자, 매각 절차, 매각방법
3. 임대·매각 특례, 직접사용 및 일시사용 자격 등 그 밖에 필요한 사항

③ 제1항에 따라 매립지등을 처분한 경우에 그 매각 대금은 다음 각 호의 용도로 사용하여야 한다. 〈개정 2013. 3. 23.〉

1. 대통령령으로 정하는 채무 상환 및 농업생산기반시설의 유지관리사업 등을 위한 재원 조성
2. 농어촌정비사업의 시행
3. 다른 법령, 정관 또는 규약으로 정하는 용도
4. 그 밖에 농림축산식품부령으로 정하는 용도

④ 국가가 시행한 농업생산기반 정비사업(「한국농어촌공사 및 농지관리기금법」 제34조에 따른 농지관리기금이 투입된 사업을 포함한다. 이하 이 조에서 같다)으로 조성된 매립지등을 처분한 경우에는 제3항에도 불구하고 그 매각 대금을 「한국농어촌공사 및 농지관리기금법」 제31조에 따른 농지관리기금에 내야 한다.

⑤ 한국농어촌공사가 국가나 지방자치단체의 예산 지원 없이 관리하는 농업생산기반시설의 준설사업으로 조성한 자갈, 모래 등의 부

산물에 대하여는 제1항부터 제3항까지의 규정을 적용하지 아니한다.

제14조의2(간척지 조성 중인 토지의 임시 사용) 농업생산기반 정비사업 시행자는 농업생산기반 정비사업의 방조제 공사 완료로 노출된 토지에 대하여 매립공사 이전까지 공사에 지장이 없는 범위에서 대통령령으로 정하는 바에 따라 임시로 사용하거나 농어업인 등에게 사용하게 할 수 있다.

[본조신설 2018. 2. 21.]

제15조(농어촌용수 이용 합리화계획 등) ① 농림축산식품부장관은 농어촌용수의 효율적인 개발·이용 및 보전 등을 위하여 농어촌용수 이용 합리화계획을 세우고 추진하여야 한다. 〈개정 2013. 3. 23.〉

② 농림축산식품부장관은 농어촌용수를 체계적으로 개발하고, 합리적으로 이용하며, 수질을 관리·보전하기 위하여 농어촌용수구역을 설정하여 운용할 수 있다. 〈개정 2013. 3. 23.〉

③ 농림축산식품부장관은 제2항에 따라 농어촌용수구역을 설정하면 그 사실을 시·도지사에게 통보하여 고시하도록 하여야 한다. 다만, 2개 이상의 시·도 관할 구역이 포함되는 농어촌용수구역은 농림축산식품부장관이 고시한다. 〈개정 2013. 3. 23.〉

④ 제1항에 따른 농어촌용수 이용 합리화계획의 수립·추진과 제2항에 따른 농어촌용수구역의 설정·운용 등에 필요한 사항은 대통령령으로 정한다.

⑤ 농림축산식품부장관은 농어촌용수 이용 합리화계획을 변경하려는 경우에는 제3항을 준용한다. 〈개정 2013. 3. 23.〉

제15조의2(도서지역 등의 농어촌용수 실태조사 등) ① 농림축산식품부장관은 농어촌용수의 공급 부족 등으로 인하여 가뭄 피해의 우려가 큰 지역[도서(島嶼)지역을 포함한다]에 대하여 매년 농어촌용수의 공급 현황에 관한 실태조사를 실시하여야 한다.

② 농림축산식품부장관은 제1항에 따른 조사 결과 농어촌용수의 공급이 현저하게 부족한 지역에 대하여는 공급 향상을 위하여 필요한 조치 및 예산의 범위에서 특별한 지원을 할 수 있다.

③ 농림축산식품부장관은 제1항에 따른 실태조사를 위하여 필요한 경우에는 관계 행정기관의 장, 지방자치단체의 장 등에게 자료 제출이나 의견 제시 등을 요청할 수 있다. 이 경우 요청을 받은 자는 특별한 사유가 없으면 그 요청에 따라야 한다.

④ 제1항에 따른 실태조사의 범위와 방법 및 그 밖에 필요한 사항은 농림축산식품부령으로 정한다.

[본조신설 2020. 2. 11.]

제2절 농업생산기반시설의 관리

제16조(국가 등이 시행한 농업생산기반시설의 관리와 이관) ① 농업생산기반 정비사업 시행자는 농업생산기반 정비사업이 끝나면 그 사업으로 설치된 농업생산기반시설을 관리한다.

② 농림축산식품부장관은 제1항에도 불구하고 다음 각 호의 어느 하나에 해당하는 농업생산기반시설을 한국농어촌공사가 인수하여 관리하도록 결정할 수 있다. 이 경우 농림축산식품부장관은 미리 한국농어촌공사의 의견을 들어야 한다. 〈개정 2013. 3. 23.〉

1. 국가가 시행한 농업생산기반 정비사업으로 설치된 농업생산기반시설

2. 지방자치단체나 토지 소유자가 관리하는 농업생산기반시설 중 그 지방자치단체 또는 토지 소유자가 농림축산식품부장관에게 한국농어촌공사가 인수하여 관리하게 하여 줄 것을 요청하는 농업생산기반시설

③ 제2항에 따라 농업생산기반시설을 인수한 한국농어촌공사는 그 농업생산기반시설에 관하여 발생한 국가 · 지방자치단체 또는 토지 소유자의 권리 · 의무를 포괄적으로 승계한다.

④ 농림축산식품부장관은 다음 각 호의 어느 하나에 해당할 때에는 제1항에도 불구하고 농업생산기반 정비사업으로 설치되는 농업생산기반시설을 한국농어촌공사가 인수하여 관리하도록 미리 결정할 수 있다. 이 경우 농림축산식품부장관은 결정에 앞서 한국농어촌공사의 의견을 들어야 하고, 한국농어촌공사는 그 농업생산기반시설을 설치하기 위하여 국가 · 지방자치단체 또는 토지 소유자가 매수한 용지를 미리 한국농어촌공사의 소유로 등기할 수 있다. 〈개정 2013. 3. 23.〉

1. 국가가 농업생산기반 정비사업을 시행할 때

2. 지방자치단체나 토지 소유자가 농업생산기반 정비사업을 시행하는 경우로서 그 지방자치단체나 토지 소유자가 요청할 때

⑤ 제4항의 결정에 따라 농업생산기반시설을 인수한 한국농어촌

공사의 권리 · 의무 승계에 관하여는 제3항을 준용한다.

제17조(농업생산기반시설의 등록) 제16조에 따라 농업생산기반시설을 관리하는 자(이하 "농업생산기반시설관리자"라 한다)는 대통령령으로 정하는 바에 따라 그가 관리하는 농업생산기반시설을 다음 각 호의 구분에 따라 시 · 도지사 또는 시장 · 군수 · 구청장에게 등록하여야 한다. 〈개정 2012. 2. 17.〉

1\. 시 · 도지사: 다음 각 목의 농업생산기반시설

가. 농업생산기반시설 중 저수지, 양수장, 배수장, 방조제 및 제방

나. 2개 이상의 시, 군, 광역시 자치구에 걸쳐 있는 농업생산기반시설

2\. 시장 · 군수 · 구청장: 제1호의 농업생산기반시설을 제외한 농업생산기반시설

제18조(농업생산기반시설의 관리) ① 농업생산기반시설관리자는 농업생산기반시설에 대하여 항상 선량한 관리를 하여야 하며, 대통령령으로 정하는 바에 따라 농업생산기반시설의 안전관리계획을 수립하여야 한다.

② 농업생산기반시설관리자는 농업생산기반시설의 정비, 시설물의 개수 · 보수 등의 조치를 하여야 하고, 제1항의 안전관리계획에 따라 안전점검과 정밀안전진단을 하여야 한다. 다만, 농업생산기반시설 중 총저수용량 5만세제곱미터 이상인 저수지에 대해서는 대통령령으로 정하는 기간마다 정밀안전진단을 실시하여야 한다. 〈개정 2023. 3. 28.〉

③ 누구든지 자연재해로 인한 피해의 방지 및 인명 구조를 위하여 긴급한 조치가 필요한 경우 등 대통령령으로 정하는 정당한 사유 없이 다음 각 호의 어느 하나에 해당하는 행위를 하여서는 아니 된다.

1\. 농업생산기반시설의 구조상 주요 부분을 손괴(損壞)하여 그 본래의 목적 또는 사용에 지장을 주는 행위

2\. 농업생산기반시설관리자의 허락 없이 수문을 조작하거나 용수를 인수함으로써 농어촌용수의 이용 · 관리에 지장을 주는 행위

3\. 농업생산기반시설을 불법으로 점용하거나 사용하는 행위

제18조의2(농업생산기반시설의 구조 · 시설 기준 등) 농업생산기반시설의 구조 · 시설, 유지 · 보수 및 안전관리의 기준은 농림축산식품부

령으로 정하되, 농업생산기반 정비사업에 따르는 자연생태계의 훼손 및 인근 주민 등의 환경피해를 최소화하고, 시설물의 안전을 확보할 수 있도록 정하여야 한다.

[본조신설 2019. 1. 15.]

제18조의3(농업생산기반시설정보체계 구축·운영) ① 농림축산식품부장관은 농업생산기반시설에 대한 정보를 체계적으로 관리하고 효율적으로 활용하기 위하여 농업생산기반시설정보체계를 구축·운영하여야 한다.

② 농림축산식품부장관은 농업생산기반시설관리자에게 제1항에 따른 농업생산기반시설정보체계의 구축과 운영에 필요한 자료 또는 정보의 제공을 요청할 수 있다. 이 경우 자료 또는 정보의 제공을 요청받은 농업생산기반시설관리자는 특별한 사유가 없으면 그 요청에 따라야 한다.

③ 농업생산기반시설관리자는 제1항에 따른 농업생산기반시설정보체계에 등록하는 정보를 조사하고 데이터화하여 등록된 정보를 매년 최신으로 유지하여야 한다.

④ 제1항부터 제3항까지의 규정에 따른 농업생산기반시설정보체계의 구축범위 및 운영절차, 그 밖에 필요한 사항은 대통령령으로 정한다.

[본조신설 2021. 11. 30.]

제19조(안전관리 교육) 농림축산식품부장관과 시·도지사는 농업생산기반시설의 안전관리에 종사하는 자의 능력향상을 위하여 교육·훈련계획을 세우고 시행하여야 한다. 〈개정 2013. 3. 23., 2023. 3. 28.〉

제20조(농업생산기반시설에 대한 비상대처계획의 수립 등) ① 저수지 축조 등 대통령령으로 정하는 농업생산기반시설을 설치하려는 자는 농업생산기반시설을 착공한 후 1년 이내에 농업생산기반시설 붕괴 등의 비상 상황으로 발생할 수 있는 국민의 생명·재산의 피해를 예방하고 줄이는 데에 필요한 종합적인 대처계획(이하 "비상대처계획"이라 한다)을 세워야 한다. 이 경우 미리 관계 행정기관의 장과 협의하여야 한다.

② 비상대처계획을 세운 자는 지체 없이 관계 행정기관의 장에게 수립된 비상대처계획을 알려야 한다. 이 경우 통지를 받은 관계 행

정기관의 장은 비상대처계획의 실행에 필요한 조치를 하여야 한다.

③ 비상대처계획을 세운 자는 농업생산기반시설의 착공 또는 준공 후에 농업생산기반시설과 관련한 중대한 변화가 있으면 그 내용을 반영하여 비상대처계획을 변경하여야 한다. 비상대처계획의 변경에 관하여는 제1항 후단과 제2항을 준용한다.

④ 비상대처계획에 포함되어야 할 사항과 비상대처계획의 수립·변경에 관한 세부적인 사항은 대통령령으로 정한다.

제21조(농어촌용수 오염 방지와 수질 개선 등) ① 농림축산식품부장관이나 농업생산기반시설관리자는 오염물질이 흘러들어 농어촌용수가 오염되어 영농과 농어촌 생활환경에 지장을 줄 우려가 있다고 인정되면 환경부장관이나 지방자치단체의 장에게 다음 각 호에서 규정하고 있는 명령과 조치 등을 하도록 요구할 수 있다. 〈개정 2013. 3. 23., 2014. 3. 24., 2017. 1. 17., 2021. 4. 13.〉

1. 「물환경보전법」 제12조 및 제39조부터 제44조까지의 규정
2. 「하수도법」 제25조제2항, 제33조, 제40조제1항·제2항 및 제41조제1항
3. 「가축분뇨의 관리 및 이용에 관한 법률」 제10조제2항, 제17조제5항 및 제25조제10항
4. 「지하수법」 제16조 및 제16조의3

② 환경부장관 또는 시·도지사는 제1항의 요구를 정당한 사유 없이 거부하여서는 아니 된다.

③ 농림축산식품부장관은 다음 각 호의 어느 하나에 해당하는 농어촌용수 오염으로 영농과 농어촌 생활환경에 지장을 줄 것이 우려되면 농어촌용수의 수질개선 대책을 수립·시행할 수 있다. 〈개정 2013. 3. 23.〉

1. 저수지 및 담수호 등 호수와 늪의 수질오염
2. 농경지에서 발생하거나 배출되는 오염물질로 인한 농어촌용수의 오염
3. 「지하수법」 제16조의2에 따른 지하수오염유발시설로 인한 농어촌용수의 오염

④ 농림축산식품부장관은 농어촌용수 오염 방지 및 수질개선 대책 수립을 위하여 환경부장관과 협의하여 전국적인 농어촌용수 수질측정망을 구축·운영하여야 한다. 이 경우 농림축산식품부장관은 농어

촌용수 수질측정망 구축·운영 계획을 환경부장관에게 통보하여야 하며, 환경부장관은 「물환경보전법」 제9조의2에 따른 측정망 설치계획의 결정·고시에 이를 포함하여야 한다. 〈신설 2015. 1. 6., 2017. 1. 17.〉

⑤ 농림축산식품부장관은 제4항에 따른 농어촌용수 수질측정망 운영 결과를 환경부장관에게 제공하여야 한다. 〈신설 2015. 1. 6.〉

제22조(저수지 상류지역에서의 공장 설립 제한) ① 농어촌용수의 수질 보전을 위하여 저수지 상류지역 중 대통령령으로 정하는 지역에서는 「산업집적활성화 및 공장설립에 관한 법률」 제2조제1호에 따른 공장(이하 이 조에서 "공장"이라 한다) 및 「산업입지 및 개발에 관한 법률」 제2조제8호에 따른 산업단지(이하 이 조에서 "산업단지"라 한다)를 설립할 수 없다. 〈개정 2011. 8. 4.〉

② 시장·군수·구청장은 제1항에도 불구하고 공장 및 산업단지 설립이 제한되는 지역 중 저수지 수질에 미치는 영향 등을 고려하여 대통령령으로 정하는 지역에는 다음 각 호의 어느 하나에 해당하는 공장 및 산업단지 설립을 승인할 수 있다. 〈개정 2018. 12. 24.〉

1. 「물환경보전법」 제2조제10호에 따른 폐수배출시설(이하 "폐수배출시설"이라 한다)이 설치되지 아니하는 공장 및 산업단지로서 저수지 수질에 미치는 영향을 최소화하기 위하여 대통령령으로 정하는 요건을 충족하는 공장 및 산업단지

2. 폐수배출시설이 설치되는 공장 및 산업단지로서 저수지 수질에 미치는 영향이 없도록 수질오염 방지를 위한 시설을 설치하는 등 대통령령으로 정하는 요건을 충족하는 공장 및 산업단지

③ 시장·군수·구청장은 저수지 상류지역에서의 공장 설립과 관련하여 저수지가 다른 시장·군수·구청장의 관할에 속하는 경우에는 해당 시장·군수·구청장과 미리 협의하여야 한다.

제23조(농업생산기반시설의 사용허가) ① 농업생산기반시설관리자가 농업생산기반시설이나 용수를 본래 목적 외의 목적에 사용하려 하거나 타인(他人)에게 사용하게 할 때에는 시장·군수·구청장의 사용허가를 받아야 한다. 다만, 농업생산기반시설관리자가 한국농어촌공사인 경우와 농업생산기반시설의 유지·관리에 지장이 없는 범위에서 대통령령으로 정하는 경미한 사항인 경우에는 그러하지 아니하다. 〈개정 2016. 12. 27.〉

② 제1항에 따른 사용허가는 그 본래의 목적 또는 사용에 방해가 되지 아니하는 범위에서 하여야 한다. 이 경우 농업생산기반시설관리자는 미리 관계 주민의 의견을 들어야 한다. 〈개정 2016. 12. 27., 2021. 5. 18.〉

③ 농업생산기반시설관리자는 농업생산기반시설이나 용수를 사용허가 받아 사용하는 사용자로부터 농업생산기반시설을 유지하거나 보수하는 데에 필요한 경비의 전부 또는 일부를 사용료로 징수할 수 있다. 다만, 농업생산기반시설을 공공목적으로 사용하는 경우에는 대통령령으로 정하는 바에 따라 사용료의 전부 또는 일부를 면제할 수 있다. 〈개정 2016. 12. 27., 2021. 5. 18.〉

④ 제3항에 따라 사용자로부터 사용료를 징수하는 경우에는 지방세 체납처분의 예에 따라 징수할 수 있다. 〈개정 2016. 12. 27.〉

⑤ 사용허가에 관한 절차·기간 및 범위, 사용료 징수 범위와 징수된 사용료의 사용 범위, 관계 주민의 의견 청취 절차, 그 밖에 필요한 사항은 대통령령으로 정한다. 〈개정 2016. 12. 27., 2021. 5. 18.〉

[제목개정 2016. 12. 27.]

제24조(농업생산기반시설의 폐지) ① 농업생산기반시설관리자는 다음 각 호의 어느 하나에 해당하는 사유가 있으면 시·도지사 또는 시장·군수·구청장의 승인을 받아 제17조에 따라 등록된 농업생산기반시설의 전부 또는 일부를 폐지할 수 있다. 〈개정 2012. 2. 17.〉

1. 폐지하려는 농업생산기반시설에서 이익을 얻고 있는 농경지 등이 다른 목적으로 전용(轉用)된 경우

2. 폐지하려는 농업생산기반시설을 대체할 시설이 완비된 경우

3. 천재지변이나 그 밖의 불가항력의 사유로 시설이 손괴(損壞)되어 농업생산기반시설 보수의 경제성이 없을 경우

② 시·도지사 또는 시장·군수·구청장은 농업생산기반시설관리자가 제1항 각 호에 따른 사유가 발생하였음에도 농업생산기반시설의 폐지를 신청하지 아니한 경우에는 필요한 경우 해당 농업생산기반시설의 폐지를 요구할 수 있다. 〈신설 2021. 4. 13.〉

③ 제2항에 따라 폐지를 요구받은 농업생산기반시설관리자는 폐지를 요구받은 날부터 6개월 이내에 농업생산기반시설의 폐지를 신청하거나 폐지 불가 의견을 제출하여야 한다. 이 경우 폐지의 범위, 청문 절차, 관계 주민의 의견 청취, 그 밖에 필요한 사항은 대통령령

령으로 정한다. 〈신설 2021. 4. 13.〉

④ 제1항 및 제3항에 따라 폐지하는 농업생산기반시설의 매각 대금은 제14조제3항의 예에 따라 사용하여야 한다. 〈개정 2021. 4. 13.〉

제3절 환지 및 교환 · 분할 · 합병 등

제25조(환지계획) ① 농업생산기반 정비사업 시행자는 농업생산기반 정비사업 시행을 위하여 필요하면 사업 시행 전의 토지를 대신하여 사업 시행 후의 토지를 정하고, 이로 인하여 생긴 이해관계의 불균형을 금전으로 청산하게 하기 위한 환지계획을 세워야 한다.

② 환지계획에서 환지는 종전의 토지와 상응하여야 하되, 농업생산기반 정비사업 시행에 따른 환지는 농업경영의 합리화에 기여할 수 있도록 집단 지정하여야 한다.

③ 환지를 받을 수 있는 자는 토지등기부상의 토지 소유자여야 한다.

④ 환지계획에는 농림축산식품부령으로 정하는 바에 따라 다음 각 호의 사항이 포함되어야 한다. 〈개정 2013. 3. 23.〉

1. 토지 소유자별 환지계획 및 청산금 내용
2. 종전 토지 및 시행 후 토지의 필지별 내용
3. 환지를 지정하지 아니하는 토지 및 그 밖에 특별한 취급을 하는 토지의 내용
4. 그 밖에 농림축산식품부령으로 정하는 사항

⑤ 농업생산기반 정비사업 시행에 따른 환지는 농경지로 지정함을 원칙으로 한다. 다만, 생활환경정비사업 병행 시 토지 소유자가 신청하거나 동의할 경우에는 비농경지로 지정할 수 있다.

⑥ 환지로 지정되는 면적은 대통령령으로 정하는 바에 따라 산정한 면적과 비교하여 토지 소유자별로 증감 폭이 100분의 20 이내가 되도록 하여야 한다. 다만, 그 산정한 면적의 100분의 20에 해당하는 면적이 1천제곱미터 미만이면 1천제곱미터까지 늘리거나 줄일 수 있다.

⑦ 국공유지나 한국농어촌공사 소유가 아닌 토지 중 지목이 구거(溝渠: 도랑), 도로, 하천, 제방(둑) 또는 유지(웅덩이)인 토지로서 실제 경작하지 아니한 경우와 환지계획구역에 1천제곱미터 이하의 토지 소유자가 있는 경우에는 환지를 지정하지 아니하고 금전으로 청

산한다. 다만, 제40조에 따른 수혜자총회의 의결(대의원회의 의결로 수혜자총회의 의결을 갈음하는 경우를 포함한다)이 있을 경우에는 1천제곱미터 이하의 토지 소유자에게도 환지를 지정할 수 있다.

⑧ 농업생산기반 정비사업 시행자는 제1항에 따라 환지계획을 수립할 때에 종전 토지의 전부 또는 일부에 소유권 외의 권리 또는 처분 제한이 있는 경우 종전 토지와 교환될 토지에 그 소유권 외의 권리 또는 처분 제한의 목적이 되는 부분을 지정하여야 한다.

제26조(환지계획의 인가) ① 농업생산기반 정비사업 시행자는 농업생산기반 정비사업의 공사를 준공한 후 그 사업의 성질상 필요한 경우에는 지체 없이 그 농업생산기반 정비사업을 시행하는 지역에 대한 환지계획을 세워 시·도지사의 인가를 받아야 한다. 다만, 수혜면적이 3천만제곱미터 이상인 사업은 농림축산식품부장관의 인가를 받아야 한다. 〈개정 2013. 3. 23.〉

② 농업생산기반 정비사업 시행자가 제1항에 따른 인가를 받으려면 환지계획의 개요와 그 밖에 필요한 사항을 14일 이상 공고하고 그 구역의 토지등 소유자에게 개별 통지하여야 하며, 토지등 소유자의 3분의 2 이상의 동의를 받아야 한다.

③ 제2항에 따라 공고된 환지계획에 이해관계가 있는 자가 그 환지계획에 대하여 이의가 있을 때에는 그 공고가 끝난 날부터 15일 이내에 농업생산기반 정비사업 시행자에게 이의신청을 할 수 있다.

④ 농업생산기반 정비사업 시행자가 제3항에 따른 이의신청을 받으면 이의신청기간이 끝나는 날부터 15일 이내에 그 적합성에 관한 의견을 첨부하여 시·도지사에게 재정(裁定)을 신청하여야 한다. 다만, 국가 또는 시·도지사가 시행하거나 제1항 단서에 따라 농림축산식품부장관이 인가하는 농업생산기반 정비사업은 농림축산식품부장관에게 신청하여야 한다. 〈개정 2013. 3. 23.〉

⑤ 농업생산기반 정비사업 시행자는 제3항에 따른 이의신청이 없거나 제4항에 따라 재정을 한 경우에는 농림축산식품부령으로 정하는 필요한 서류를 첨부하여 농림축산식품부장관 또는 시·도지사에게 환지계획 인가 신청을 하여야 한다. 〈개정 2013. 3. 23.〉

⑥ 농림축산식품부장관 또는 시·도지사는 제5항에 따른 인가를 한 경우에는 지체 없이 그 사실을 고시하고 시장·군수·구청장과 등기소에 알려야 한다. 〈개정 2013. 3. 23.〉

⑦ 농업생산기반 정비사업 시행자가 인가받은 환지계획을 정정하거나 변경하려는 경우에는 제1항부터 제6항까지의 규정을 준용한다. 다만, 다음 각 호의 어느 하나에 해당하는 사항은 사업 시행자가 정정하거나 변경하고 그 사실을 인가권자에게 알려야 한다.

1. 타인의 이해관계에 영향을 미치지 아니하는 주소·성명·지번(地番) 및 지목(地目) 등 단순한 기재 사항의 착오 및 누락

2. 타인의 이해관계에 영향을 미치지 아니하는 종전 토지의 소유권 변경, 소유권 외의 권리 및 처분 제한의 변경 또는 설정

⑧ 농림축산식품부장관 또는 시·도지사가 제7항 단서에 따라 농업생산기반 정비사업 시행자로부터 환지계획의 정정 또는 변경을 통지받은 경우에는 지체 없이 그 내용을 고시하고, 사업 시행자, 시장·군수·구청장 및 등기소에 알려야 한다. 〈개정 2013. 3. 23.〉

제27조(환지 업무의 대행) 농업생산기반 정비사업 시행자가 환지계획을 수립하려는 경우에는 환지 업무를 공정하게 하기 위하여 다음 각 호의 법인이 환지 업무를 대행하게 할 수 있다.

1. 한국농어촌공사

2. 3명 이상의 환지사(換地士)를 상시 고용하고 있는 법인

제28조(환지사의 자격) ① 제27조제2호에 따른 환지사는 농림축산식품부장관이 실시하는 환지사 시험에 합격하여 환지사 자격이 있는 사람으로 한다. 〈개정 2013. 3. 23.〉

② 제1항의 환지사 시험에 필요한 사항은 대통령령으로 정한다.

③ 환지사는 다른 사람에게 그 명의를 사용하게 하거나 다른 사람에게 그 자격증을 대여해서는 아니 된다. 〈신설 2019. 12. 10.〉

④ 누구든지 환지사의 자격을 취득하지 아니하고 그 명의를 사용하거나 자격증을 대여받아서는 아니 되며, 명의의 사용이나 자격증의 대여를 알선해서도 아니 된다. 〈신설 2019. 12. 10.〉

제29조(환지사의 결격사유) 다음 각 호의 어느 하나에 해당하는 사람은 환지사가 될 수 없다. 〈개정 2014. 3. 18.〉

1. 피성년후견인 또는 피한정후견인

2. 환지 업무와 관련하여 금고 이상의 실형을 선고받고 그 집행이 종료(집행이 종료된 것으로 보는 경우를 포함한다)되지 아니하였거나 집행이 면제되지 아니한 사람

3. 환지 업무와 관련하여 금고 이상의 집행유예를 선고받고 그

유예기간 중에 있는 사람

제30조(환지사 자격의 취소 등) ① 농림축산식품부장관은 제28조에 따라 환지사 자격을 취득한 사람이 다음 각 호의 어느 하나에 해당하는 경우 그 자격을 취소하거나 3년의 범위에서 자격을 정지할 수 있다. 다만, 제1호부터 제3호까지의 규정 중 어느 하나에 해당하는 경우에는 그 자격을 취소하여야 한다. 〈개정 2013. 3. 23., 2019. 12. 10.〉

1. 거짓이나 그 밖의 부정한 방법으로 자격을 취득한 경우
2. 자격정지기간에 업무를 수행한 경우
3. 제28조제3항을 위반하여 다른 사람에게 환지사의 명의를 사용하게 하거나 그 자격증을 대여한 경우
4. 제28조제4항을 위반하여 환지사 명의의 사용이나 자격증의 대여를 알선한 경우

② 환지사가 제29조 각 호의 어느 하나에 해당하게 된 경우에는 자격을 상실한다. 〈신설 2019. 12. 10.〉

③ 제1항에 따른 자격의 취소 또는 정지에 관한 기준은 그 처분의 사유와 위반 정도 등을 고려하여 농림축산식품부령으로 정한다. 〈신설 2019. 12. 10.〉

제31조(환지 업무 대행법인의 등록) 제27조제2호에 따라 환지 업무를 대행하려는 법인은 농림축산식품부령으로 정하는 바에 따라 농림축산식품부장관에게 환지 업무 대행법인으로 등록하여야 한다. 〈개정 2013. 3. 23.〉

제32조(환지 업무 대행법인의 등록 취소 등) ① 농림축산식품부장관은 환지 업무 대행법인으로 등록한 법인이 다음 각 호의 어느 하나에 해당하면 등록을 취소하거나 3년 이내의 기간을 정하여 업무정지를 명할 수 있다. 다만, 제1호 또는 제2호에 해당하는 경우에는 등록을 취소하여야 한다. 〈개정 2013. 3. 23.〉

1. 거짓이나 그 밖의 부정한 방법으로 제31조에 따른 등록을 한 경우
2. 업무정지기간 중에 환지 업무를 수행한 경우
3. 제27조제2호에 따라 상시 고용하여야 하는 환지사의 수에 못 미치게 된 날부터 3개월 안에 부족한 환지사를 보충하지 아니한 경우

② 제1항에 따른 등록 취소와 업무정지의 세부 기준은 그 처분의

사유와 위반의 정도 등을 고려하여 농림축산식품부령으로 정한다. 〈개정 2013. 3. 23.〉

제33조(권리 변동의 신고) 제26조제1항에 따른 인가 전에 이미 농업생산기반 정비사업 시행지역에 있는 토지에 대하여 권리의 이전, 설정, 변경, 소멸 또는 처분에 제한이 있었으면 그 당사자는 그 농업생산기반 정비사업 시행자에게 그 사실을 신고하여야 한다.

제34조(특정 용도의 창설환지 등) ① 농업생산기반 정비사업 시행자는 그 사업계획에서 정하여진 다음 각 호의 용도에 필요한 토지를 환지로 지정할 수 있다.

1. 그 사업 시행상 필요하여 새로 조성된 농업생산기반시설의 용지
2. 미곡종합처리장, 공동집하장 등 농업경영을 합리화하고 농업의 구조를 개선하기 위한 시설의 용지
3. 그 밖에 농어촌 발전과 농어민 복지 향상을 위한 시설로서 대통령령으로 정하는 시설의 용지

② 제1항에 따라 환지를 지정하는 경우에는 국가, 지방자치단체, 농업생산기반 정비사업 시행자 및 농림축산식품부령으로 정하는 자 중에서 사전에 동의한 자에게 환지를 지정한다. 다만, 농업생산기반 정비사업 시행자에게 농업생산기반시설 용지를 환지로 지정하는 경우에는 별도의 동의가 필요하지 아니하다. 〈개정 2012. 2. 17., 2013. 3. 23.〉

③ 제1항에 따라 환지를 지정하는 경우에는 농림축산식품부령으로 정하는 것 외에는 금전으로 청산을 하되, 그 금액을 지급하고 징수하는 방법 및 시기를 그 환지계획에서 정하여야 한다. 〈개정 2013. 3. 23.〉

④ 제2항에 따라 취득한 환지는 농림축산식품부령으로 정하는 바에 따라 관리·처분한다. 〈개정 2013. 3. 23.〉

⑤ 환지계획 구역에 농경지 외의 특정 용도로 이용하는 종전의 토지가 있는 경우에는 그 사업계획에서 정하여진 농경지 외의 특정 용도 구역에 그 용도가 보장될 수 있도록 지정하여야 한다. 다만, 토지 소유자가 동의한 경우에는 그러하지 아니하다.

⑥ 농업생산기반 정비사업 시행자는 토지 소유자가 신청하거나 동의할 경우에는 종전 토지를 대신하여 사업 시행으로 조성된 부지를

포함하는 건축물의 전부 또는 일부를 환지로 지정할 수 있다.
제35조(환지 부지정 등에 대한 특례) ① 환지계획을 정할 때 종전 토지 소유자가 신청하거나 동의하는 경우에는 그 신청하거나 동의한 종전 토지에 대하여는 제25조제6항에 따른 범위를 초과하여 환지를 지정하거나 환지를 지정하지 아니하고 금전으로 청산할 수 있다. 이 경우 금액을 지급하고 징수하는 방법 및 시기를 그 환지계획에서 정하여야 한다.

② 제1항에 따라 환지를 지정하지 아니하는 종전 토지에 지상권·임차권 및 사용대차(使用貸借)에 따른 권리 또는 그 밖에 사용 수익을 목적으로 하는 권리를 가진 자가 있으면 그 권리자의 동의를 받아야 한다.

③ 제1항에 따라 환지를 지정하지 아니하는 토지는 다음 각 호의 순서에 따라 처리할 수 있다. 〈개정 2013. 3. 23.〉

1. 제34조에 따른 환지 지정
2. 농림축산식품부령으로 정하는 자 중에서 영농 규모 확대를 희망하는 자가 동의할 경우의 환지 지정. 다만, 이 경우에는 제25조제6항에도 불구하고 환지를 더 늘릴 수 있다.

제36조(국·공유지 외의 공공시설 부지 기능 교환) 한국농어촌공사 소유 토지로서 농업생산기반시설 등 공공용으로 이용되어 온 시설이 폐지되거나 변경되어 그 용도를 대신하여 새로운 시설이 건설되는 경우에 필요한 토지는 그 폐지된 시설의 토지와 교환하며, 환지계획에서 정하는 바에 따라 청산 절차를 거쳐야 한다.
제37조(환지 처분의 효과와 청산금) ① 환지 처분의 고시가 있는 경우에는 환지계획에 따라 교부될 환지는 환지계획을 고시한 다음 날부터 종전 토지로 보며, 그 환지계획에 따라 환지를 지정하지 아니할 종전 토지에 존재하는 권리는 그 고시가 있는 날에 소멸된 것으로 본다.

② 제34조에 따라 해당 환지계획에서 정하여진 환지는 제26조제6항에 따라 고시한 다음 날에 환지를 교부받은 자가 취득한 것으로 본다.

③ 제36조에 따라 교환된 토지는 해당 환지계획에 따라 교부된 환지로 본다. 이 경우 제1항을 준용한다.

④ 제1항은 행정상 또는 재판상의 원본에 의하여 종전의 토지에

전속(專屬)하는 권리에는 영향을 미치지 아니한다.

⑤ 제26조제6항에 따른 고시가 있으면 농업생산기반 정비사업 시행자는 그 고시된 환지계획에 의하여 청산금을 지급하거나 징수하여야 한다. 이 경우에 그 청산금은 환지 인가가 있는 날부터 90일 이내에 청산하여야 한다.

⑥ 환지 처분에 따른 청산금을 납부기한까지 내지 아니하는 자에게는 제40조에 따른 수혜자총회의 의결(대의원회의 의결로 수혜자총회의 의결을 갈음하는 경우를 포함한다)에 따라 청산금의 100분의 5의 범위에서 가산금을 부과할 수 있다.

⑦ 환지 처분에 따른 청산금을 납부기한까지 내지 아니하면 지방세 체납처분의 예에 따라 청산금과 가산금을 징수할 수 있다. 이 경우 직접 체납처분을 하는 한국농어촌공사 임직원은 공무원으로 본다.

제38조(일시 이용지의 지정) ① 농업생산기반 정비사업 시행자는 사업의 공사가 준공되기 전이라도 필요하면 농림축산식품부령으로 정하는 바에 따라 해당 사업 시행지역의 토지에 대하여 종전의 토지를 대신할 일시 이용지를 지정할 수 있다. 이 경우 제25조에 따라 환지계획에서 정할 사항을 고려하여야 한다. 〈개정 2013. 3. 23.〉

② 농업생산기반 정비사업 시행자는 제1항에 따른 일시 이용지를 지정하면 일시 이용지와 종전의 토지에 대하여 소유권·지상권·임차권 또는 사용대차에 의한 권리를 가진 자에게 일시 이용지, 종전의 토지 및 사용 개시일 등을 알려야 한다.

③ 제1항에 따라 일시 이용지가 지정된 경우 종전의 토지에 대하여 제2항의 권리를 가진 자는 일시 이용지의 전부 또는 일부를 그 통지된 사용 개시일부터 제26조제6항에 따른 고시가 있을 때까지 법률이나 계약으로 정한 해당 권리의 내용에 따라 종전의 토지와 같은 조건으로 사용·수익할 수 있다.

④ 제1항의 경우에는 종전의 토지에 대하여 제2항의 권리를 가진 자는 종전의 토지를 사용하거나 종전의 토지에서 수익하지 못한다.

⑤ 제1항에 따라 일시 이용지가 지정된 경우에는 그 일시 이용지에 대하여 제2항의 권리를 가진 자는 제2항에 따른 사용 개시일부터 제26조제6항에 따른 고시가 있을 때까지 그 일시 이용지를 사용하거나 일시 이용지에서 수익하지 못한다.

⑥ 농업생산기반 정비사업 시행자는 제1항에 따른 일시 이용지를

지정함으로써 일반적으로 생길 수 있는 손실을 보상하여야 한다. 〈개정 2020. 2. 11.〉

⑦ 농업생산기반 정비사업 시행자는 제1항에 따른 일시 이용지의 지정으로 이익을 얻는 자에게 그 이익에 상당하는 금액을 징수할 수 있다.

⑧ 제7항에 따른 수익금의 징수에 관하여는 제37조제7항을 준용한다. 다만, 토지 소유자가 농업생산기반 정비사업을 하는 경우에는 그러하지 아니하다.

제39조(토지가격의 평정) 종전 토지의 가격 평정(評定)은 공사 시작 전에, 환지로 교부할 토지의 가격 평정은 공사 완료 후에 조사하여 결정한다. 〈개정 2020. 2. 11.〉

제40조(수혜자총회) ① 종전의 토지 및 사업시행 후 토지의 평정 가격, 등급 결정, 환지 구역 분할 등과 이 법에 규정되지 아니한 그 밖의 중요한 사항의 결정은 해당 농업생산기반 정비사업을 시행하는 지역의 수혜자총회의 의결을 거쳐야 한다. 다만, 그 지역의 수혜자 총수가 100명을 초과할 경우에는 제2항에 따른 대의원회의 의결로 수혜자총회의 의결을 갈음할 수 있다.

② 대의원회는 수혜자총회에서 선출하는 대의원으로 구성하고, 대의원의 수는 최소 30명으로 하되, 100명을 초과하는 수혜자 20명마다 1명을 추가하여야 한다.

③ 수혜자총회 및 대의원회의 구성·운영에 관한 사항은 대통령령으로 정한다.

제41조(환지심의위원회) ① 농업생산기반 정비사업 시행자는 환지에 따른 민원이나 이해관계자 간의 분쟁을 효과적으로 조정하기 위하여 환지심의위원회를 구성하여 운영하여야 한다.

② 환지심의위원회의 구성과 운영에 관한 사항은 대통령령으로 정한다.

제42조(환지 처분에 따른 등기) ① 농업생산기반 정비사업 시행자는 제26조제1항에 따른 인가를 받은 때에는 지체 없이 해당 환지 처분과 관련된 토지 및 건물의 등기를 촉탁(囑託)하여야 한다.

② 농업생산기반 정비사업 시행자는 환지등기를 촉탁하기 위하여 이미 등기된 토지의 표시를 변경할 필요가 있을 때에는 토지 소유자를 갈음하여 변경등기를 촉탁하여야 한다. 이 경우의 등기는 농업

생산기반 정비사업으로 인한 등기로 본다.

③ 환지 처분에 따른 등기에 관하여 필요한 사항은 대법원규칙으로 정한다.

제43조(교환 · 분할 · 합병의 시행) ① 시장 · 군수 · 구청장 또는 한국농어촌공사는 농지 소유자 2명 이상이 신청하거나 농지 소유자가 신청하지 아니하더라도 토지 소유자가 동의를 한 경우에는 농지에 관한 권리, 그 농지의 이용에 필요한 토지에 관한 권리 및 농업생산기반시설과 농어촌용수의 사용에 관한 권리의 교환 · 분할 · 합병(이하 "교환 · 분할 · 합병"이라 한다)을 시행할 수 있다.

② 시장 · 군수 · 구청장 또는 한국농어촌공사가 제1항에 따라 교환 · 분할 · 합병을 시행하는 때에는 교환 · 분할 · 합병계획을 세워 시 · 도지사의 인가를 받아 그 개요를 고시하고 시장 · 군수 · 구청장과 등기소에 알려야 한다.

③ 시 · 도지사가 제2항에 따른 교환 · 분할 · 합병계획의 인가를 하려는 경우에는 제9조를 준용한다.

④ 2명 이상의 토지 소유자는 농지의 집단화를 위하여 필요한 경우 상호 협의에 의하여 교환 · 분할 · 합병을 시행할 수 있다.

제44조(교환 · 분할 · 합병의 결정 방법) ① 제43조에 따라 교환 · 분할 · 합병계획을 작성할 경우에 농지 소유자가 새로 취득할 농지의 면적 및 가격은 그가 상실한 농지의 면적 및 가격에 비하여 큰 차이가 나지 아니하도록 하여야 한다.

② 처분에 제한이 있는 농지로서 농림축산식품부령으로 정하는 것과 지상권 또는 임차권이 설정된 농지로서 그 권리가 압류 · 가압류 또는 가처분의 목적으로 되어 있는 것에 대하여는 교환 · 분할 · 합병계획을 정하지 못한다. 〈개정 2013. 3. 23.〉

③ 농지 소유권의 교환 · 분할 · 합병계획에는 교환 · 분할 · 합병으로 소유권자가 취득할 농지와 상실할 농지 및 소유권의 이전 시기를 정하여야 한다.

④ 제1항부터 제3항까지에서 규정한 사항 외에 교환 · 분할 · 합병계획의 결정방법이나 그 밖에 필요한 사항은 대통령령으로 정한다.

제45조(교환 · 분할 · 합병의 효과) 제43조제2항에 따른 고시가 있으면 그 고시된 교환 · 분할 · 합병계획에 따라 소유권은 이전되고 저당권 · 지상권 · 임차권 또는 사용차권이 설정되며 이에 대응하는 종전

의 권리는 소멸되고, 지역권(地役權)은 설정되거나 소멸된다.

제46조(소유권 외의 권리에 관한 교환 · 분할 · 합병) 농지에 관한 지상권 · 임차권 또는 사용차권에 대한 교환 · 분할 · 합병을 할 때에는 제44조와 제45조를 준용한다.

제47조(교환 · 분할 · 합병의 청산금 등) ① 시장 · 군수 · 구청장 또는 한국농어촌공사는 제43조제2항에 따른 고시가 있으면 그 고시된 교환 · 분할 · 합병계획에 따라 청산금을 지급하거나 징수하여야 한다.

② 제1항에 따라 청산금을 징수하는 경우에는 제37조제7항을 준용한다.

③ 시장 · 군수 · 구청장 또는 한국농어촌공사는 제43조제2항에 따른 인가를 받으면 해당 교환 · 분할 · 합병계획에 관한 등기를 촉탁하여야 한다.

제48조(지료 등의 감액 · 반환 또는 증액 청구) ① 농업생산기반 정비사업 시행으로 지상권 · 지역권 또는 임차권의 목적이 되는 토지의 이용이 침해당하였을 경우에는 그 토지에 대한 지상권자 · 지역권자 또는 임차인은 지료(地料), 지역(地役: 타인의 토지를 자기의 토지에 이익이 되도록 사용하는 일)의 대가 또는 임대료의 감액(減額)을 청구하거나 선불한 지료, 지역의 대가 또는 임대료의 반환을 청구할 수 있다. 〈개정 2020. 2. 11.〉

② 농업생산기반 정비사업의 시행으로 지상권 · 지역권 또는 임차권의 목적이 되는 토지의 이용가치가 증가할 경우에는 소유자나 임대인은 지료, 지역의 대가 또는 임대료의 증액(增額)을 청구할 수 있다.

③ 제2항에 따른 청구를 받은 때에는 지상권자, 지역권자 또는 임차인은 그 권리를 포기하거나 계약을 해지하고 그 의무를 면할 수 있다.

제49조(권리의 포기나 계약해지) ① 농업생산기반 정비사업 시행으로 지상권이나 지역권을 설정한 목적을 달성하지 못하거나 임대차 또는 사용대차를 한 목적을 달성하지 못하게 된 경우에는 지상권자, 지역권자, 임차인 또는 사용대차의 차용인은 그 권리를 포기하거나 계약을 해지할 수 있다. 〈개정 2019. 12. 10.〉

② 제1항에 따라 권리를 포기하거나 계약을 해지하는 경우에 그 권리자는 해당 농업생산기반 정비사업 시행자에게 권리의 포기나 계약의 해지로 인하여 생길 손실의 보상을 청구할 수 있다.

③ 제2항에 따라 손실을 보상한 경우에는 농업생산기반 정비사업 시행자는 대통령령으로 정하는 바에 따라 토지 소유자에게 구상(求償)할 수 있다.

제50조(지역권의 효력) ① 환지계획이 정하여진 토지 위에 존재하는 지역권은 제26조제6항에 따른 고시가 있은 후에도 그 토지 위에 그대로 존재한다.

② 농업생산기반 정비사업 시행으로 인하여 지역권자가 그 권리를 행사하는 이익을 받을 필요가 없게 된 때에는 그 지역권은 소멸된다.

③ 농업생산기반 정비사업 시행으로 종전과 같은 이익을 받지 못하게 된 지역권자는 그 이익을 보존하는 범위에서 지역권의 설정을 청구할 수 있다. 다만, 제48조에 따른 청구를 하여 지역(地役)의 대가가 감액된 경우에는 예외로 한다.

제51조(지료 등의 청구 기한) 환지계획 또는 교환·분할·합병계획의 인가를 고시한 날부터 30일이 지나면 제50조제2항의 경우 외에는 제48조부터 제50조까지의 규정에 따른 지료 등의 감액·반환 또는 증액의 청구, 권리의 포기 또는 계약의 해지 청구를 할 수 없고, 지역권의 효력을 주장할 수 없다.

제4장 농어촌 생활환경 정비

제52조(농어촌 생활환경 정비 원칙) 농림축산식품부장관은 생활환경 정비사업을 시행할 때 지역개발 여건과 소득원 확충 등을 고려하여 필요하다고 인정하면 생활환경정비사업과 농업생산기반 정비사업, 농어촌 관광휴양자원 개발, 한계농지등의 정비사업을 병행하여야 한다. 〈개정 2013. 3. 23.〉

제53조(농어촌 생활환경 정비 기본방침) ① 농림축산식품부장관은 생활환경정비사업의 방향 및 정책 시행의 지침이 되는 농어촌 생활환경 정비 기본방침을 세워야 한다. 〈개정 2013. 3. 23.〉

② 농어촌 생활환경 정비 기본방침은 「국토기본법」에 따른 국토종합계획, 「국토의 계획 및 이용에 관한 법률」에 따른 도시·군기본계획, 「환경정책기본법」에 따른 국가환경종합계획, 그 밖의 법률에 따른 계획과 조화를 이루어야 한다. 〈개정 2011. 4. 14.〉

제54조(생활환경정비계획의 수립) ① 시장·군수·구청장은 생활환

경정비사업을 시행할 필요가 있으면 5년마다 생활환경정비계획을 세워 「농업·농촌 및 식품산업 기본법」 제15조에 따른 시·군·구 농업·농촌및식품산업정책심의회의 심의를 거쳐 시·도지사의 승인을 받아야 한다. 〈개정 2013. 3. 23., 2015. 6. 22.〉

② 시장·군수·구청장은 제1항에 따라 시·도지사로부터 생활환경정비계획의 승인을 받은 경우에는 대통령령으로 정하는 사항을 고시하고 일반인에게 열람하도록 하여야 한다.

③ 시·도지사는 제1항에 따라 생활환경정비계획을 승인한 경우에는 농림축산식품부장관에게 통보하여야 한다. 〈개정 2013. 3. 23., 2024. 12. 20.〉

④ 시장·군수·구청장은 제1항에 따른 생활환경정비계획을 변경하려면 제1항부터 제3항까지의 규정에 따라야 한다. 다만, 대통령령으로 정하는 경미한 사항을 변경할 경우에는 시·군·구 농업·농촌및식품산업정책심의회의 심의 및 시·도지사의 승인을 생략할 수 있다. 〈개정 2013. 3. 23.〉

⑤ 시장·군수·구청장은 생활환경정비계획 수립 또는 제101조에 따른 농어촌마을정비계획 수립의 전 과정을 총괄 진행·조정하게 하기 위하여 농어촌계획 및 농어촌지역개발 분야의 전문가를 생활환경정비 총괄계획가로 위촉할 수 있다.

⑥ 제5항에 따른 생활환경정비 총괄계획가의 자격 요건, 업무 범위, 운영 등에 관한 사항은 대통령령으로 정한다.

제55조(생활환경정비계획의 내용) 생활환경정비계획에는 다음 각 호의 사항이 포함되어야 한다. 〈개정 2012. 2. 17.〉

1. 생활환경정비사업의 목적과 기본방향
2. 성과 목표 및 지표
3. 농어촌마을의 건설·재개발·정비 등 개발에 관한 사항
4. 빈집 정비에 관한 사항
5. 치산녹화 등 국토보전시설의 정비·확충에 관한 사항
6. 농어촌 주택의 개량에 관한 사항(제2조제10호차목에 따른 슬레이트의 해체·제거 및 처리 사업을 포함한다)
7. 도로, 상·하수도, 오·폐수처리시설 등 생활환경기반시설의 정비·확충에 관한 사항
8. 교육·문화·복지 시설의 정비·확충에 관한 사항

9. 농어촌 관광휴양자원 개발, 농공단지 등 농어촌산업 육성 및 다른 지역개발사업과 연계한 생활환경의 정비·확충에 관한 사항

10. 농어촌 용수 및 배수 시설의 정비·개발

11. 농어촌마을 경관 및 자연환경의 보전에 관한 사항

12. 그 밖에 대통령령으로 정하는 사업

제56조(생활환경정비사업 시행자) ① 생활환경정비사업은 시장·군수·구청장이 시행한다. 다만, 시장·군수·구청장은 생활환경정비사업을 효율적으로 추진하기 위하여 사업의 전부 또는 일부에 대하여 다음 각 호의 자를 사업시행자로 지정할 수 있다. 〈개정 2012. 2. 17., 2016. 1. 19.〉

1. 한국농어촌공사

1의2. 「지방공기업법」에 따른 지방공기업(제2조제10호가목, 나목 및 사목에 해당하는 사업으로서 「지방공기업법」 제2조의 적용 범위에 해당하는 사업에만 해당한다)

2. 제57조제1항에 따라 설립된 마을정비조합(제2조제10호가목 및 나목에 해당하는 사업에만 해당한다)

3. 시장·군수·구청장, 한국농어촌공사, 「지방공기업법」에 따른 지방공기업(이하 "지방공기업"이라 한다) 또는 마을정비조합이 「한국토지주택공사법」에 따른 한국토지주택공사(이하 "한국토지주택공사"라 한다) 또는 「주택법」 제4조에 따라 등록한 주택건설 사업자(이하 "주택건설 사업자"라 한다)와 공동으로 출자하여 설립한 법인(제2조제10호가목 및 나목에 해당하는 사업에만 해당한다)

4. 농어촌 주택의 소유자(제2조제10호바목, 자목 및 차목에 해당하는 사업에만 해당한다)

② 시·도지사 또는 시장·군수·구청장은 사업시행자를 지정할 때 제103조에 따른 마을정비구역 지정 제안자를 우선적으로 사업시행자로 지정할 수 있다.

③ 시장·군수·구청장은 제2조제10호가목 및 나목에 해당하는 생활환경정비사업을 효율적으로 추진하기 위하여 필요하면 한국농어촌공사, 한국토지주택공사, 지방공기업 및 주택건설 사업자에게 사업의 전부 또는 일부를 위탁하여 시행하게 할 수 있다. 〈개정 2012. 2. 17.〉

④ 시·도지사 또는 시장·군수·구청장은 제1항에 따라 지정된

사업시행자가 다음 각 호의 어느 하나에 해당하는 경우에는 사업시행자를 변경할 수 있다.

1. 제116조제1항에 따라 인가·허가·승인 또는 지정이 취소된 경우

2. 사업시행자의 부도·파산, 그 밖에 이와 유사한 사유로 생활환경정비사업의 목적을 달성하기 어렵다고 인정되는 경우

제57조(마을정비조합의 설립 및 추진위원회의 구성) ① 마을정비구역에서 제2조제10호가목 및 나목의 사업을 하려는 자는 관할 시장·군수·구청장의 인가를 받아 마을정비조합을 설립할 수 있다. 인가받은 내용을 변경하거나 마을정비조합을 해산하는 경우에도 또한 같다.

② 제1항에 따라 마을정비조합을 설립하려면 마을정비구역에 있는 토지 및 건축물 소유자와 지상권자 총수의 3분의 2 이상의 동의를 받아 농림축산식품부령으로 정하는 바에 따라 마을정비조합 설립추진위원회(이하 "추진위원회"라 한다)를 구성하여 시장·군수·구청장의 승인을 받아야 한다. 〈개정 2013. 3. 23.〉

③ 마을정비조합의 설립방법 및 설립절차, 구성원의 자격기준과 운영 및 관리, 추진위원회 등에 필요한 사항은 대통령령으로 정한다.

④ 시장·군수·구청장은 마을정비조합의 건전한 운영을 위하여 지도·감독을 할 수 있다.

제58조(생활환경정비사업 기본계획의 수립) ① 시장·군수·구청장은 생활환경정비계획에 포함된 사항을 추진하기 위하여 필요한 경우 세부 사업별로 생활환경정비사업 기본계획을 수립할 수 있다.

② 시장·군수·구청장은 제1항에 따른 생활환경정비사업 기본계획을 수립하거나 변경하려는 경우에는 미리 해당 사업지역 주민의 의견을 듣고 시·도지사 및 관계 기관과 협의하여야 한다. 다만, 농림축산식품부령으로 정하는 경미한 사항을 변경하려는 경우에는 그러하지 아니하다. 〈개정 2013. 3. 23.〉

③ 시장·군수·구청장은 제1항에 따른 생활환경정비사업 기본계획을 수립하거나 변경한 경우에는 이를 고시하여야 한다.

제59조(생활환경정비사업 시행계획의 수립) ① 생활환경정비사업 시행자가 생활환경정비사업을 추진하려면 제54조에 따른 생활환경정

비계획, 제58조에 따른 생활환경정비사업 기본계획, 제101조에 따른 농어촌마을정비계획에 따라 생활환경정비사업 시행계획을 수립하여야 한다. 다만, 생활환경정비사업 시행계획을 세울 때 「국토의 계획 및 이용에 관한 법률」에 따른 도시·군관리계획이 수립되어 있는 지역에 대하여는 해당 도시·군관리계획에 따라 생활환경정비사업 시행계획을 수립할 수 있다. 〈개정 2011. 4. 14.〉

② 생활환경정비사업 시행자가 시장·군수·구청장인 경우 제1항에 따른 생활환경정비사업 시행계획을 세워 사업을 시행하고, 시장·군수·구청장 이외의 생활환경정비사업 시행자는 생활환경정비사업 시행계획을 세워 시장·군수·구청장에게 승인을 받아야 한다.

③ 제2항에도 불구하고 생활환경정비사업 시행자는 제2조제10호 가목 및 나목의 사업 중 대통령령으로 정하는 요건에 해당하는 경우에는 시·도지사의 승인을 받아야 한다.

④ 시장·군수·구청장은 생활환경정비사업 시행계획을 세우거나 이를 승인하는 경우 또는 시·도지사의 승인을 받은 경우에는 대통령령으로 정하는 바에 따라 고시하고 일반인에게 열람하도록 하여야 한다.

⑤ 지방자치단체의 장은 제2항 또는 제3항에 따라 생활환경정비사업 시행계획을 승인한 경우에는 그 사실을 시·도지사 또는 농림축산식품부장관에게 통보하여야 한다. 〈개정 2013. 3. 23., 2024. 12. 20.〉

제60조(생활환경정비사업 시행계획의 내용) 생활환경정비사업 시행계획에는 다음 각 호의 사항이 포함되어야 한다.

1. 사업의 명칭
2. 사업목적
3. 주요 사업내용
4. 사업비의 명세
5. 재원조달계획 및 연차별 투자계획
6. 사업시행 기간
7. 사업시행자
8. 사업 효과
9. 세부 설계도서
10. 기반시설·공동이용시설의 내용, 유지관리 및 처분계획서

11. 수용 또는 사용할 토지 등의 명세서(필요한 경우에만 포함한다)

12. 그 밖에 대통령령으로 정하는 사항

제61조(생활환경정비사업 시행계획의 변경) 생활환경정비사업 시행자는 여건의 변경 등으로 인하여 생활환경정비사업 시행계획의 내용을 변경하려면 제59조에 따른 절차를 따라야 한다. 다만, 농림축산식품부령으로 정하는 경미한 사항은 시장·군수·구청장에게 보고하고 변경할 수 있다. 〈개정 2013. 3. 23.〉

제62조(생활환경정비사업의 환지) 생활환경정비사업 시행자가 제2조제10호가목 및 나목의 사업을 시행하기 위하여 환지를 하려면 「도시개발법」 제28조부터 제49조까지의 규정에 따른 환지 규정을 준용한다.

제63조(사업시행자 지정 특례) 한국농어촌공사 또는 지방공기업이 제56조에 따른 생활환경정비사업 시행자나 위탁 시행자로 지정되면 「주택법」 제2조제10호에 따른 사업주체로 보고, 다음 각 호의 사업자 등록을 받거나 업무신고를 한 것으로 본다. 〈개정 2012. 2. 17., 2015. 8. 28., 2016. 1. 19.〉

1. 「민간임대주택에 관한 특별법」 제5조에 따른 임대사업자의 등록

2. 「건축사법」 제23조에 따른 건축사업무신고

제64조(빈집정비계획의 수립 등) ① 시장·군수·구청장은 빈집의 효율적 정비를 위하여 다음 각 호의 사항을 포함하는 5년 단위의 빈집정비에 관한 계획(이하 "빈집정비계획"이라 한다)을 수립·시행하여야 한다. 〈개정 2021. 4. 13., 2024. 1. 2.〉

1. 빈집의 정비 및 활용의 기본방향

2. 빈집의 현황 및 실태

3. 빈집의 철거·개축·수리·활용 등 빈집정비사업의 추진계획 및 시행방법

4. 빈집의 정비 및 활용을 위한 재원조달계획

5. 빈집의 매입 및 활용에 관한 사항

6. 빈집우선정비구역의 지정에 관한 사항(관할 구역 내에 제64조의7에 따른 빈집우선정비구역 지정 요건을 충족하는 지역이 있는 경우에 한정한다)

7. 그 밖에 빈집의 정비를 위하여 필요한 사항으로서 대통령령으로 정하는 사항

② 시장 · 군수 · 구청장은 빈집정비계획을 수립하거나 변경하려는 경우에는 미리 해당 지역 주민의 의견을 듣고 「농업 · 농촌 및 식품산업 기본법」 제15조에 따른 시 · 군 · 구 농업 · 농촌및식품산업정책심의회 또는 「수산업 · 어촌 발전 기본법」 제8조에 따른 시 · 군 · 구 수산업 · 어촌정책심의회(특별자치시 · 특별자치도의 경우에는 시 · 도 농업 · 농촌및식품산업정책심의회 또는 시 · 도 수산업 · 어촌정책심의회를 말한다)의 심의를 거쳐야 한다. 다만, 대통령령으로 정하는 경미한 사항을 변경하는 경우에는 그러하지 아니하다.

③ 시장 · 군수 · 구청장은 빈집정비계획을 수립하거나 변경한 경우에는 지체 없이 해당 지방자치단체의 공보에 고시하고 시 · 도지사를 거쳐 다음 각 호의 구분에 따른 사람에게 보고하여야 한다. 〈개정 2023. 10. 24.〉

1. 「농업 · 농촌 및 식품산업 기본법」 제3조제5호에 따른 농촌만을 관할 구역으로 하는 시장 · 군수 · 구청장의 경우: 농림축산식품부장관

2. 「수산업 · 어촌 발전 기본법」 제3조제6호에 따른 어촌만을 관할 구역으로 하는 시장 · 군수 · 구청장의 경우: 해양수산부장관

3. 제1호에 따른 농촌과 제2호에 따른 어촌 모두를 관할 구역으로 하는 시장 · 군수 · 구청장의 경우: 농림축산식품부장관과 해양수산부장관

④ 시장 · 군수 · 구청장은 빈집정비계획의 원활한 이행을 위하여 매년 빈집정비 이행계획(이하 "이행계획"이라 한다)을 수립 · 시행하여야 한다. 〈신설 2021. 4. 13.〉

⑤ 빈집정비계획의 수립 기준 · 절차 및 방법 등에 필요한 사항은 대통령령으로 정한다. 〈개정 2021. 4. 13.〉

[전문개정 2020. 2. 11.]

제64조의2(빈집실태조사) ① 시장 · 군수 · 구청장은 빈집정비계획 및 이행계획의 수립 · 시행, 빈집의 관리 · 정비를 위하여 다음 각 호의 사항에 관한 실태조사(이하 "빈집실태조사"라 한다)를 실시하여야 한다. 〈개정 2021. 4. 13.〉

1. 빈집의 소재 현황

2. 빈집의 관리 상황 및 방치기간
3. 빈집의 소유자 및 권리관계
4. 빈집 및 그 대지에 설치된 시설 또는 인공구조물 등의 현황
5. 그 밖에 빈집 발생 사유 등 대통령령으로 정하는 사항

② 시장·군수·구청장은 대통령령으로 정하는 전문기관을 지정하여 빈집실태조사를 대행하게 할 수 있다.

③ 빈집실태조사의 방법·절차 등에 필요한 사항은 대통령령으로 정한다.

[본조신설 2020. 2. 11.]

제64조의3(빈집에의 출입) ① 시장·군수·구청장 또는 제64조의2 제2항에 따른 전문기관의 장은 빈집실태조사를 위하여 필요한 경우에는 소속 공무원 또는 직원으로 하여금 빈집 및 그 대지에 출입하게 할 수 있다.

② 제1항에 따라 빈집 및 그 대지에 출입하려는 사람은 출입하는 날의 7일 전까지 빈집의 소유자·점유자 또는 관리인(이하 "소유자등"이라 한다)에게 출입하려는 사람의 인적사항 등 농림축산식품부령 또는 해양수산부령으로 정하는 사항을 알려야 한다. 다만, 소유자등의 부재나 주소불명 등으로 알릴 수 없는 경우에는 지방자치단체의 공보 및 홈페이지에 공고하여야 한다.

③ 제1항에 따라 빈집 및 그 대지에 출입하는 사람은 농림축산식품부령 또는 해양수산부령으로 정하는 바에 따라 그 권한을 표시하는 증표를 지니고 이를 관계인에게 내보여야 한다.

[본조신설 2020. 2. 11.]

제64조의4(빈집에의 출입에 따른 손실보상) ① 시장·군수·구청장은 제64조의3제1항에 따른 출입으로 손실을 입은 자가 있으면 그 손실을 보상하여야 한다.

② 시장·군수·구청장은 제1항에 따른 손실보상에 관하여 손실을 입은 자와 협의하여야 한다.

③ 시장·군수·구청장 또는 제1항에 따른 손실을 입은 자는 제2항에 따른 협의가 성립되지 아니하거나 협의를 할 수 없는 경우에는 「공익사업을 위한 토지 등의 취득 및 보상에 관한 법률」 제49조에 따른 관할 토지수용위원회에 재결을 신청할 수 있다.

④ 제3항에 따른 관할 토지수용위원회의 재결에 관하여는 「공익

사업을 위한 토지 등의 취득 및 보상에 관한 법률」 제83조부터 제87조까지를 준용한다.

[본조신설 2020. 2. 11.]

제64조의5(빈집에 관한 자료 또는 정보의 이용 및 요청) ① 시장·군수·구청장 또는 제64조의2제2항에 따른 전문기관의 장은 빈집실태조사를 위하여 필요하다고 인정하는 경우에는 주민등록 전산정보(주민등록번호·외국인등록번호 등 고유식별번호를 포함한다), 국세, 지방세, 수도·전기 요금 등의 자료 또는 정보를 수집·이용할 수 있다.

② 시장·군수·구청장은 제1항의 목적을 달성하기 위하여 필요한 경우 관계 행정기관의 장 또는 공공기관의 장에게 자료 또는 정보의 제공을 요청할 수 있다. 이 경우 요청을 받은 관계 기관의 장은 정당한 사유가 없으면 이에 따라야 한다.

③ 제1항 및 제2항에 따른 자료 또는 정보의 수집·이용 및 요청·제공은 「개인정보 보호법」에 따른다.

④ 제1항 및 제2항에 따른 업무에 종사하거나 종사하였던 자는 업무를 수행하면서 취득한 자료 또는 정보를 이 법에서 정한 목적 외의 다른 용도로 사용하거나 다른 사람 또는 기관에 제공하거나 누설하여서는 아니 된다.

[본조신설 2020. 2. 11.]

제64조의6(빈집정보시스템의 구축·운영) ① 시장·군수·구청장은 빈집에 관련된 정보를 종합적으로 관리하고 빈집의 정비에 필요한 정보를 제공하기 위한 정보시스템(이하 "빈집정보시스템"이라 한다)을 구축·운영할 수 있다.

② 빈집정보시스템은 「건축법」 제32조에 따른 전자정보처리 시스템과 연계할 수 있다.

③ 시장·군수·구청장은 빈집정보시스템의 구축·운영을 위하여 필요한 경우 관계 중앙행정기관의 장, 지방자치단체의 장 또는 공공기관의 장에게 자료 또는 정보의 제공을 요청할 수 있다. 이 경우 요청을 받은 기관의 장은 정당한 사유가 없으면 이에 따라야 한다.

④ 시장·군수·구청장은 빈집정보시스템을 대통령령으로 정하는 전문기관이 구축·운영하게 할 수 있다.

⑤ 시장·군수·구청장은 안전사고나 범죄발생 등을 예방하기 위

하여 필요한 경우 빈집정보시스템으로 처리한 빈집정보를 관계 행정기관의 장 또는 공공기관의 장에게 제공할 수 있다. 이 경우 빈집우선정비구역에 관련된 정보로서 대통령령으로 정하는 정보는 관할 경찰서장에게 지체 없이 제공하여야 한다. 〈개정 2024. 1. 2.〉

⑥ 시장·군수·구청장은 빈집을 활용하기 위한 목적의 범위에서 빈집의 소유자가 동의한 경우에는 빈집정보시스템으로 처리한 빈집정보를 인터넷과 그 밖의 방법을 병행하여 공개할 수 있다.

⑦ 그 밖에 빈집정보시스템의 구축·운영에 필요한 사항은 대통령령으로 정한다.

[본조신설 2020. 2. 11.]

제64조의7(빈집우선정비구역) ① 시장·군수·구청장은 다음 각 호의 요건을 모두 충족하는 지역을 빈집우선정비구역으로 지정할 수 있다.

1. 빈집이 증가하고 있거나 빈집 비율이 높은 지역
2. 다른 법령에 따른 정비사업을 추진하고 있지 아니한 지역

② 제1항에 따른 빈집우선정비구역 지정 요건의 세부기준은 대통령령으로 정한다.

③ 관할 시·도경찰청장 및 시·도 소방본부장은 제1항에 따라 지정된 빈집우선정비구역에서의 안전사고 및 범죄 등의 발생을 방지하기 위하여 노력하여야 한다.

[본조신설 2024. 1. 2.]

제64조의8(빈집우선정비구역 내 정비사업에 대한 특례) 제56조에 따른 생활환경정비사업 시행자(제2조제10호바목에 따른 빈집의 정비를 시행하는 자를 말한다)가 빈집우선정비구역 내 빈집을 개축 또는 용도변경하는 경우 해당 빈집이 법령의 제정·개정이나 그 밖에 대통령령으로 정하는 사유로 대지나 건축물이 법령에 맞지 아니하더라도 다음 각 호의 기준에 대하여 기존 빈집의 범위에서 「건축법」 제4조에 따른 건축위원회(시장·군수·구청장이 설치하는 건축위원회를 말하며, 이하 "지방건축위원회"라 한다)의 심의를 거쳐 그 기준을 완화받을 수 있다.

1. 「건축법」 제42조에 따른 대지의 조경기준
2. 「건축법」 제46조에 따른 건축선의 지정
3. 「건축법」 제55조에 따른 건폐율의 산정기준

4. 「건축법」 제56조에 따른 용적률의 산정기준
5. 「건축법」 제58조에 따른 대지 안의 공지기준
6. 「건축법」 제60조 및 제61조에 따른 건축물의 높이 제한
7. 「민법」 제242조에 따른 건축물과 경계선 간의 거리
[본조신설 2024. 1. 2.]

제65조(빈집에 대한 소유자등의 책무) 빈집의 소유자등은 주변 생활환경에 악영향을 끼치지 아니하도록 빈집에 대한 적절한 관리 및 정비를 하여야 한다.

[전문개정 2020. 2. 11.]

제65조의2(빈집에 대한 시장·군수·구청장의 책무) 시장·군수·구청장은 빈집정비계획 수립 및 실시 등 빈집에 대하여 필요한 조치를 강구하여야 한다.

[본조신설 2020. 2. 11.]

제65조의3(특정빈집에 대한 신고 및 확인·조사) ① 누구든지 빈집을 다음 각 호의 어느 하나 이상에 해당되는 빈집(이하 "특정빈집"이라 한다)으로 인식한 경우 이를 해당 빈집이 소재한 지역의 관할 시장·군수·구청장에게 신고할 수 있다. 이 경우 신고의 절차나 방법 등은 「공익신고자 보호법」을 따른다.

1. 붕괴·화재 등 안전사고나 범죄발생의 우려가 있는 경우
2. 위생상 유해 우려가 있는 경우
3. 관리가 적절히 되지 아니하여 현저히 경관을 훼손하고 있는 경우
4. 주변 생활환경 보전을 위하여 방치하기에는 부적절한 경우

② 시장·군수·구청장이 제1항에 따른 빈집에 대한 신고를 접수한 때에는 대통령령으로 정하는 바에 따라 현장조사를 실시하여야 한다.

[본조신설 2020. 2. 11.]

제65조의4(특정빈집에 대한 행정지도) ① 시장·군수·구청장은 특정빈집의 소유자등에 대하여 해당 특정빈집의 위해요소 제거, 정비, 벌목 등 주변 생활환경 보전에 필요한 조치를 농림축산식품부령 또는 해양수산부령으로 정하는 바에 따라 지도하여야 한다.

② 그 밖에 행정지도의 방법 등 필요한 사항은 「행정절차법」 제48조부터 제51조까지의 규정에 따른다.

[본조신설 2020. 2. 11.]

제65조의5(특정빈집에 대한 조치 등) ① 시장·군수·구청장은 빈집이 특정빈집에 해당하면 지방건축위원회의 심의를 거쳐 해당 특정빈집의 소유자에게 철거·개축·수리 등 필요한 조치를 명할 수 있으며, 해당 특정빈집의 소유자는 정당한 사유가 없으면 60일 이내에 조치를 이행하여야 한다. 다만, 천재지변, 그 밖의 기술적인 곤란 등 부득이한 사유로 60일 이내에 필요한 조치를 취하는 것이 현저히 곤란한 경우에는 한 차례만 60일의 범위에서 정비기간을 연장할 수 있다. 〈개정 2024. 1. 2.〉

② 시장·군수·구청장은 제1항에 따른 조치 명령(개축·수리는 제외한다)을 받은 자가 정당한 사유 없이 그 명령을 이행하지 아니할 때에는 대통령령으로 정하는 바에 따라 직권으로 그 빈집에 대하여 철거 등 필요한 조치를 할 수 있다. 이 경우 조치 명령을 받은 자에게 대통령령으로 정하는 바에 따라 철거 등 필요한 조치에 소요된 비용을 징수할 수 있다. 〈개정 2024. 1. 2.〉

③ 시장·군수·구청장은 제2항에 따라 철거할 특정빈집의 소유자의 소재를 알 수 없는 경우에는 그 빈집에 대한 철거명령과 이를 이행하지 아니하면 직권으로 철거한다는 내용을 일간신문 및 홈페이지에 1회 이상 공고하고, 일간신문 및 홈페이지에 공고한 날부터 60일 이내에 빈집의 소유자가 빈집을 철거하지 아니하면 직권으로 철거할 수 있다.

④ 시장·군수·구청장은 제2항 또는 제3항에 따라 특정빈집을 철거하는 경우에는 대통령령으로 정하는 바에 따라 정당한 보상비를 빈집의 소유자에게 지급하여야 한다. 이 경우 시장·군수·구청장은 보상비에서 철거에 소요된 비용을 빼고 지급할 수 있으며, 철거에 소요된 비용이 보상비보다 많을 때에는 대통령령으로 정하는 바에 따라 그 차액을 추가로 징수할 수 있다. 〈개정 2024. 1. 2.〉

⑤ 제4항에도 불구하고 빈집 소유자가 보상비의 수령을 거부하거나 빈집 소유자의 소재불명으로 보상비를 지급할 수 없을 때에는 보상액에 해당하는 금액을 공탁하여야 한다. 〈신설 2024. 1. 2.〉

⑥ 시장·군수·구청장은 제2항 또는 제3항에 따라 특정빈집을 철거하였을 때에는 지체 없이 건축물대장을 정리하여야 하며, 건축물대장을 정리한 경우에는 지체 없이 관할 등기소에 해당 빈집이

이 법에 따라 철거되었다는 취지의 통지를 하고 말소등기를 촉탁하여야 한다. 〈개정 2024. 1. 2.〉

[본조신설 2020. 2. 11.]

제65조의6(빈집의 매입 및 활용) ① 시·도지사나 시장·군수·구청장 또는 대통령령으로 정하는 기관(이하 이 조에서 "시·도지사등"이라 한다)은 빈집정비계획에 따라 빈집(이에 부속되는 토지를 포함한다)을 매입하여 다음 각 호와 같이 활용할 수 있다. 〈개정 2023. 3. 28.〉

1. 생활기반시설·공동이용시설 또는 임대주택 등 공익적 목적으로 활용

2. 농어업 분야 내국인근로자, 「외국인근로자의 고용 등에 관한 법률」 제2조에 따른 농어업 분야 외국인근로자 또는 「출입국관리법」 제18조에 따라 체류자격을 취득한 농어업 분야 외국인근로자가 거주하는 용도로 활용

② 시·도지사등은 제1항제2호에 따른 내외국인근로자의 사용자가 빈집을 임차하여 내외국인근로자가 거주하는 용도로 활용하고자 요청하는 경우 해당 빈집을 우선적으로 매입할 수 있다. 〈신설 2023. 3. 28.〉

③ 빈집의 매입 방법·절차 등에 관한 사항은 대통령령으로 정한다. 〈개정 2023. 3. 28.〉

④ 제1항 또는 제2항에 따라 매입한 빈집의 활용 및 임대료 등에 필요한 사항은 해당 지방자치단체의 조례로 정한다. 〈신설 2023. 3. 28.〉

[본조신설 2020. 2. 11.]

[제목개정 2023. 3. 28.]

제66조(자진 철거자에 대한 지원) 제65조의5제1항에 따라 시장·군수·구청장의 철거명령을 자진하여 이행한 빈집의 소유자가 영농(營農)을 목적으로 주택 개량을 희망할 때에는 제67조에 따른 농어촌주택개량자금을 우선적으로 지원할 수 있다. 〈개정 2020. 2. 11.〉

제67조(농어촌주택개량자금의 조성 등) ① 정부와 지방자치단체는 제2조제10호바목, 자목 및 차목에 따른 빈집 정비와 농어촌 주택 개량을 효율적으로 시행하기 위하여 대통령령으로 정하는 바에 따라 필요한 자금(이하 "농어촌주택개량자금"이라 한다)을 조성하여야 한

다. <개정 2012. 2. 17.>

② 농어촌주택개량자금의 운용 등에 관한 계획은 농림축산식품부장관이 기획재정부장관 및 국토교통부장관과 협의하여 수립한다. <개정 2013. 3. 23.>

③ 농어촌주택개량자금은 다음 각 호의 어느 하나에 해당하는 용도로만 사용하여야 한다. <개정 2012. 2. 17., 2020. 2. 11.>

1. 제2조제10호자목 및 차목의 농어촌 주택 개량사업을 시행하는 자에 대한 보조 또는 융자
2. 농어촌 주택의 개량을 희망하는 자에 대한 보조 또는 융자
3. 농어촌 주택의 품질관리에 드는 경비
4. 제65조의5에 따른 빈집 철거 비용 및 보상비
5. 농어촌주택개량자금의 운용 및 관리에 드는 경비

제68조(농어촌 주택 등의 분양 등) ① 생활환경정비사업 시행자는 생활환경정비사업 시행에 따른 조성 용지(이하 "조성용지"라 한다), 농어촌 주택, 그 밖의 시설물을 환지하거나 분양 또는 임대할 수 있다.

② 조성용지, 농어촌 주택, 그 밖의 시설물의 공급가격 결정과 공급 방법 및 절차에 관한 사항은 대통령령으로 정한다.

제69조(조성용지의 용도) 조성용지를 공급받은 자(국가와 지방자치단체는 제외한다. 이하 같다)는 제59조에 따라 승인을 받은 용도에 따라 농어촌 주택 등을 건설하여야 한다.

제70조(조성용지의 전매행위 제한 등) ① 조성용지를 공급받은 자는 그 용지를 공급받은 용도대로 농어촌 주택이나 그 밖의 시설물을 건축하여 소유권 이전등기를 완료하기 전까지는 이를 전매(명의변경, 매매 또는 그 밖에 권리의 변동을 수반하는 모든 행위를 포함하되, 상속의 경우는 제외한다. 이하 같다)할 수 없다. 다만, 조성용지를 공급받은 자의 생업상의 사정 등 대통령령으로 정하는 경우에는 그러하지 아니하다. <개정 2020. 2. 11.>

② 제1항을 위반하여 조성용지를 전매하는 경우 해당 법률행위는 무효로 하며, 사업시행자는 조성용지의 공급 당시 가액과 「은행법」에 따른 은행의 1년 만기 정기예금 평균이자율을 합산한 금액을 지급하고 그 조성용지를 환매할 수 있다. <개정 2010. 5. 17.>

제70조의2(간선시설의 설치) 생활환경정비사업 시행에 따른 간선시

설(幹線施設)(「주택법」 제2조제17호에 따른 간선시설을 말한다)의 설치에 관하여는 「주택법」 제28조를 준용한다. 〈개정 2016. 1. 19.〉

[본조신설 2012. 2. 17.]

제71조(기술지원 등) ① 농림축산식품부장관은 생활환경정비사업의 생활환경정비계획, 생활환경정비사업 기본계획, 농어촌마을정비계획 및 생활환경정비사업 시행계획의 수립과 조사·설계 등 사업의 원활한 추진과 생활환경정비사업으로 조성되는 시설물의 품질관리를 위하여 기획·기술지원을 하여야 하며, 이에 필요한 경비를 예산의 범위에서 지원할 수 있다. 〈개정 2013. 3. 23.〉

② 농림축산식품부장관은 제1항에 따라 생활환경정비계획, 생활환경정비사업 기본계획, 농어촌마을정비계획 및 생활환경정비사업 시행계획을 세우는 데에 필요한 설계 및 집행상의 기술지원을 하기 위하여 대통령령으로 정하는 바에 따라 기획기술지원단을 설치하여 운영할 수 있다. 〈개정 2013. 3. 23.〉

제5장 농어촌산업의 육성

제1절 농어촌산업 육성계획의 수립·시행 등

제72조(농어촌산업 육성·지원) 국가와 지방자치단체는 농어촌산업을 육성하기 위하여 필요한 종합적인 지원 시책을 마련하고 시행하여야 한다.

제73조(농어촌산업 육성 기본계획의 수립) ① 농림축산식품부장관 또는 해양수산부장관은 관계 중앙행정기관의 장과 협의하여 농어촌산업 육성계획을 세우는 데에 필요한 지침을 정할 수 있다. 〈개정 2013. 3. 23.〉

② 제72조에 따라 농어촌산업 육성을 위한 시책을 시행하려는 시장·군수·구청장은 3년을 단위로 하는 농어촌산업 육성 기본계획을 세우고, 시·도지사를 거쳐 농림축산식품부장관 또는 해양수산부장관에게 제출하여야 한다. 〈개정 2013. 3. 23.〉

③ 농어촌산업 육성 기본계획에는 다음 각 호의 사항이 포함되어야 한다.

1. 농어촌산업 발전 목표 및 기본방향

2. 농어촌산업 발전에 필요한 인력 육성 및 산업계·학계·연구기관 간 협력 체계 등에 관한 사항

3. 농어촌산업 발전을 위한 기업 육성 및 투자 환경조성과 관련한 사항

4. 제78조에 따른 농공단지의 조성 및 운영 활성화와 관련한 사항

5. 연차별 투자 계획 및 조달에 관한 사항

6. 그 밖에 농어촌산업 육성을 위하여 필요한 사항

④ 시장 · 군수 · 구청장은 농어촌산업 육성 기본계획을 세우려면 미리 관할 지역의 민간단체 · 주민 등의 의견을 수렴하여야 한다.

⑤ 농어촌산업 육성 기본계획의 수립 및 확정 절차 등에 필요한 사항은 대통령령으로 정한다.

제74조(농어촌산업 육성 시행계획의 수립) ① 시장 · 군수 · 구청장은 제73조에 따라 수립된 농어촌산업 육성 기본계획을 효율적으로 추진하기 위하여 매년 농어촌산업 육성 시행계획을 세우고, 시 · 도지사를 거쳐 농림축산식품부장관 또는 해양수산부장관에게 제출하여야 한다. 〈개정 2013. 3. 23.〉

② 농어촌산업 육성 시행계획의 수립 및 변경, 제출 절차 등에 필요한 사항은 대통령령으로 정한다.

제75조(농어촌산업 육성 지원기구의 지정) ① 농림축산식품부장관 또는 해양수산부장관은 농어촌산업 육성정책 및 관련 계획에 관한 조사 · 연구 및 평가, 컨설팅 등의 업무를 지원하기 위하여 필요한 인력 및 조직 등을 갖춘 기관 등을 농어촌산업 육성 지원기구로 지정할 수 있다. 〈개정 2013. 3. 23.〉

② 농림축산식품부장관 · 해양수산부장관 또는 지방자치단체의 장은 제1항에 따라 지정된 농어촌산업 육성 지원기구에 대하여 지원업무 수행에 필요한 비용을 예산의 범위에서 지원할 수 있다. 〈개정 2013. 3. 23.〉

③ 제1항에 따른 지원기구의 지정요건 및 지정절차, 지원업무 등에 필요한 사항은 대통령령으로 정한다.

④ 농림축산식품부장관 또는 해양수산부장관은 제1항에 따라 지정된 농어촌산업 육성 지원기구가 농어촌산업 육성 지원업무를 수행할 능력이 없다고 인정되거나 제3항의 지정요건에 맞지 아니하게 된 경우에는 2개월 이내의 기간을 정하여 시정을 명할 수 있다. 〈개정 2013. 3. 23.〉

⑤ 농림축산식품부장관 또는 해양수산부장관은 농어촌산업 육성 지원기구가 다음 각 호의 어느 하나에 해당하는 경우에는 대통령령으로 정하는 바에 따라 그 지정을 취소할 수 있다. 다만, 제1호에 해당하는 경우에는 그 지정을 취소하여야 한다. 〈개정 2013. 3. 23.〉

1. 거짓이나 그 밖의 부정한 방법으로 지정을 받은 경우

2. 정당한 사유 없이 1년 이상 농어촌산업 육성 관련 지원활동을 하지 아니한 경우

3. 제4항에 따른 시정명령을 받고 시정을 하지 아니한 경우

제76조(평가) ① 농림축산식품부장관 또는 해양수산부장관은 다음 각 호의 사항에 대한 평가를 하여야 한다. 〈개정 2013. 3. 23.〉

1. 시장·군수·구청장의 농어촌산업 육성 기본계획 및 연도별 시행계획 추진 실적

2. 그 밖에 농어촌산업 육성계획의 이행과 관련하여 평가가 필요한 사항

② 제1항에 따른 평가에 관련된 기준 및 절차에 관한 사항은 대통령령으로 정한다.

③ 국가는 제1항에 따른 평가 결과가 우수한 지방자치단체에 대하여 예산의 범위에서 재정상 인센티브를 줄 수 있다.

제2절 농공단지의 개발

제77조(농공단지 개발 지원에 관한 기본방침) 농림축산식품부장관 또는 해양수산부장관은 「농업·농촌 및 식품산업 기본법」 제50조제1항과 「수산업·어촌 발전 기본법」 제39조제1항에 따른 농어촌 산업단지 조성사업을 육성하기 위하여 농공단지 개발 지원에 관한 기본방침을 세워야 한다. 〈개정 2013. 3. 23., 2015. 6. 22.〉

제78조(농공단지 개발의 지원) ① 시장·군수·구청장은 관할 농어촌지역의 산업을 진흥하기 위하여 「산업입지 및 개발에 관한 법률」에서 정하는 바에 따라 시·도지사의 승인을 받아 농공단지를 지정하고 개발한다.

② 농림축산식품부장관·해양수산부장관 또는 시·도지사는 매년 예산의 범위에서 시장·군수·구청장에게 농공단지 개발에 필요한 자금을 지원할 수 있다. 〈개정 2013. 3. 23.〉

③ 시·도지사는 제1항에 따른 농공단지의 지정·승인을 하였을

때에는 농림축산식품부장관 또는 해양수산부장관에게 보고하여야 한다. 〈개정 2013. 3. 23.〉

제78조(농공단지 개발의 지원) ① 시장·군수·구청장은 관할 농어촌지역의 산업을 진흥하기 위하여 「산업입지 및 개발에 관한 법률」에서 정하는 바에 따라 시·도지사의 승인을 받아 농공단지를 지정하고 개발한다.

② 농림축산식품부장관·해양수산부장관 또는 시·도지사는 매년 예산의 범위에서 시장·군수·구청장에게 농공단지 개발에 필요한 자금을 지원할 수 있다. 〈개정 2013. 3. 23.〉

③ 시·도지사는 제1항에 따른 농공단지의 지정·승인을 하였을 때에는 농림축산식품부장관 또는 해양수산부장관에게 통보하여야 한다. 〈개정 2013. 3. 23., 2024. 12. 20.〉

[시행일: 2025. 6. 21.] 제78조

제79조(생산제품의 판매 지원) 국가와 지방자치단체는 농공단지에서 생산된 제품의 판매를 촉진하기 위하여 수출을 지원하고 계열화를 촉진하는 등 필요한 조치를 할 수 있으며, 국가, 지방자치단체, 공공단체 및 공공기관은 제품 생산자와 생산 제품 구매에 관한 수의계약(隨意契約)을 체결할 수 있다.

제80조(농어촌 환경보전을 위한 지원) 국가와 지방자치단체는 농공단지에 입주한 업체가 「환경정책기본법」 제29조에 따른 환경보전시설을 설치·관리하는 경우 필요한 자금을 지원할 수 있다. 〈개정 2011. 7. 21.〉

제6장 농어촌 관광휴양자원 개발과 한계농지등의 정비

제1절 농어촌 관광휴양자원 개발

제81조(농어촌 관광휴양의 지원·육성) ① 농림축산식품부장관·해양수산부장관, 시·도지사 또는 시장·군수·구청장은 농어촌 관광휴양을 지원·육성하여 농어촌지역과 준농어촌지역의 자연경관을 보존하고 농어촌의 소득을 늘리기 위하여 다음 각 호의 시책을 추진할 수 있다. 〈개정 2012. 10. 22., 2013. 3. 23.〉

1. 농어촌의 자연환경, 영농활동, 전통문화 등을 활용한 관광휴양자원 개발

2. 농어촌 관광휴양사업의 육성

3. 농어촌 관광휴양을 활성화하기 위한 조사·연구 및 홍보

② 농어촌 관광휴양사업의 규모 및 시설 기준은 농림축산식품부령 또는 해양수산부령으로 정한다. 〈개정 2013. 3. 23.〉

第82조(농어촌 관광휴양단지의 개발) ① 시장·군수·구청장은 농어촌지역에서 대통령령으로 정하는 바에 따라 농어촌 관광휴양단지를 지정하여 직접 개발하거나 제2항에 따라 사업계획의 승인을 받은 자에게 개발하게 할 수 있다.

② 시장·군수·구청장 외의 자가 제1항에 따라 지정된 농어촌 관광휴양단지를 개발하려면 사업계획을 세워 대통령령으로 정하는 바에 따라 시장·군수·구청장의 승인을 받아야 한다. 승인을 받은 사항 중 대통령령으로 정하는 중요한 사항을 변경하려는 때에도 또한 같다.

③ 시장·군수·구청장이 농어촌 관광휴양단지를 지정하거나 해제한 경우 또는 농어촌 관광휴양단지의 사업계획을 승인하거나 취소한 경우에는 대통령령으로 정하는 바에 따라 그 사실을 고시하여야 한다. 〈개정 2015. 1. 6.〉

第83조(관광농원의 개발) ① 관광농원은 「농업·농촌 및 식품산업 기본법」 제3조제2호에 따른 농업인(이하 "농업인"이라 한다), 「수산업·어촌 발전 기본법」 제3조제3호에 따른 어업인(이하 "어업인"이라 한다), 한국농어촌공사, 그 밖에 대통령령으로 정하는 농업인 및 어업인 단체가 개발할 수 있다. 〈개정 2015. 6. 22.〉

② 관광농원을 개발하려는 자는 사업계획을 세워 대통령령으로 정하는 바에 따라 시장·군수·구청장의 승인을 받아야 한다. 승인을 받은 사항 중 대통령령으로 정하는 중요한 사항을 변경하려는 때에도 또한 같다.

第84조(토지 및 시설의 분양) 농어촌 관광휴양단지 또는 관광농원(이하 "농어촌관광휴양지"라 한다)의 개발사업 시행자가 제114조에 따른 준공검사를 받은 때에는 토지와 시설을 분양하거나 임대할 수 있다. 〈개정 2018. 12. 24.〉

第85조(농어촌관광휴양지사업자의 신고 등) ① 농어촌 관광휴양단지 사업은 시장·군수·구청장 또는 시장·군수·구청장에게 신고한 자가 경영할 수 있고, 관광농원사업은 제83조제1항에 따른 자 중에서 시장·군수·구청장에게 신고한 자가 경영할 수 있다.

② 시장·군수·구청장 외의 자가 농어촌관광휴양지사업을 경영하려면 농림축산식품부령 또는 해양수산부령으로 정하는 바에 따라 운영계획서를 작성하여 시장·군수·구청장에게 농어촌관광휴양지사업자 신고를 하여야 한다. 신고내용을 변경하거나 폐업하려는 경우에도 또한 같다. 〈개정 2013. 3. 23.〉

③ 시장·군수·구청장은 제2항 전단에 따른 신고나 같은 항 후단에 따른 변경신고를 받은 경우 그 내용을 검토하여 이 법에 적합하면 신고를 수리하여야 한다. 〈신설 2018. 12. 24.〉

④ 시장·군수·구청장은 제3항에 따라 농어촌관광휴양지사업자 신고를 수리한 때에는 농림축산식품부령 또는 해양수산부령으로 정하는 바에 따라 신고확인증을 신고인에게 내주어야 하며, 신고 대장(臺帳)을 작성·관리하여야 한다. 〈개정 2013. 3. 23., 2018. 12. 24., 2020. 2. 11.〉

⑤ 제3항에 따라 농어촌관광휴양지사업자 신고가 수리된 자(이하 "농어촌관광휴양지사업자"라 한다)가 그 농어촌관광휴양지사업 대상 농지를 임대차하는 경우에는 「농지법」 제23조부터 제26조까지의 규정을 적용하지 아니한다. 〈개정 2018. 12. 24.〉

⑥ 제2항에 따른 신고의 방법 및 절차 등에 필요한 사항은 농림축산식품부령 또는 해양수산부령으로 정한다. 〈개정 2013. 3. 23., 2018. 12. 24.〉

제86조(농어촌민박사업자의 신고) ① 농어촌민박사업을 경영하려는 자는 농림축산식품부령 또는 해양수산부령으로 정하는 바에 따라 시장·군수·구청장에게 농어촌민박사업자 신고를 하여야 한다. 신고내용을 변경하거나 폐업할 때에도 또한 같다. 〈개정 2013. 3. 23.〉

② 농어촌민박사업을 경영하려는 자는 다음 각 호의 요건을 모두 갖추어야 한다. 〈신설 2020. 2. 11.〉

1. 농어촌지역 또는 준농어촌지역의 주민일 것

2. 농어촌지역 또는 준농어촌지역의 관할 시·군·구에 6개월 이상 계속하여 거주하고 있을 것(농어촌민박사업에 이용되고 있는 주택을 상속받은 자는 제외한다)

3. 신고자가 거주하는 「건축법」 제2조제2항제1호에 따른 단독주택(같은 법 시행령 별표 1에 따른 단독주택과 다가구주택을 말한다. 이하 같다)

4. 신고자가 직접 소유하고 있는 단독주택

③ 제2항에도 불구하고 다음 각 호의 어느 하나에 해당하는 자는 제2항제4호의 요건을 갖추지 아니하여도 농어촌민박사업을 신고할 수 있다. 〈신설 2020. 2. 11.〉

1. 관할 시 · 군 · 구에 3년 이상 거주하면서, 임차하여 농어촌민박을 2년 이상 계속해서 운영하였고, 제89조에 따른 사업장 폐쇄 또는 1개월 이상의 영업정지처분을 받은 적이 없는 자

2. 농어촌민박을 신고하고자 하는 관할 시 · 군 · 구에 3년 이상 계속하여 거주하였으며, 임차하여 2년 이상 계속하여 농어촌민박을 운영하고자 하는 자

④ 시장 · 군수 · 구청장은 제1항 전단에 따른 신고 또는 같은 항 후단에 따른 변경신고를 받은 날부터 10일 이내에 신고수리 여부를 신고인에게 통지하여야 한다. 〈신설 2019. 1. 15., 2020. 2. 11.〉

⑤ 시장 · 군수 · 구청장이 제2항에서 정한 기간 내에 신고수리 여부 또는 민원 처리 관련 법령에 따른 처리기간의 연장을 신고인에게 통지하지 아니하면 그 기간(민원 처리 관련 법령에 따라 처리기간이 연장 또는 재연장된 경우에는 해당 처리기간을 말한다)이 끝난 날의 다음 날에 신고를 수리한 것으로 본다. 〈신설 2019. 1. 15., 2020. 2. 11.〉

⑥ 시장 · 군수 · 구청장은 농어촌민박사업자가 「부가가치세법」 제8조에 따라 관할 세무서장에게 폐업신고를 하거나 관할 세무서장이 사업자등록을 말소한 경우에는 신고사항을 직권으로 말소할 수 있다. 〈신설 2020. 2. 11.〉

⑦ 시장 · 군수 · 구청장은 제6항에 따른 직권말소를 위하여 필요한 경우 관할 세무서장에게 농어촌민박사업자의 폐업 여부에 대한 정보 제공을 요청할 수 있다. 이 경우 요청을 받은 관할 세무서장은 「전자정부법」 제36조제1항에 따라 농어촌민박사업자의 폐업 여부에 대한 정보를 제공하여야 한다. 〈신설 2020. 2. 11.〉

⑧ 제1항에 따른 신고의 방법 및 절차 등에 필요한 사항은 농림축산식품부령 또는 해양수산부령으로 정한다. 〈개정 2013. 3. 23., 2019. 1. 15., 2020. 2. 11.〉

⑨ 시장 · 군수 · 구청장은 제8항에 따라 신고를 받은 경우에는 그 신고내용을 확인한 후 농림축산식품부령 또는 해양수산부령으로 정

하는 바에 따라 신고확인증을 신고인에게 내주어야 한다. 〈개정 2013. 3. 23., 2019. 1. 15., 2020. 2. 11.〉

제86조의2(농어촌민박사업자의 준수사항) 농어촌민박사업자는 다음 각 호에 따른 사항을 준수하여야 한다. 〈개정 2019. 1. 15., 2020. 2. 11., 2021. 4. 13.〉

1. 농어촌민박사업자는 제86조제9항에 따른 신고확인증 및 요금표를 민박주택의 잘 보이는 곳에 게시하여야 한다.
2. 농어촌민박사업자는 서비스·안전 수준의 제고를 위하여 농림축산식품부령 또는 해양수산부령으로 정하는 서비스·안전기준을 준수하여야 한다.
3. 농어촌민박사업자는 시장·군수·구청장이나 전국적인 조직을 갖추고 농림축산식품부장관 또는 해양수산부장관으로부터 허가받은 농어촌민박사업자 단체가 농림축산식품부령 또는 해양수산부령으로 정하는 바에 따라 서비스·위생·소방안전 등 수준 제고를 위하여 실시하는 교육을 받아야 한다.
4. 농어촌민박사업자는 투숙객을 대상으로 조식을 제공할 수 있으며, 그 비용을 민박요금에 포함하여야 한다.
5. 농어촌민박사업자는 매년 1회 「전기사업법」 제66조 및 「액화석유가스의 안전관리 및 사업법」 제30조에 따라 안전점검을 받은 후 확인서를 발급받아 보관하고, 그 사본을 시장·군수·구청장에게 제출하여야 한다.
6. 농어촌민박사업자는 민박주택의 출입문 및 인터넷 홈페이지(홈페이지가 있는 경우만 해당한다)에 농림축산식품부령 또는 해양수산부령으로 정하는 바에 따라 농어촌민박사업장임을 나타내는 표시를 하여야 한다.

[본조신설 2015. 1. 6.]

제86조의3(농어촌민박사업 표시의 제한) 농어촌민박사업자로 신고하지 아니한 자는 제86조의2제6호에 따른 농어촌민박사업장임을 나타내는 표시 또는 이와 유사한 표시를 하여서는 아니 된다.

[본조신설 2021. 4. 13.]

제86조의4(농어촌민박사업자의 불법카메라 설치 금지) 농어촌민박사업자는 사업장에 「성폭력범죄의 처벌 등에 관한 특례법」 제14조제1항에 위반되는 행위에 이용되는 카메라나 그 밖에 이와 유사한 기

능을 갖춘 기계장치를 설치하여서는 아니 된다.

[본조신설 2021. 4. 13.]

제87조(농어촌관광휴양지사업의 승계) ① 다음 각 호의 어느 하나에 해당하는 자는 종전의 농어촌관광휴양지사업자의 지위를 승계한다. 〈개정 2018. 12. 24.〉

1. 농어촌관광휴양지사업자가 그 사업을 양도한 경우 그 양수인

2. 농어촌관광휴양지사업자가 사망한 경우 그 상속인

3. 법인이 합병한 경우 합병 후 존속하는 법인이나 합병으로 설립되는 법인

② 다음 각 호의 어느 하나에 해당하는 절차에 따라 사업시설·설비의 전부를 인수한 자는 이 법에 따른 종전의 농어촌관광휴양지사업자의 지위를 승계한다. 〈개정 2018. 12. 24.〉

1. 「민사집행법」에 따른 경매

2. 「채무자 회생 및 파산에 관한 법률」에 따른 경매

3. 「국세징수법」, 「관세법」 또는 「지방세징수법」에 따른 압류재산의 매각

4. 그 밖에 제1호부터 제3호까지의 규정에 준하는 절차

③ 제1항 또는 제2항에도 불구하고 관광농원은 제83조제1항에 따른 자만 종전의 농어촌관광휴양지사업자의 지위를 승계한다. 〈개정 2018. 12. 24.〉

④ 제1항 또는 제2항에 따라 종전의 농어촌관광휴양지사업자의 지위를 승계한 자는 1개월 이내에 농림축산식품부령 또는 해양수산부령으로 정하는 바에 따라 시장·군수·구청장에게 신고하여야 한다. 〈개정 2013. 3. 23., 2018. 12. 24.〉

제88조(지도·감독 등) 시장·군수·구청장은 농어촌관광휴양지사업자나 농어촌민박사업자를 지도·감독할 수 있으며, 필요하다고 인정하면 농어촌관광휴양지사업자나 농어촌민박사업자에게 그 시설 및 운영의 개선을 명할 수 있다. 〈개정 2012. 2. 17., 2015. 1. 6.〉

제89조(사업장 폐쇄 등) ① 시장·군수·구청장은 농어촌관광휴양지사업자나 농어촌민박사업자가 다음 각 호(제8호는 농어촌민박사업자만 해당한다)의 어느 하나에 해당하면 사업장의 폐쇄를 명하거나 6개월 이내의 기간을 정하여 그 사업의 전부 또는 일부의 정지를 명할 수 있다. 다만, 제7호 또는 제9호에 해당하는 경우에는 사업장의

폐쇄명령을 하여야 한다. 〈개정 2019. 12. 10., 2020. 2. 11., 2021. 4. 13.〉

1. 정당한 사유 없이 1년 이상 사업을 하지 아니한 경우

2. 관광농원과 주말농원에 재배작물을 1년 이상 경작하지 아니한 경우

3. 제81조제2항에 따른 규모나 시설 기준을 위반한 경우

4. 제83조제2항에 따른 승인이나 변경승인을 받지 아니하고 관광농원을 개발한 경우

4의2. 제86조의4를 위반하여 카메라나 그 밖에 이와 유사한 기능을 갖춘 기계장치를 설치한 경우

5. 제87조제1항 및 제3항을 위반하여 관광농원사업을 양도·양수한 경우

6. 제88조에 따른 시설 및 운영 개선명령을 이행하지 아니한 경우

7. 사업정지기간에 사업을 한 경우

8. 「성폭력범죄의 처벌 등에 관한 특례법」, 「성매매알선 등 행위의 처벌에 관한 법률」 또는 「아동·청소년의 성보호에 관한 법률」을 위반하여 관계 행정기관의 장으로부터 그 사실을 통보받은 경우

9. 농어촌민박사업자가 「부가가치세법」 제8조에 따라 관할 세무서장에게 폐업신고를 하거나 관할 세무서장이 사업자등록을 말소한 경우

② 제1항 각 호를 위반하여 사업장 폐쇄명령을 받은 후 6개월(제4호의2 또는 제8호의 경우에는 1년)이 지나지 아니한 경우에는 그 폐쇄명령이 이루어진 장소에서 해당 농어촌관광휴양지사업이나 농어촌민박사업을 할 수 없다. 〈개정 2019. 12. 10., 2021. 4. 13.〉

③ 제1항제4호의2 또는 제8호를 위반하여 사업장 폐쇄명령을 받은 자는 그 폐쇄명령을 받은 후 2년이 경과하지 아니한 때에는 농어촌민박사업을 할 수 없다. 〈신설 2019. 12. 10., 2021. 4. 13.〉

④ 제1항에 따른 사업장 폐쇄명령 및 사업정지의 세부 기준은 그 처분 사유와 위반 정도 등을 고려하여 농림축산식품부령 또는 해양수산부령으로 정한다. 〈개정 2013. 3. 23., 2019. 12. 10.〉

⑤ 시장·군수·구청장은 농어촌관광휴양지사업자 및 농어촌민박사업자가 제1항에 따라 사업장 폐쇄명령을 받고도 계속하여 사업장을 운영하는 경우에는 관계 공무원에게 해당 사업장을 폐쇄하기 위하여 다음 각 호의 조치를 하게 할 수 있다. 〈개정 2019. 12. 10.〉

1. 해당 사업장의 간판, 그 밖의 사업 표지물의 제거
2. 해당 사업장이 위법한 사업장임을 알리는 게시물 등의 부착
3. 사업장 운영을 위하여 필수불가결한 기구 또는 시설물을 사용할 수 없게 하는 봉인

⑥ 시장·군수·구청장은 제5항제3호에 따른 봉인을 한 후 봉인을 계속할 필요가 없다고 인정되는 경우, 사업자 또는 대리인이 해당 사업장을 폐쇄할 것을 약속하는 경우 및 정당한 사유를 들어 봉인의 해제를 요청하는 경우에는 그 봉인을 해제할 수 있다. 제5항제2호에 따른 게시물 등의 제거를 요청하는 경우에도 또한 같다. 〈개정 2019. 12. 10.〉

제90조(행정제재처분 효과의 승계) ① 다음 각 호의 어느 하나에 해당하는 농어촌관광휴양지사업자 또는 농어촌민박사업자는 종전의 농어촌관광휴양지사업자 또는 농어촌민박사업자에 대하여 제89조제1항 각 호의 위반을 사유로 한 행정제재처분의 효과를 승계한다.

1. 제85조제2항 후단 또는 제86조제1항 후단에 따른 폐업신고 후 다시 농어촌관광휴양지사업이나 농어촌민박사업의 신고를 한 자
2. 제87조제1항에 따라 농어촌관광휴양지사업을 양수한 자

② 제1항 각 호의 어느 하나에 해당하는 자에 대하여는 제89조제1항에 따라 진행 중인 행정처분의 절차를 계속 이어서 할 수 있다.

③ 제1항 및 제2항에도 불구하고 종전의 농어촌관광휴양지사업자 또는 농어촌민박사업자에 대한 행정제재처분 또는 종전의 농어촌관광휴양지사업자 또는 농어촌민박사업자의 위반 사실을 알지 못하였음을 증명하는 때에는 그러하지 아니하다.

제2절 한계농지등의 정비

제91조(한계농지등의 정비 기본방침) 농림축산식품부장관은 한계농지등을 효율적으로 관리·이용 및 개발하기 위하여 한계농지등의 정비에 관한 기본방침을 세울 수 있다. 〈개정 2013. 3. 23.〉

제92조(한계농지등 정비의 종류) 제94조에 따라 한계농지등 정비지구로 지정·고시한 지역에서는 지역 여건을 고려하여 다음 각 호와 같이 정비할 수 있다. 〈개정 2013. 3. 23.〉

1. 과수, 원예, 특용작물, 축산단지, 양어장 등 농림수산업을 위한 농지의 조성 및 시설의 설치

2. 농어촌 관광휴양단지, 관광농원, 관광숙박시설 등 농어촌 관광휴양자원을 개발하고 이용하기 위한 시설의 설치

3. 주택·택지 및 부속 농지, 공업시설, 전시장·박물관 등 문화예술 관련 시설, 체육시설, 청소년 수련시설, 의료시설, 교육연수시설, 노인복지시설의 설치

4. 그 밖에 농어촌지역의 개발을 촉진하기 위하여 필요한 시설로서 농림축산식품부령으로 정하는 시설의 설치

제93조(한계농지의 조사 및 고시) ① 시장·군수·구청장은 농어촌지역의 한계농지를 조사할 수 있다.

② 시장·군수·구청장은 제1항에 따른 조사를 하였을 때에는 그 결과를 고시하고 일반인이 열람할 수 있도록 하여야 한다.

③ 제1항과 제2항에 따른 한계농지의 조사와 고시에 필요한 사항은 농림축산식품부령으로 정한다. 〈개정 2013. 3. 23.〉

제94조(한계농지등 정비지구의 지정 및 고시) ① 시장·군수·구청장은 한계농지등에서 정비가 필요한 지역을 한계농지등 정비지구로 지정할 수 있다.

② 시장·군수·구청장이 한계농지등 정비지구를 지정하려면 미리 관계 행정기관의 장과 협의한 후 고시하여야 한다. 이를 변경하거나 해제하려는 때에도 또한 같다.

③ 한계농지등 정비지구의 지정 요건과 그 밖에 필요한 사항은 대통령령으로 정한다.

제95조(신청에 의한 한계농지등 정비지구의 지정) ① 제94조에 따라 고시된 한계농지등 정비지구가 아닌 지역에 있는 한계농지등을 정비하려는 자는 농림축산식품부령으로 정하는 바에 따라 시장·군수·구청장에게 한계농지등 정비지구의 지정을 신청할 수 있다. 〈개정 2013. 3. 23.〉

② 제1항에 따라 신청을 받은 시장·군수·구청장은 제94조에 따라 한계농지등 정비지구로 지정·고시할 수 있다.

제96조(한계농지등의 정비사업의 시행) ① 한계농지등의 정비사업은 시장·군수·구청장이나 제2항에 따라 한계농지등의 정비사업계획을 승인받은 자가 시행할 수 있다.

② 시장·군수·구청장 외의 자가 한계농지등 정비지구의 전부 또는 일부에 대하여 한계농지등의 정비사업을 시행하려면 대통령령으

로 정하는 바에 따라 한계농지등의 정비사업계획을 세워 시장 · 군수 · 구청장의 승인을 받아야 한다. 승인을 받은 한계농지등의 정비사업계획 중 농림축산식품부령으로 정하는 사항을 변경하려는 경우에도 또한 같다. 〈개정 2013. 3. 23.〉

제97조(관련 규정의 준용) 제92조에 따른 한계농지등의 정비사업으로 환지, 교환 · 분할 · 합병이 필요한 경우에는 제3장제3절(제25조부터 제51조까지)을 준용한다.

제98조(토지와 시설의 분양) ① 한계농지등의 정비사업 시행자가 제114조에 따라 준공검사를 받은 때에는 그 토지와 시설을 분양하거나 임대할 수 있다.

② 한계농지등의 정비사업으로 조성된 농지를 분양받을 경우에는 「농지법」 제8조를 적용하지 아니하며, 임대할 경우에는 같은 법 제23조부터 제26조까지의 규정을 적용하지 아니한다.

③ 농업인 및 어업인이 아닌 자가 제2항에 따라 취득할 수 있는 농지의 규모는 1천500제곱미터 미만으로 한다. 〈개정 2012. 2. 17., 2015. 6. 22.〉

제99조(투자) 국가와 지방자치단체는 한계농지등의 효율적 보전 · 이용 및 정비를 위하여 농지관리기금, 지방비 등을 투자할 수 있다.

제100조(한계농지등의 매매 등) ① 제96조에 따라 지정된 한계농지등의 정비사업 시행자가 한계농지등 정비지구의 농지를 매입할 경우에는 「농지법」 제8조를 적용하지 아니한다.

② 한국농어촌공사는 한계농지등과 그 밖에 필요한 토지를 매입 · 매도하거나 제96조에 따라 개발하여 매도할 수 있다.

③ 제2항에 따라 매도할 때에는 「한국농어촌공사 및 농지관리기금법」 제18조에 따라 전업농 육성 대상자 및 농업법인을 지원할 수 있다.

제7장 마을정비구역

제101조(마을정비계획 수립 및 마을정비구역의 지정) ① 시 · 도지사는 농어촌정비사업을 종합적 · 계획적으로 시행하기 위하여 시장 · 군수 · 구청장의 요청을 받아 마을정비구역을 지정할 수 있다.

② 시장 · 군수 · 구청장은 제1항에 따라 마을정비구역의 지정을 요청하려면 농어촌마을정비계획(이하 "마을정비계획"이라 한다)을 수립

하여 「농업·농촌 및 식품산업 기본법」 제15조에 따른 시·군·구 농업·농촌및식품산업정책심의회의 심의를 거쳐 시·도지사에게 제출하여야 한다. 〈개정 2013. 3. 23., 2015. 6. 22.〉

③ 마을정비계획에는 다음 각 호의 사항이 포함되어야 한다. 다만, 제10호부터 제14호까지의 사항은 필요한 경우에만 해당한다.

1. 마을정비구역의 명칭·위치와 면적
2. 마을정비구역을 둘 이상의 사업시행지구로 나누어 개발사업을 시행할 때에는 그 지구 분할에 관한 사항
3. 토지이용계획에 관한 사항
4. 제2조제10호가목 및 나목에 따른 새로운 농어촌마을의 건설 또는 기존 농어촌마을의 재개발에 관한 사항
5. 도로, 상·하수도 등 주요 기반시설의 설치에 관한 사항
6. 농어촌 주택 개량에 관한 사항
7. 농어촌경관관리에 관한 사항
8. 환경보전 계획 및 오염방지에 관한 사항
9. 마을 공동체 형성에 관한 사항
10. 농업생산기반 정비에 관한 사항
11. 농어촌 관광휴양자원 개발에 관한 사항
12. 농어촌산업 육성 및 개발에 관한 사항
13. 보건의료·교육·복지 시설의 설치에 관한 사항
14. 지역특화발전에 관한 사항
15. 사업비의 재원조달에 관한 사항
16. 사업의 시행 예정 기간
17. 사업의 시행 예정자 및 개발사업의 시행방식에 관한 사항
18. 수용 또는 사용할 토지·물권·권리의 명세서
19. 그 밖에 대통령령으로 정하는 사항

④ 시·도지사는 제1항에 따라 마을정비구역의 지정을 요청받았을 때에는 관계 행정기관의 장과 협의한 후 마을정비구역을 지정할 수 있다. 다만, 지정하려는 마을정비구역이 대통령령으로 정하는 요건에 해당하는 경우에는 농림축산식품부장관과 미리 협의하여야 한다. 〈개정 2013. 3. 23., 2019. 8. 27.〉

⑤ 시·도지사는 제4항에 따라 마을정비구역을 지정할 때 제3항에 따른 마을정비계획에 계획관리지역으로의 용도지역 지정 또는 변

경계획이 포함되어 있을 경우에는 「국토의 계획 및 이용에 관한 법률」 제113조에 따른 지방도시계획위원회의 심의를 거쳐 마을정비구역을 지정하여야 한다.

⑥ 시ㆍ도지사는 제4항 단서에 따라 농림축산식품부장관과 마을정비구역 지정에 관하여 협의하려면 「국토의 계획 및 이용에 관한 법률」 제113조에 따른 지방도시계획위원회의 심의를 거쳐야 한다. 〈개정 2013. 3. 23., 2019. 8. 27.〉

⑦ 시ㆍ도지사는 마을정비구역이 지정되면 대통령령으로 정하는 사항을 고시하고, 관계 행정기관의 장 및 해당 마을정비구역을 관할하는 시장ㆍ군수ㆍ구청장에게 관계 서류의 사본을 보내야 하며 관계 서류를 받은 시장ㆍ군수ㆍ구청장은 이를 일반인이 열람하게 하여야 한다.

⑧ 마을정비구역이 지정ㆍ고시된 경우 제8조에 따른 농업생산기반 정비사업 기본계획의 수립, 제54조에 따른 생활환경정비계획의 수립, 제94조에 따른 한계농지등 정비지구의 지정ㆍ고시 등에 관하여 미리 관계 행정기관의 장과 협의한 사항은 제7항에 따라 고시된 정비계획의 내용에 따라 그 지정ㆍ수립ㆍ승인 등이 있는 것으로 본다.

제102조(마을정비구역 지정 및 마을정비계획의 변경) 마을정비계획 및 마을정비구역 지정의 변경은 제101조의 절차에 따라야 한다. 다만, 대통령령으로 정하는 경미한 사항을 변경할 때에는 제101조제2항에 따른 시ㆍ군ㆍ구 농업ㆍ농촌및식품산업정책심의회의 심의를 생략할 수 있다. 〈개정 2013. 3. 23.〉

제103조(마을정비구역 지정의 제안) ① 제56조제1항 각 호의 어느 하나에 해당하는 자로서 마을정비구역에서 농어촌정비사업을 시행하려는 자는 마을정비계획서와 농림축산식품부령으로 정하는 마을정비사업 제안서를 작성하여 시장ㆍ군수ㆍ구청장에게 마을정비구역 지정을 제안할 수 있다. 〈개정 2013. 3. 23.〉

② 시장ㆍ군수ㆍ구청장은 제1항에 따른 제안 내용이 타당하여 마을정비계획을 수립할 때에는 제101조의 절차를 따라야 한다.

③ 시장ㆍ군수ㆍ구청장은 마을정비구역 지정의 제안자에게 마을정비계획 수립 및 마을정비구역 지정에 필요한 비용의 전부 또는 일부를 부담시킬 수 있다.

제8장 보칙

제104조(주민 등의 의견 청취) ① 제82조에 따른 농어촌 관광휴양단지, 제94조 또는 제95조에 따른 한계농지등 정비지구, 제101조에 따른 마을정비구역을 지정하려는 경우에는 대통령령으로 정하는 바에 따라 주민의 의견을 청취하여야 한다.

② 농어촌정비사업의 시행자는 제3장부터 제7장까지의 규정에 따라 농어촌정비사업의 계획을 세우려면 주민과 관계 전문가 등의 의견을 들어야 하고, 그 의견이 타당하다고 인정하면 농어촌정비사업의 계획에 반영하여야 한다. 다만, 국방상의 기밀사항이나 대통령령으로 정하는 경미한 사항은 의견을 듣지 아니할 수 있다.

제105조(사업지역 · 지구의 고시 등) 제9조에 따른 농업생산기반 정비사업 시행계획이 승인된 지역, 제82조에 따른 농어촌 관광휴양단지, 제94조 또는 제95조에 따른 한계농지등 정비지구, 제101조에 따른 마을정비구역을 지정하는 경우 그 지역 · 구역 · 단지 · 지구(이하 "지역 · 지구등"이라 한다)의 지형도면 고시, 주민 의견 청취 등에 관하여는 「토지이용규제 기본법」 제8조에 따른다.

제106조(다른 법률에 따른 지정 등의 의제) ① 제101조에 따라 마을정비구역이 지정 · 고시된 경우 다음 각 호의 지정 · 결정 · 확정 등에 관하여 미리 관계 행정기관의 장과 협의한 사항은 제101조제8항에 따라 고시된 마을정비계획의 내용에 따라 그 지정 · 결정 · 확정 등이 있는 것으로 본다. 〈개정 2011. 4. 14.〉

1. 「관광진흥법」 제52조에 따른 관광지와 관광단지의 지정

2. 「국토의 계획 및 이용에 관한 법률」 제36조에 따른 용도지역 중 도시지역이 아닌 지역의 계획관리지역 지정 또는 변경과 같은 법 제37조에 따른 용도지구 중 취락지구를 지정 또는 변경하는 같은 법 제30조의 도시 · 군관리계획 결정(계획관리지역 지정 또는 변경의 경우 같은 법 제51조제3항에 따른 요건에 해당하는 경우만 해당한다)

3. 「국토의 계획 및 이용에 관한 법률」 제40조에 따라 수산자원보호구역을 변경하여 해제하는 같은 법 제30조에 따른 도시 · 군관리계획의 결정

4. 「국토의 계획 및 이용에 관한 법률」 제51조에 따른 지구단위계획구역으로 지정하는 같은 법 제30조의 도시 · 군관리계획 결정

5. 「도서개발 촉진법」 제6조에 따른 사업계획의 수립 및 같은 법

제7조에 따른 사업계획의 확정

6. 「물류시설의 개발 및 운영에 관한 법률」 제22조에 따른 물류단지의 지정

7. 「산업입지 및 개발에 관한 법률」 제8조에 다른 농공단지의 지정

② 제9조, 제58조, 제59조, 제82조, 제83조 또는 제96조에 따라 농어촌정비사업의 시행자가 농어촌정비사업의 계획 승인을 받은 경우 제4항에 따른 협의를 거친 사항은 다음 각 호의 허가, 인가, 협의, 동의, 면허, 해제, 신고 또는 승인 등(이하 "인·허가등"이라 한다)을 받은 것으로 보며, 농어촌정비사업의 계획을 고시하였을 때에는 관계 법률에 따른 인·허가등의 고시 또는 공고를 한 것으로 본다. 〈개정 2009. 6. 9., 2010. 4. 15., 2010. 5. 31., 2011. 4. 14., 2012. 2. 17., 2012. 2. 22., 2014. 1. 14., 2014. 1 21., 2014. 6. 3., 2016. 1. 19., 2020. 2. 11., 2020. 3. 31., 2021. 7. 20., 2021. 11. 30., 2022. 12. 27., 2023. 3. 21., 2023. 8. 8., 2024. 2. 6.〉

1. 「건축법」 제11조에 따른 건축허가, 같은 법 제14조에 따른 건축신고 및 같은 법 제20조에 따른 가설건축물 건축허가 또는 신고

2. 「골재채취법」 제22조에 따른 골재채취의 허가 및 같은 법 제32조에 따른 골재의 선별·세척 등의 신고

3. 「공유수면 관리 및 매립에 관한 법률」 제8조에 따른 공유수면의 점용·사용허가, 같은 법 제17조에 따른 점용·사용 실시계획의 승인 또는 신고, 같은 법 제28조에 따른 공유수면의 매립면허, 같은 법 제33조에 따른 매립면허의 고시, 같은 법 제35조에 따른 국가등이 시행하는 매립의 협의 또는 승인 및 같은 법 제38조에 따른 공유수면매립실시계획의 승인·고시

4. 삭제 〈2010. 4. 15.〉

5. 「공유재산 및 물품 관리법」 제20조에 따른 사용·수익의 허가

6. 「관광진흥법」 제15조에 따른 휴양 콘도미니엄 사업계획의 승인

7. 「국유재산법」 제30조에 따른 사용허가

8. 「국토의 계획 및 이용에 관한 법률」 제30조에 따른 도시·군관리계획의 결정(용도지역, 용도지구 및 용도구역의 결정 및 변경은

제외한다), 같은 법 제43조에 따른 도시·군계획시설의 설치에 관한 도시·군관리계획의 결정, 같은 법 제56조에 따른 개발행위의 허가, 같은 법 제86조에 따른 도시·군계획시설사업시행자의 지정 및 같은 법 제88조에 따른 실시계획의 인가

9. 「농지법」 제34조제1항에 따른 농지전용의 허가 및 같은 법 제35조에 따른 농지전용의 신고

10. 「도로법」 제36조에 따른 도로관리청이 아닌 자에 대한 도로공사 시행의 허가, 같은 법 제40조에 따른 접도구역(接道區域)에서의 행위에 대한 허가, 같은 법 제61조에 따른 도로의 점용 허가 및 같은 법 제107조에 따른 도로관리청과의 협의 또는 승인

11. 「도시개발법」 제11조에 따른 도시개발사업 시행자 지정 및 같은 법 제17조에 따른 도시개발사업실시계획의 인가

12. 「문화유산의 보존 및 활용에 관한 법률」 제35조제1항제1호·제2호에 따른 허가 및 같은 법 제66조 단서(「자연유산의 보존 및 활용에 관한 법률」 제63조에 따라 준용하는 경우를 포함한다)에 따른 국유지 사용허가와 「자연유산의 보존 및 활용에 관한 법률」 제17조제1항제1호·제2호·제4호 및 제5호에 따른 허가

13. 「사도법」 제4조에 따른 사도(私道)의 개설 허가

14. 「사방사업법」 제14조에 따른 벌채 등의 허가 및 같은 법 제20조에 따른 사방지(砂防地) 지정의 해제

15. 「산림자원의 조성 및 관리에 관한 법률」 제36조제1항·제5항에 따른 입목벌채등의 허가·신고 및 「산림보호법」 제9조제1항 및 제2항제1호·제2호에 따른 산림보호구역(산림유전자원보호구역은 제외한다)에서의 행위의 허가·신고

16. 「산업입지 및 개발에 관한 법률」 제12조에 따른 산업단지에서의 토지형질변경 등의 허가

17. 「산지관리법」 제6조에 따른 보전산지의 변경·해제, 같은 법 제11조에 따른 산지전용·일시사용제한지역 지정의 해제, 같은 법 제14조에 따른 산지전용허가, 같은 법 제15조에 따른 산지전용신고, 같은 법 제15조의2에 따른 산지일시사용허가·신고 및 같은 법 제25조에 따른 토석채취허가

18. 「소방시설 설치 및 관리에 관한 법률」 제6조에 따른 건축허가등의 동의

19. 「소하천정비법」 제10조에 따른 소하천공사의 시행허가 및 같은 법 제14조에 따른 소하천점용 등의 허가

20. 「수도법」 제17조에 따른 일반수도사업의 인가 및 같은 법 제52조에 따른 전용수도사업의 인가

21. 「수산자원관리법」 제47조제2항에 따른 보호수면구역에서의 공사 시행의 승인

22. 「자연공원법」 제23조에 따른 공원구역에서의 행위허가

22의2. 「자연유산의 보존 및 활용에 관한 법률」 제17조제1항에 따른 허가

23. 「장사 등에 관한 법률」 제27조에 따른 무연분묘(無緣墳墓)의 개장(改葬) 허가

24. 「전기사업법」 제61조에 따른 전기사업용전기설비의 공사계획 인가 또는 신고 및 「전기안전관리법」 제8조에 따른 자가용전기설비의 공사계획 인가 또는 신고

25. 「주택법」 제15조에 따른 사업계획의 승인

26. 「청소년활동 진흥법」 제11조에 따른 청소년 수련시설의 설치·운영의 허가

27. 「체육시설의 설치·이용에 관한 법률」 제12조에 따른 사업계획의 승인

28. 「초지법」 제21조의2에 따른 토지의 형질변경 등의 허가와 같은 법 제23조에 따른 초지전용 허가·신고 또는 협의

29. 「공간정보의 구축 및 관리 등에 관한 법률」 제15조제4항에 따른 지도등의 간행 심사 및 같은 법 제86조제1항에 따른 사업의 시작·변경 또는 완료의 신고

30. 「폐기물관리법」 제29조에 따른 폐기물처리시설의 설치 승인 또는 신고

31. 「하수도법」 제6조·제11조·제16조·제24조·제27조 및 제34조에 따른 하수도정비기본계획의 협의·승인, 공공하수도 설치인가, 공사시행 허가, 점용허가, 배수설비의 설치신고 및 개인하수처리시설의 설치신고

32. 「하천법」 제6조에 따른 하천관리청과의 협의 또는 승인, 같은 법 제30조에 따른 하천공사 시행의 허가, 같은 법 제33조에 따른 하천의 점용허가, 같은 법 제38조에 따른 홍수관리구역에서의

행위허가, 같은 법 제50조에 따른 하천수의 사용허가 및 같은 법 제85조에 따른 폐천부지등의 양여

③ 제85조제1항에 따라 농어촌관광휴양지사업을 경영하려는 자가 시장 · 군수 · 구청장에게 농어촌관광휴양지사업자 신고를 한 경우 제4항에 따른 협의를 거친 사항은 다음 각 호의 신고를 한 것으로 본다. 〈개정 2023. 7. 25.〉

1. 「체육시설의 설치 · 이용에 관한 법률」에 따른 신고 체육시설업으로서 대통령령으로 정하는 영업의 신고

2. 「공중위생관리법」에 따른 숙박업이나 목욕장업의 신고

3. 「식품위생법」에 따른 식품접객업 중 대통령령으로 정하는 영업의 신고

④ 농림축산식품부장관 · 해양수산부장관이나 지방자치단체의 장이 농어촌정비사업의 시행계획을 세우거나 승인할 경우 또는 시장 · 군수 · 구청장이 농어촌관광휴양지사업자 신고를 수리할 경우에 제1항 각 호, 제2항 각 호 또는 제3항 각 호에 해당하는 내용이 포함되어 있으면 관계 행정기관의 장과 미리 협의하여야 한다. 〈개정 2018. 12. 24.〉

⑤ 관계 행정기관의 장은 제4항에 따른 협의를 요청받은 날부터 30일 이내에 의견을 제출하여야 한다. 다만, 부득이한 사유가 있는 경우에는 그 기간을 10일의 범위에서 연장할 수 있다. 〈신설 2018. 12. 24.〉

⑥ 제1항부터 제5항까지에서 규정한 사항 외에 이 조에 따른 의제의 기준 및 효과 등에 관하여는 「행정기본법」 제24조부터 제26조까지를 준용한다. 〈신설 2023. 7. 25.〉

[제목개정 2023. 7. 25.]

제107조(다른 법령의 적용 특례) 이 법에 따른 농어촌정비사업을 시행할 경우에는 다음 각 호의 사항은 적용하지 아니한다. 〈개정 2014. 1. 14.〉

1. 「농어촌도로 정비법」 제5조부터 제7조까지의 규정에 따른 도로의 정비, 도로기본계획의 수립 및 도로정비계획의 수립

2. 「하천법」 제37조 및 제50조에 따른 점용료등의 징수

3. 「도로법」 제66조에 따른 점용료의 징수

제108조(자금지원) ① 관계 중앙행정기관의 장과 지방자치단체의 장

은 농어촌정비사업을 효율적으로 추진할 수 있도록 하기 위하여 필요한 사업비를 예산에 계상(計上)하여야 한다.

② 국가와 지방자치단체는 이 법에 따른 농어촌정비사업에 필요한 자금의 전부 또는 일부를 보조하거나 융자할 수 있다. 〈개정 2023. 3. 28.〉

③ 농어촌정비사업의 시행자는 사업 시행을 위탁한 경우 필요하다고 인정하면 제2항에 따라 지원받은 자금의 전부 또는 일부를 사업을 끝내기 전이라도 위탁 사업자에게 내줄 수 있다.

④ 국가와 지방자치단체는 제56조제1항제2호 및 제3호의 사업시행자가 제2조제10호가목 및 나목에 따른 새로운 농어촌마을 건설사업 또는 기존 농어촌마을의 재개발사업을 시행하는 데 필요한 자금의 전부 또는 일부를 보조할 경우, 사업 시행기간 내에 보조 대상 사업을 완료하지 못할 특별한 사유가 있거나 사업 목적 달성을 위하여 필요한 경우에는, 사업시행자와 계약을 체결하여 보조 대상 사업을 사업시행자 부담으로 시행하고, 그 비용을 사후에 상환할 수 있다.

⑤ 제4항에 따른 보조 대상 사업 비용의 상환방법과 절차 등에 필요한 사항은 대통령령으로 정한다.

제109조(권한의 위임과 위탁) ① 이 법에 따른 농림축산식품부장관 또는 해양수산부장관의 권한은 대통령령으로 정하는 바에 따라 그 일부를 시·도지사에게 위임하거나 한국농어촌공사 등 농림수산 관련 단체 및 자격검정 등을 목적으로 설립된 법인에 위탁할 수 있다. 〈개정 2013. 3. 23.〉

② 시·도지사는 제1항에 따라 위임받은 권한의 일부를 농림축산식품부장관 또는 해양수산부장관의 승인을 받아 시장·군수·구청장에게 재위임할 수 있다. 〈개정 2013. 3. 23.〉

제110조(토지 등의 수용) ① 농어촌정비사업에 필요한 토지, 건축물과 부속토지는 협의매수하는 것을 원칙으로 한다.

② 농어촌정비사업의 시행자(사업시행자가 제10조에 따른 토지 소유자와 제56조에 따른 마을정비조합이나 주택의 소유자 등 민간인 경우는 제외한다)는 농어촌정비사업을 시행하기 위하여 필요하면 사업시행 지역에 있는 토지나 물건을 수용·사용 또는 제거하거나 변경할 수 있다.

③ 농어촌정비사업을 위하여 토지의 일부가 수용되거나 사용됨으로 인하여 잔여지(殘餘地: 남은 자투리땅)를 종래의 목적에 사용할 수 없을 경우 그 토지의 소유자는 농어촌정비사업의 시행자에게 잔여지를 수용하거나 사용할 것을 청구할 수 있다.

④ 수용의 대상이 되는 토지 등의 세목을 포함하는 농어촌정비사업의 기본계획 또는 시행계획을 고시한 경우에는 「공익사업을 위한 토지 등의 취득 및 보상에 관한 법률」 제20조제1항 및 같은 법 제22조에 따른 사업인정 및 사업인정의 고시가 있은 것으로 보며, 재결(裁決)의 신청은 같은 법 제23조제1항 및 제28조제1항에도 불구하고 사업 시행기간에 하여야 한다.

⑤ 농어촌정비사업의 시행자는 제2항에 따라 토지나 물건을 제거하거나 변경한 경우에 그 행위로 인하여 손실을 본 자가 있으면 정당한 보상을 하여야 한다.

⑥ 제2항과 제3항에 따른 수용·사용·제거 또는 변경에 관하여는 이 법에 특별한 규정이 있는 경우를 제외하고는 「공익사업을 위한 토지 등의 취득 및 보상에 관한 법률」을 준용한다. 〈개정 2016. 12. 27.〉

⑦ 농어촌정비사업에 필요한 연안해수면에 대하여는 제1항·제2항 및 제5항을 준용한다. 다만, 제1항 중 "협의매수"는 "보상"으로 본다. 〈개정 2020. 2. 11.〉

제110조의2(저수지 축조 등에 따른 피해주민 지원) ① 농업생산기반 정비사업 시행자는 수몰이주민(저수지 축조·개수 또는 보수의 농업생산기반 정비사업 시행으로 생활의 근거를 상실하게 되는 자로서 「공익사업을 위한 토지 등의 취득 및 보상에 관한 법률」 제78조제1항에 따른 이주대책대상자를 말한다) 중 이주정착지에 이주하지 아니하는 자와 그 밖에 대통령령으로 정하는 자에게 이주정착지원금 및 생활안정지원금을 지급할 수 있다.

② 제1항에 따른 지원금의 산정기준, 신청절차 및 지급방법에 필요한 사항은 대통령령으로 정한다.

[본조신설 2011. 11. 14.]

제110조의3(구분지상권의 설정등기 등) ① 농업생산기반 정비사업 시행자는 사업시행지역 내의 토지 등 소유자로부터 해당 토지의 지상 또는 지하 공간의 사용에 관하여 구분지상권을 설정받거나 이전

받는 내용으로 협의할 수 있고, 이에 기초하여 구분지상권을 설정받거나 이전받을 수 있다.

② 농업생산기반 정비사업 시행자는 「공익사업을 위한 토지 등의 취득 및 보상에 관한 법률」에 따라 구분지상권을 설정받거나 이전받는 내용으로 수용 또는 사용의 재결을 받은 경우에는 「부동산등기법」 제99조를 준용하여 단독으로 그 구분지상권의 설정등기 또는 이전등기를 신청할 수 있다.

③ 토지의 지상 또는 지하 공간 사용에 따른 구분지상권의 등기절차에 관하여 필요한 사항은 대법원규칙으로 정한다.

④ 제1항과 제2항에 따른 구분지상권의 존속기간은 「민법」 제280조 및 제281조에도 불구하고 농업생산기반시설이 존속하는 날까지로 한다.

[본조신설 2016. 12. 27.]

제111조(마을정비구역 등에서의 행위 등의 제한) ① 지역·지구등에서 건축물의 건축, 인공구조물의 설치, 토지의 형질변경, 토석의 채취, 토지분할, 물건을 쌓아 놓는 행위 등 대통령령으로 정하는 행위를 하려는 자는 시장·군수·구청장의 허가를 받아야 한다. 허가받은 사항을 변경하려는 때에도 또한 같다. 〈개정 2020. 2. 11.〉

② 다음 각 호의 어느 하나에 해당하는 행위는 제1항에도 불구하고 허가를 받지 아니하고 할 수 있다.

1. 재해복구 또는 재난수습에 필요한 응급조치를 위하여 하는 행위

2. 그 밖에 대통령령으로 정하는 행위

③ 제1항에 따라 허가를 받아야 하는 행위로서 지역·지구등 지정 및 고시 당시 이미 관계 법령에 따라 행위허가를 받았거나 허가를 받을 필요가 없는 행위에 관하여 공사 또는 사업을 시작한 자는 대통령령으로 정하는 바에 따라 시장·군수·구청장에게 신고한 후 그 공사 또는 사업을 계속 할 수 있다. 〈개정 2020. 2. 11.〉

④ 시장·군수·구청장은 제1항을 위반한 자에 대하여 원상회복을 명할 수 있다. 이 경우 명령을 받은 자가 그 의무를 이행하지 아니하면 시장·군수·구청장은 「행정대집행법」에 다라 이를 대집행할 수 있다.

⑤ 제1항에 따른 허가에 관하여 이 법에서 규정한 것을 제외하고

는 「국토의 계획 및 이용에 관한 법률」 제57조부터 제60조까지 및 제62조를 준용한다. 〈개정 2020. 2. 11.〉

⑥ 제1항에 따라 허가를 받은 경우에는 「국토의 계획 및 이용에 관한 법률」 제56조에 따라 허가를 받은 것으로 본다.

제112조(국공유지의 양여 등) ① 농림축산식품부장관 또는 해양수산부장관은 농어촌정비사업을 시행하기 위하여 국공유(國公有)의 도로, 관개용수로(灌漑用水路), 배수로, 제방(둑), 구거(도랑), 저수지 및 하천부지의 전부 또는 일부를 폐지할 필요가 있다고 인정하면 「국유재산법」, 「공유재산 및 물품 관리법」, 「도로법」 및 「하천법」에도 불구하고 대통령령으로 정하는 바에 따라 그 국공유지를 농어촌정비사업 지역의 토지 소유자나 사업시행자에게 무상으로 양여할 수 있다. 〈개정 2013. 3. 23.〉

② 농어촌정비사업 지역의 토지 소유자나 사업 시행자는 농어촌정비사업 시행으로 인하여 제1항에 따라 무상으로 양여받은 국공유지의 용도를 대신할 새로운 시설의 토지[새로 건설된 도로, 관개용수로, 배수로, 제방(둑), 구거(도랑), 저수지, 하천부지 등을 의미한다]를 무상으로 국가나 지방자치단체에 증여할 수 있다.

③ 농어촌정비사업 지역의 국유인 일반재산 및 공유인 일반재산은 「국유재산법」, 「공유재산 및 물품 관리법」 및 「국유림의 경영 및 관리에 관한 법률」에도 불구하고 농어촌정비사업 시행자에게 수의계약으로 매각할 수 있다.

제113조(선수금) 농어촌정비사업 시행자는 그가 개발하는 토지나 시설물을 분양하거나 이용하려는 자에게 대통령령으로 정하는 바에 따라 대금의 전부 또는 일부를 미리 받을 수 있다.

제114조(준공검사 및 준공인가) ① 농어촌정비사업 시행자가 농어촌정비사업을 마친 경우에는 지체 없이 대통령령으로 정하는 바에 따라 농어촌정비사업의 시행·사업계획 승인권자에게 준공인가를 신청하여야 한다. 다만, 농어촌정비사업을 효율적으로 추진하기 위하여 필요한 경우에는 그 농어촌정비사업이 전부 끝나기 전이라도 완공된 부분만 준공인가를 신청할 수 있다. 〈개정 2016. 12. 27.〉

② 제1항에 따라 준공인가 신청을 받은 농어촌정비사업의 시행·사업계획 승인권자는 지체 없이 준공검사를 하여야 한다. 〈신설 2016. 12. 27.〉

③ 농어촌정비사업의 시행·사업계획 승인권자는 제2항에 따른 준공검사를 한 후 그 공사가 시행·사업계획의 승인된 내용대로 시행되었다고 인정하는 경우에는 지체 없이 준공인가를 하고 이를 고시한 후 농어촌정비사업의 시행자에게 알려야 하며, 시행·사업계획의 승인된 내용대로 완료되지 아니한 경우에는 지체 없이 보완 시공 등 필요한 조치를 명하여야 한다. 〈개정 2016. 12. 27.〉

④ 농어촌정비사업의 시행자가 제3항에 따른 준공인가를 받은 때에는 제106조제1항 각 호와 제2항 각 호에 따른 농어촌정비사업의 계획 승인으로 의제되는 인·허가 등에 따른 해당 사업의 준공검사 또는 준공인가 등을 받은 것으로 본다. 이 경우 의제되는 인·허가 등에 따른 해당 사업의 관계 행정기관의 장은 농어촌정비사업의 시행·사업계획 승인권자에게 해당 준공검사에 참여시켜 줄 것을 요청할 수 있다. 〈신설 2016. 12. 27.〉

⑤ 농어촌정비사업의 시행자는 농어촌정비사업의 시행으로 새로 설치하는 공공시설에 대하여 농어촌정비사업의 준공검사 전에 그 종류와 세부 목록을 해당 공공시설을 관리할 관리청에 각각 통지하여야 하며, 해당 공공시설은 그 사업이 준공되어 관리청에 준공인가 통지를 한 때에 해당 공공시설을 관리할 국가 또는 지방자치단체에 귀속된 것으로 본다. 〈신설 2016. 12. 27.〉

⑥ 농어촌정비사업의 시행·사업계획 승인권자는 준공검사 업무를 효율적으로 수행하기 위하여 필요하면 대통령령으로 정하는 바에 따라 제1항에 따른 준공검사 업무의 전부 또는 일부를 지방자치단체의 장에게 위임하거나 대통령령으로 정하는 전문 검사기술을 가진 자에게 위탁할 수 있다. 〈개정 2016. 12. 27.〉

[제목개정 2016. 12. 27.]

제115조(측량·설계·공사감리 등의 위탁) ① 농어촌정비사업의 시행자는 농어촌정비사업을 시행하기 위하여 필요하면 측량·설계 및 공사감리를 한국농어촌공사 등 농어촌 정비업무와 관련 있는 자 중에서 대통령령으로 정하는 자에게 위탁할 수 있다.

② 농업생산기반시설관리자는 안전관리를 시행하기 위하여 안전점검 및 정밀안전진단을 한국농어촌공사 등 대통령령으로 정하는 자에게 위탁할 수 있다.

③ 농어촌정비사업의 시행자와 농업생산기반시설관리자는 필요하

면 제1항과 제2항에 따른 측량·설계·공사감리·안전점검 및 정밀안전진단을 위탁한 자에게 필요한 보고를 하게 하거나 자료 제출을 요구할 수 있다.

④ 제1항과 제2항에 따른 위탁의 요율(料率) 및 대가기준은 사업의 종류와 공사의 내용을 고려하여 농림축산식품부령 또는 해양수산부령으로 정한다. 〈개정 2013. 3. 23.〉

제116조(허가 취소 등) ① 농림축산식품부장관 또는 해양수산부장관과 지방자치단체의 장은 이 법에 따른 농어촌정비사업의 시행자가 다음 각 호의 어느 하나에 해당하면 농림축산식품부령 또는 해양수산부령으로 정하는 바에 따라 이 법에 따른 인가·허가·승인 또는 지정을 취소하거나 공사의 중지, 물건의 개축·변경·이전·제거·원상회복의 조치를 명하거나 그 밖에 필요한 처분을 할 수 있다. 다만, 제1호 또는 제2호에 해당하는 경우에는 인가·허가·승인 또는 지정을 취소하여야 한다. 〈개정 2013. 3. 23., 2016. 12. 27.〉

1. 거짓이나 그 밖의 부정한 방법으로 다음 각 목의 어느 하나에 해당하는 인가·허가·승인 또는 지정을 받은 경우

가. 제26조제1항·제43조제2항·제57조제1항에 따른 인가

나. 제23조제1항·제111조제1항에 따른 허가

다. 제9조제7항·제14조제2항·제24조제1항·제54조제1항·제57조제2항·제59조제2항·제78조제1항·제82조제2항·제83조제2항 또는 제96조제2항에 따른 승인

라. 제95조제2항·제101조제4항에 따른 지정

2. 사정이 바뀌어 농어촌정비사업을 계속 시행하기가 불가능하거나 현저히 공익을 해칠 우려가 있다고 인정하는 경우

3. 제9조제8항·제61조·제82조제2항·제83조제2항 또는 제96조제2항에 따른 승인을 받지 아니하고 시행계획이나 사업계획을 변경한 경우

② 농림축산식품부장관 또는 해양수산부장관과 지방자치단체의 장은 제1항에 따라 조치를 명하거나 처분을 한 경우에는 대통령령으로 정하는 바에 따라 고시하고, 지방자치단체의 장은 중요 사항을 농림축산식품부장관 또는 해양수산부장관에게 통보하여야 한다. 〈개정 2013. 3. 23., 2024. 12. 20.〉

③ 제1항에 따른 허가 취소 등에 관한 세부 기준은 그 처분의 사

유와 위반의 정도 등을 고려하여 농림축산식품부령 또는 해양수산부령으로 정한다. 〈개정 2013. 3. 23.〉

제117조(지정 해제) ① 지역ㆍ지구등은 다음 각 호의 어느 하나에 해당하는 날의 다음 날에 해제된 것으로 본다.

1. 제101조에 따른 마을정비구역이 지정ㆍ고시된 날부터 1년이 되는 날까지 제59조에 따른 생활환경정비사업 시행계획 승인을 신청하지 아니하는 경우에는 1년이 되는 날

2. 제82조에 따른 농어촌 관광휴양단지와 제94조에 따른 한계농지등 정비지구의 고시가 있는 날부터 2년이 되는 날까지 사업 시행을 하지 아니하는 경우에는 2년이 되는 날

3. 지역ㆍ지구등에서의 해당 사업이 완료된 날

② 제1항제1호에 따라 마을정비구역의 지정이 해제된 경우로서 제106조제1항 각 호에 따른 지정ㆍ결정ㆍ확정 등이 있으면 해당 마을정비구역 지정 전의 상태로 환원 또는 폐지된 것으로 본다.

③ 지역ㆍ지구등의 지정권자는 제1항에 따라 지역ㆍ지구등의 지정이 해제되면 대통령령으로 정하는 바에 따라 이를 고시하고 관계 행정기관의 장에게 통보하여야 하며, 시장ㆍ군수ㆍ구청장은 관계 서류를 일반인에게 열람하도록 하여야 한다. 이 경우 해제에 따른 지형도면 고시, 주민 의견 청취 등에 관하여는 「토지이용규제 기본법」 제8조에 따른다.

제118조(청문) 농림축산식품부장관ㆍ해양수산부장관과 지방자치단체의 장은 다음 각 호의 어느 하나에 해당하는 처분을 하려면 청문을 하여야 한다. 〈개정 2012. 2. 17., 2013. 3. 23., 2019. 12. 10., 2020. 2. 11.〉

1. 제30조제1항에 따른 환지사 자격의 취소 및 3년 이내의 업무정지

2. 제32조에 따른 환지 업무 대행법인의 등록 취소 및 3년 이내의 업무정지

3. 제57조제1항에 따른 마을정비조합의 설립인가의 취소

4. 제65조의5제1항에 따른 특정빈집 소유자에 대한 철거 명령

5. 제75조제5항에 따른 농어촌산업 육성 지원기구의 지정 취소

6. 제89조에 따른 농어촌관광휴양지사업이나 농어촌민박사업의 사업장 폐쇄명령 및 6개월 이내의 사업정지

7. 제116조에 따른 인가·허가·승인 또는 지정의 취소, 공사의 중지, 물건의 개축·변경·이전·제거·원상회복 조치

제119조(통보·보고 및 출입·검사) ① 지방자치단체의 장은 농어촌정비사업 추진 상황을 정기적으로 농림축산식품부장관 또는 해양수산부장관에게 통보하여야 한다. 〈개정 2013. 3. 23., 2024. 12. 20.〉

② 농림축산식품부장관 또는 해양수산부장관과 지방자치단체의 장은 이 법 시행에 필요하면 농어촌정비사업의 시행자에게 필요한 보고를 하게 하거나 자료를 제출하도록 명할 수 있으며, 소속 공무원에게 사업에 관한 업무를 검사하게 할 수 있다. 〈개정 2013. 3. 23.〉

③ 시장·군수·구청장은 농어촌민박사업자의 사업장에 제86조의4에 따라 설치가 금지되는 카메라나 그 밖에 이와 유사한 기능을 갖춘 기계장치가 설치되었는지를 검사할 수 있다. 이 경우 농어촌민박사업자는 특별한 사정이 없으면 검사에 따라야 한다. 〈신설 2021. 4. 13.〉

④ 제3항의 경우에 시장·군수·구청장은 관할 경찰관서의 장에게 협조를 요청할 수 있다. 〈신설 2021. 4. 13.〉

⑤ 제3항의 경우에 시장·군수·구청장은 사업장에 대하여 검사 결과에 대한 확인증을 발급할 수 있다. 〈신설 2021. 4. 13.〉

⑥ 제2항 및 제3항에 따라 검사를 하는 공무원은 그 권한을 표시하는 증표를 지니고 이를 관계인에게 보여 주어야 한다. 〈개정 2021. 4. 13.〉

[제목개정 2024. 12. 20.]

제120조(측량·검사 또는 서류 등 열람) ① 다음 각 호에 해당하는 자가 농어촌정비사업에 관하여 토지 등을 조사하기 위하여 필요한 경우에는 타인의 토지 등에 들어가서 측량하거나 검사할 수 있다. 다만, 토지와 연안해수면의 점유자(「수산업법」 제7조제1항 또는 「양식산업발전법」 제10조제1항에 따른 면허를 받은 자를 포함한다)에게 미리 알려야 한다. 〈개정 2019. 8. 27., 2020. 2. 11., 2022. 1. 11.〉

1. 국가·지방자치단체 공무원

2. 한국농어촌공사의 임직원

3. 「수산업협동조합법」에 따른 조합, 중앙회 및 어촌계의 임직원이나 그 위탁을 받은 자

4. 환지 업무를 수행하는 자임을 증명하는 자

② 제1항에 따른 통지를 할 수 없는 경우에는 농림축산식품부령 또는 해양수산부령으로 정하는 바에 따라 그 사실을 공고하여야 한다. 〈개정 2013. 3. 23.〉

③ 제1항에 따른 행위로 손실이 생겼을 때에는 농어촌정비사업의 시행자는 일반적으로 생길 손실을 보상하여야 한다. 〈개정 2020. 2. 11.〉

④ 제1항 각 호에 해당하는 자는 해당 사업에 관한 토지 및 연안해수면을 관할하는 등기소, 세무관서 또는 시·군·구·읍·면·동의 사무소에서 필요한 서류, 장부 또는 도면을 무료로 열람 또는 복사하거나 등본·등기사항증명서를 발급하여 줄 것을 청구할 수 있다. 〈개정 2011. 4. 12., 2020. 2. 11.〉

⑤ 제4항에 따라 도서의 열람이나 복사 또는 등본·등기사항증명서의 발급 청구를 받은 때에는 해당 관서는 지체 없이 이에 따라야 한다. 〈개정 2011. 4. 12., 2020. 2. 11.〉

제121조(토지 이동의 신청 특례) ① 환지 처분에 뒤따라 생기는 토지 이동(異動) 등에 관하여는 「공간정보의 구축 및 관리 등에 관한 법률」 제78조부터 제81조까지의 규정을 적용하지 아니한다. 다만, 농어촌정비사업의 시행자는 환지 처분이 뒤따르는 농어촌정비사업에 관한 공사를 시행하는 경우에는 그 공사 준공 후 지체 없이 확정측량을 하고 분할 절차를 밟아야 하며, 토지분할에 관하여는 「공간정보의 구축 및 관리 등에 관한 법률」 제26조를 적용한다. 〈개정 2014. 6. 3.〉

② 농어촌정비사업의 시행으로 토지의 이동이 있는 때에는 그 정비사업의 시행자가 시장·군수에게 신고하여야 한다. 〈개정 2016. 12. 2.〉

제122조(다른 등기의 정지) 농림축산식품부장관·해양수산부장관 또는 시·도지사가 농어촌정비사업에 관한 환지계획, 교환·분할·합병계획을 인가하여 고시한 후에는 사업시행지역 토지와 연안해수면은 농어촌정비사업에 따른 등기 또는 등록을 한 후가 아니면 다른 등기나 등록을 하지 못한다. 다만, 등기나 등록을 한 신청인이 확정일부(確定日附)가 있는 서류로써 환지계획, 교환·분할·합병계획 인가고시 전에 등기 또는 등록 원인이 발생한 사실을 증명하였을 경

우에는 예외로 한다. 〈개정 2013. 3. 23., 2020. 2. 11.〉

제123조(농어촌정비사업의 심의) 농어촌 정비 종합계획 및 그 밖의 농어촌정비에 관한 중요한 사항은 「농업·농촌 및 식품산업 기본법」 제15조에 따른 중앙 농업·농촌및식품산업정책심의회 또는 「수산업·어촌 발전 기본법」 제8조에 따른 중앙 수산업·어촌정책심의회의 심의를 거쳐야 한다. 〈개정 2013. 3. 23., 2015. 6. 22.〉

제124조(부처 간 협조체제 유지) ① 중앙행정기관의 장과 지방자치단체의 장은 농어촌정비사업 시행계획 중 소관 업무와 관련되는 사업에 대하여 우선적으로 시행될 수 있도록 지원한다.

② 농림축산식품부장관 또는 해양수산부장관은 농어촌 구조개선을 위한 각종 사업이 마을정비구역에 우선적으로 연계 투자될 수 있도록 지원한다. 〈개정 2013. 3. 23.〉

제125조(농어촌 정비협약) ① 농림축산식품부장관·해양수산부장관, 관계 중앙행정기관의 장 및 지방자치단체의 장은 상호 간에 농어촌 정비사업이 농어촌지역에서의 교육·의료·교통·문화 및 환경 등 개발업무와 연계 추진될 수 있도록 농어촌 정비에 관한 협약을 체결할 수 있다. 〈개정 2013. 3. 23.〉

② 국가 및 지방자치단체는 농어촌 정비협약에 따른 사업을 추진하기 위하여 필요한 예산 지원을 위하여 노력하여야 한다.

제126조(수리계) ① 시장·군수·구청장은 「한국농어촌공사 및 농지관리기금법」 제11조에 따른 공사관리지역 밖의 농업생산기반시설의 유지·관리를 위하여 필요하다고 인정하면 그 농업생산기반시설의 이용자를 계원으로 하는 수리계를 조직·운영하고 농업생산기반시설의 유지·관리업무를 위탁할 수 있다.

② 수리계의 조직과 운영에 필요한 사항은 농림축산식품부령으로 정하는 기준에 따라 시·군 또는 광역시 자치구의 조례로 정한다. 〈개정 2012. 2. 17., 2013. 3. 23.〉

③ 수리계는 시장·군수·구청장의 인가를 받아 계원으로부터 농업생산기반시설의 유지·관리를 위한 경비를 징수할 수 있다.

④ 수리계는 제3항에 따른 경비를 체납한 자가 있으면 대통령령으로 정하는 바에 따라 관할 시장·군수·구청장에게 징수를 의뢰할 수 있다. 이 경우 수리계는 대통령령으로 정하는 수수료를 해당 시장·군수·구청장에게 내야 한다.

⑤ 시장·군수·구청장은 제4항에 따라 경비 징수를 의뢰받으면 지방세 체납처분의 예에 따라 징수할 수 있다.

⑥ 국가나 지방자치단체는 예산의 범위에서 농업생산기반시설의 유지·관리 등 수리계의 운영에 필요한 비용의 전부 또는 일부를 수리계에 보조할 수 있다.

제127조(무단점용료의 징수) ① 농업생산기반시설관리자는 농업생산기반시설의 사용허가를 받지 아니하고 농업생산기반시설을 점유하거나 사용한 자(사용허가기간이 끝난 후 다시 사용허가를 받지 아니하고 농업생산기반시설을 계속 점유하거나 사용한 자를 포함한다)에 대하여는 대통령령으로 정하는 바에 따라 무단점용료를 징수한다. 〈개정 2016. 12. 27.〉

② 제1항에 따른 무단점용료를 기한까지 납부하지 아니하면 대통령령으로 정하는 바에 따라 연체료를 징수할 수 있다.

③ 제1항과 제2항에 따른 무단점용료나 연체료는 농업생산기반시설관리자에게 귀속하며, 그 대금의 사용범위는 대통령령으로 정한다.

④ 제1항의 무단점용료는 대통령령으로 정하는 바에 다라 분할납부하게 할 수 있다.

⑤ 제1항과 제2항에 따른 무단점용료나 연체료를 기한까지 납부하지 아니하면 농업생산기반시설관리자가 직접 또는 지방자치단체의 장에게 요청하여 지방세 체납처분의 예에 따라 징수할 수 있다.

제128조(불법시설물의 철거) ① 농업생산기반시설관리자는 직접 또는 지방자치단체의 장에게 요청하여 농업생산기반시설을 정당한 사유 없이 점유하거나 설치한 시설물에 대하여 원상회복을 명령할 수 있다.

② 국가 또는 지방자치단체의 장은 제1항에 따른 명령을 받은 자가 그 명령을 이행하지 아니할 때에는 「행정대집행법」에 따라 대집행을 할 수 있다.

제129조(벌칙 적용에서 공무원 의제) 제109조제1항, 제114조제6항, 제115조제1항 및 제2항에 따라 위탁받은 업무에 종사하는 관련기관 및 단체 등의 임직원은 「형법」 제129조부터 제132조까지의 규정에 따른 벌칙을 적용할 때에는 공무원으로 본다. 〈개정 2016. 12. 27., 2020. 2. 11.〉

[제목개정 2020. 2. 11.]

제9장 벌칙

제130조(벌칙) ① 다음 각 호의 어느 하나에 해당하는 자는 5년 이하의 징역 또는 5천만원 이하의 벌금에 처한다. 〈개정 2014. 10. 15., 2020. 2. 11.〉

1. 제18조제3항제1호를 위반하여 농업생산기반시설의 구조상 주요 부분을 손괴하여 그 본래의 목적 또는 사용에 지장을 준 자
2. 제18조제3항제2호를 위반하여 농업생산기반시설관리자의 허락 없이 수문을 조작하거나 용수를 인수함으로써 농어촌용수의 이용·관리에 지장을 준 자
3. 제64조의5제4항을 위반하여 자료 또는 정보를 사용·제공 또는 누설한 자

② 제70조를 위반하여 조성용지를 전매한 자는 3년 이하의 징역 또는 1억원 이하의 벌금에 처한다.

③ 제18조제3항제3호를 위반하여 농업생산기반시설을 불법으로 점용하거나 사용한 자는 2년 이하의 징역 또는 2천만원 이하의 벌금에 처한다. 〈개정 2014. 10. 15.〉

④ 다음 각 호의 어느 하나에 해당하는 자는 1년 이하의 징역 또는 1천만원 이하의 벌금에 처한다. 〈개정 2019. 1. 15., 2019. 12. 10., 2020. 2. 11., 2021. 4. 13.〉

1. 제28조제3항을 위반하여 다른 사람에게 환지사의 명의를 사용하게 하거나 그 자격증을 대여한 자
2. 제28조제4항을 위반하여 환지사의 명의를 사용하거나 그 자격증을 대여받은 자 또는 명의의 사용이나 자격증의 대여를 알선한 자
3. 제85조제2항 전단에 따른 신고를 하지 아니하고 농어촌관광휴양지사업을 한 자
4. 거짓이나 그 밖의 부정한 방법으로 제85조제2항 전단 또는 제86조제1항 전단에 따른 신고를 하고 농어촌관광휴양지사업을 하거나 농어촌민박사업을 한 자
5. 제86조제3항제2호에 따라 임차한 주택에서 농어촌민박을 적법하게 신고하고 2년 이상 계속해서 농어촌민박사업을 운영하지 아니한 자
6. 제86조의3을 위반하여 농어촌민박사업장임을 나타내는 표시 또는 이와 유사한 표시를 한 자

7. 제87조에 따른 농어촌관광휴양지사업을 양도·양수 후 신고를 하지 아니한 자

8. 제89조제1항에 따른 사업정지명령을 받고도 그 기간 중에 사업을 하거나 사업장 폐쇄명령을 받고도 계속하여 사업을 한 자

9. 제89조제5항에 따라 관계 공무원이 붙인 게시물·봉인 등을 정당한 사유 없이 제거하거나 손상한 자

10. 허가나 변경허가를 받지 아니하고 제111조제1항에 해당하는 행위를 한 자

제131조(양벌규정) 법인의 대표자나 법인 또는 개인의 대리인, 사용인, 그 밖의 종업원이 그 법인 또는 개인의 업무에 관하여 제130조의 위반행위를 하면 그 행위자를 벌하는 외에 그 법인 또는 개인에게도 해당 조문의 벌금형을 과(科)한다. 다만, 법인 또는 개인이 그 위반행위를 방지하기 위하여 해당 업무에 관하여 상당한 주의와 감독을 게을리하지 아니한 경우에는 그러하지 아니하다.

제132조(과태료) ① 다음 각 호의 어느 하나에 해당하는 자에게는 100만원 이하의 과태료를 부과한다. 〈개정 2015. 1. 6., 2019. 1. 15., 2019. 12. 10.〉

1. 제85조제2항 후단 또는 제86조제1항 후단을 위반하여 변경신고를 하지 아니하고 농어촌관광휴양지사업을 하거나 농어촌민박사업을 한 자

2. 거짓이나 그 밖의 부정한 방법으로 제85조제2항 후단 또는 제86조제1항 후단에 따른 변경신고를 하고 농어촌관광휴양지사업을 하거나 농어촌민박사업을 한 자

2의2. 제86조의2에 따른 준수사항을 따르지 아니하고 농어촌민박사업을 한 자

3. 제88조에 따른 개선명령에 따르지 아니한 자

4. 제89조제5항에 따른 조치를 방해한 자

5. 제110조제2항에 따른 토지나 물건의 제거 또는 변경을 거부하거나 방해한 자

6. 제115조제3항에 따른 보고 또는 자료 제출을 하지 아니하거나 거짓으로 보고를 한 자 또는 거짓으로 자료를 제출한 자

7. 제119조제2항에 따른 보고 또는 자료 제출을 하지 아니하거나 거짓으로 보고를 한 자 또는 검사를 거부·방해하거나 거짓으로 자

료를 제출한 자

8. 제120조에 따른 측량이나 검사를 거부하거나 방해한 자

② 제1항에 따른 과태료는 대통령령으로 정하는 바에 따라 농림축산식품부장관ㆍ해양수산부장관 또는 지방자치단체의 장이 부과ㆍ징수한다. 〈개정 2013. 3. 23.〉

제133조(이행강제금) ① 시장ㆍ군수ㆍ구청장은 제65조의5제1항에 따른 조치 명령을 받은 후 그 정한 기간 내에 그 조치 명령을 이행하지 아니한 소유자에게 500만원 이하의 범위에서 조치 명령 이행에 소요되는 비용 등을 고려하여 대통령령으로 정하는 금액으로 이행강제금을 부과한다.

② 시장ㆍ군수ㆍ구청장은 최초의 조치 명령이 있었던 날을 기준으로 하여 1년에 2회 이내의 범위에서 그 조치 명령이 이행될 때까지 반복하여 제1항에 따른 이행강제금을 부과ㆍ징수할 수 있다.

③ 제1항 및 제2항에서 규정한 사항 외에 이행강제금의 부과ㆍ징수에 관한 사항은 「행정기본법」 제31조제2항부터 제6항까지에 따른다.

[본조신설 2024. 1. 2.]

부칙 〈제9758호, 2009. 6. 9.〉

제1조(시행일) 이 법은 공포 후 6개월이 경과한 날부터 시행한다. 다만, 부칙 제22조제29항은 2010년 3월 26일부터 시행하고, 제127조 및 제128조의 개정규정은 공포 후 1년이 경과한 날부터 시행한다.

제2조(농업생산기반 정비사업 시행계획 등에 관한 적용례) 제9조의 개정규정은 이 법 시행 이후 최초로 수립 또는 변경하는 농업생산기반 정비사업 시행계획부터 적용한다.

제3조(환지계획 등의 통지에 관한 적용례) 제26조제2항의 개정규정은 이 법 시행 이후 최초로 수립 또는 변경하는 환지계획부터 적용한다.

제4조(생활환경정비사업 시행계획에 관한 적용례) 제59조의 개정규정은 이 법 시행 이후 최초로 수립 또는 변경하는 생활환경정비사업 시행계획부터 적용한다.

제5조(생활환경정비사업 시행자 지정 특례에 관한 적용례) 제63조의

개정규정은 이 법 시행 이후 최초로 생활환경정비사업 시행자로 지정된 사업부터 적용한다.

제6조(조성용지의 전매행위 제한에 관한 적용례) 제70조의 개정규정은 이 법 시행 이후 최초로 공급받을 자를 모집하는 조성용지부터 적용한다.

제7조(농어촌관광휴양지사업 등의 신고에 관한 적용례) 제85조부터 제87조까지의 개정규정은 이 법 시행 이후 최초로 농어촌관광휴양지사업 및 농어촌민박사업을 신고·변경·폐업하거나 농어촌관광휴양지사업을 양도·양수하는 분부터 적용한다.

제8조(관계 행정기관과의 협의기간에 관한 적용례) 제106조제4항의 개정규정은 이 법 시행 이후 최초로 관계 행정기관과 협의하는 사항부터 적용한다.

제9조(농어촌 관광휴양자원 개발 등에 관한 경과조치) 법률 제4823호 농어촌정비법 시행일인 1995년 6월 23일 당시 종전의 「농어촌소득원개발촉진법」 및 「농어촌발전특별조치법」에 따라 지정을 받은 농어촌휴양지는 이 법에 따른 농어촌관광휴양지로 본다.

제10조(「농지확대개발촉진법」 폐지에 따른 경과조치) 법률 제4823호 농어촌정비법 시행일인 1995년 6월 23일 당시 종전의 「농지확대개발촉진법」에 따라 시행 중인 농지개발사업과 같은 법 제32조·제33조·제35조·제36조·제45조 및 부칙 제3항 단서에 따른 사항에 관하여는 종전의 규정에 따른다.

제11조(「농촌근대화촉진법」 개정에 따른 경과조치) 법률 제4823호 농어촌정비법 시행일인 1995년 6월 23일 당시 「농촌근대화촉진법」에 따른 농지개량사업 및 농지개량시설은 이 법에 따른 농업생산기반 정비사업 및 농업생산기반시설로 본다.

제12조(농어촌용수이용합리화계획 등에 관한 경과조치) 법률 제6221호 농어촌정비법중개정법률 시행일인 2000년 7월 29일 당시 종전의 「농어촌발전특별조치법」에 따라 수립된 농어촌용수이용합리화계획과 같은 법에 따라 설정·고시된 농어촌용수구역은 이 법에 따른 농어촌용수 이용 합리화계획과 농어촌용수구역으로 보며, 같은 법 제34조에 따른 정주생활권개발계획 및 같은 계획에 따라 시행하였거나 시행 중인 정주생활권개발사업은 이 법에 따른 생활환경정비계획 및 같은 계획에 따라 시행하였거나 시행 중인 생활환경정비사

업으로 본다.

제13조(수리계에 관한 경과조치) 법률 제6819호 농어촌정비법중개정법률 시행일인 2003년 1월 1일 당시 종전의 「농업기반공사 및 농지관리기금법」에 따른 수리계는 이 법에 따른 수리계로 본다.

제14조(농업생산기반시설의 비상대처계획에 관한 경과조치) 법률 제7680호 농어촌정비법중개정법률 시행일인 2005년 11월 5일 당시 종전의 규정에 따라 농업생산기반시설을 설치·운영하고 있는 자는 같은 법 시행일 후 10년을 넘지 아니하는 범위에서 대통령령으로 정하는 기간에 비상대처계획의 수립을 완료하여야 한다.

제15조(「오지개발촉진법」 폐지에 따른 경과조치) 법률 제9008호 농어촌정비법 일부개정법률 시행일인 2008년 3월 28일 당시 종전의 「오지개발촉진법」에 따라 확정된 개발계획과 연도별 사업계획은 이 법에 따른 생활환경정비계획과 생활환경정비사업 시행계획으로 본다.

제16조(농업생산기반 정비사업에 관한 경과조치) 이 법 시행 당시 종전의 규정에 따라 농업생산기반 정비사업 시행계획을 수립한 농업생산기반 정비사업에 대하여는 종전의 제10조 및 제12조에 따른다.

제17조(생활환경정비계획에 관한 경과조치) 이 법 시행 당시 종전의 규정에 따라 수립한 생활환경정비사업개발계획은 제54조의 개정규정에 따라 생활환경정비계획을 수립한 것으로 본다.

제18조(농어촌관광휴양지사업자 및 농어촌민박사업자 신고에 관한 경과조치) 이 법 시행 당시 종전의 규정에 따른 농어촌관광휴양지사업자 및 농어촌민박사업자 지정을 받은 자는 제85조 및 제86조의 개정규정에 따라 농어촌관광휴양지사업자 및 농어촌민박사업자로 신고한 것으로 본다.

제19조(마을정비구역에 관한 경과조치) 이 법 시행 당시 종전의 규정에 따라 지정·고시된 마을정비구역은 제101조의 개정규정에 따른 마을정비구역으로 본다.

제20조(처분 등에 관한 일반적 경과조치) 이 법 시행 당시 종전의 규정에 따른 행정기관의 행위나 행정기관에 대한 행위는 그에 해당하는 이 법에 따른 행정기관의 행위나 행정기관에 대한 행위로 본다.

제21조(벌칙 및 과태료에 관한 경과조치) 이 법 시행 전의 행위에 대

하여 벌칙이나 과태료 규정을 적용할 때에는 종전의 규정에 따른다.

제22조(다른 법률의 개정) ① 2011대구세계육상선수권대회 및 2014인천아시아경기대회 지원법 일부를 다음과 같이 개정한다.

제28조제1항제3호 중 "「농어촌정비법」 제22조에 따른 농업기반시설"을 "「농어촌정비법」 제23조에 따른 농업생산기반시설"로, "제68조제2항"을 "제82조제2항"으로 한다.

② 2012여수세계박람회 지원특별법 일부를 다음과 같이 개정한다.

제30조제1항제10호 중 "「농어촌정비법」 제22조에 따른 농업기반시설"을 "「농어촌정비법」 제23조에 따른 농업생산기반시설"로, "제68조제2항"을 "제82조제2항"으로 한다.

③ 법률 제9366호 경제자유구역의 지정 및 운영에 관한 법률 일부개정법률 일부를 다음과 같이 개정한다.

제11조제1항제4호 중 "「농어촌정비법」 제22조에 따른 농업기반시설"을 "「농어촌정비법」 제23조에 따른 농업생산기반시설"로, "제68조제2항에 따른"을 "제82조제2항에 따른"으로 한다.

④ 공공기관 지방이전에 따른 혁신도시 건설 및 지원에 관한 특별법 일부를 다음과 같이 개정한다.

제14조제1항제9호 중 "「농어촌정비법」 제22조의 규정에 따른 농업기반시설"을 "「농어촌정비법」 제23조에 따른 농업생산기반시설"로, "제68조제2항의 규정"을 "제82조제2항"으로 한다.

⑤ 공유수면매립법 일부를 다음과 같이 개정한다.

제16조제1항제2호 중 "「농어촌정비법」 제22조의 규정에 의한 농업기반시설"을 "「농어촌정비법」 제23조에 따른 농업생산기반시설"로 한다.

⑥ 보금자리주택건설 등에 관한 특별법 일부를 다음과 같이 개정한다.

제18조제1항제10호 및 제35조제4항제6호 중 "「농어촌정비법」 제22조에 따른 농업기반시설"을 각각 "「농어촌정비법」 제23조에 따른 농업생산기반시설"로 한다.

⑦ 국토의 계획 및 이용에 관한 법률 일부를 다음과 같이 개정한다.

제61조제1항제4호 및 제92조제1항제7호 중 "「농어촌정비법」 제22조에 따른 농업기반시설"을 각각 "「농어촌정비법」 제23조에 따른 농업생산기반시설"로 한다.

⑧ 금강수계 물관리 및 주민지원 등에 관한 법률 일부를 다음과 같이 개정한다.

제26조제1항제14호 중 “「농어촌정비법」 제22조에 따른 농업기반시설”을 “「농어촌정비법」 제23조에 따른 농업생산기반시설”로 한다.

⑨ 기업도시개발 특별법 일부를 다음과 같이 개정한다.

제13조제1항제10호 중 “「농어촌정비법」 제22조의 규정에 의한 농업기반시설”을 “「농어촌정비법」 제23조에 따른 농업생산기반시설”로, “제68조제2항의 규정에 의한”을 “제82조제2항에 따른”으로 한다.

⑩ 낙동강수계 물관리 및 주민지원 등에 관한 법률 일부를 다음과 같이 개정한다.

제28조제1항제14호 중 “「농어촌정비법」 제22조에 따른 농업기반시설”을 “「농어촌정비법」 제23조에 따른 농업생산기반시설”로 한다.

⑪ 내수면어업법 일부를 다음과 같이 개정한다.

제20조제5호 중 “「농어촌정비법」 제22조제1항의 규정에 의한”을 “「농어촌정비법」 제23조제1항에 따른”으로 한다.

⑫ 농지법 일부를 다음과 같이 개정한다.

제6조제2항제9호 중 “「농어촌정비법」 제84조제3항”을 “「농어촌정비법」 제98조제3항”으로 하고, 같은 항 제10호나목 중 “「농어촌정비법」 제16조 · 제40조 · 제58조 · 제68조 또는 제86조”를 “「농어촌정비법」 제16조 · 제25조 · 제43조 · 제82조 또는 제100조”로 한다.

⑬ 대덕연구개발특구 등의 육성에 관한 특별법 일부를 다음과 같이 개정한다.

제29조제1항제4호 중 “「농어촌정비법」 제22조의 규정에 따른 농업기반시설”을 “「농어촌정비법」 제23조에 따른 농업생산기반시설”로, “제68조제2항의 규정”을 “제82조제2항”으로 한다.

⑭ 댐건설 및 주변지역지원 등에 관한 법률 일부를 다음과 같이 개정한다.

제9조제1항제16호 중 “「농어촌정비법」 제22조의 규정에 의한 농업기반시설”을 “「농어촌정비법」 제23조에 따른 농업생산기반시설”로 한다.

⑮ 도시개발법 일부를 다음과 같이 개정한다.

제19조제1항제7호 중 “「농어촌정비법」 제22조에 따른 농업기반시설”을 “「농어촌정비법」 제23조에 따른 농업생산기반시설”로 한다.

⑯ 도시와 농어촌 간의 교류촉진에 관한 법률 일부를 다음과 같이 개정한다.

제2조제7호 중 “「농어촌정비법」 제2조제9호나목”을 “「농어촌정비법」 제2조제16호나목”으로 한다.

⑰ 도청이전을 위한 도시건설 및 지원에 관한 특별법 일부를 다음과 같이 개정한다.

제16조제1항제6호 중 “「농어촌정비법」 제22조에 따른 농업기반시설”을 “「농어촌정비법」 제23조에 따른 농업생산기반시설”로, “제68조제2항”을 “제82조제2항”으로 한다.

⑱ 동·서·남해안권발전 특별법 일부를 다음과 같이 개정한다.

제15조제1항제8호 중 “「농어촌정비법」 제22조에 따른 농업기반시설”을 “「농어촌정비법」 제23조에 따른 농업생산기반시설”로, “제68조”를 “제82조”로 한다.

⑲ 무인도서의 보전 및 관리에 관한 법률 일부를 다음과 같이 개정한다.

제18조제1항제14호 중 “「농어촌정비법」 제22조제1항에 따른 농업기반시설”을 “「농어촌정비법」 제23조제1항에 따른 농업생산기반시설”로, “제68조제2항”을 “제82조제2항”으로 한다.

⑳ 물류시설의 개발 및 운영에 관한 법률 일부를 다음과 같이 개정한다.

제21조제1항제5호 및 제30조제1항제10호 중 “「농어촌정비법」 제22조에 따른 농업기반시설”을 각각 “「농어촌정비법」 제23조에 따른 농업생산기반시설”로 한다.

㉑ 산업입지 및 개발에 관한 법률 일부를 다음과 같이 개정한다.

제21조제1항제18호 중 “「농어촌정비법」 제22조의 규정에 의한 농업기반시설”을 “「농어촌정비법」 제23조에 따른 농업생산기반시설”로 한다.

㉒ 법률 제9426호 산업집적활성화 및 공장설립에 관한 법률 일부개정법률 일부를 다음과 같이 개정한다.

제13조의2제1항제12호 중 “「농어촌정비법」 제22조제1항 본문에 따른 농업기반시설”을 “「농어촌정비법」 제23조제1항 본문에 따른 농업생산기반시설”로 한다.

㉓ 법률 제9757호 새만금사업 촉진을 위한 특별법 전부개정법률

일부를 다음과 같이 개정한다.

제8조제1항제1호 중 "「농어촌정비법」 제7조에 따른 농업기반정비 사업 기본계획"을 "「농어촌정비법」 제8조에 따른 농업생산기반 정비 사업 기본계획"으로 한다.

제15조제1항제11호 중 "「농어촌정비법」 제22조에 따른 농업기반 시설"을 "「농어촌정비법」 제23조에 따른 농업생산기반시설"로, "제68조"를 "제82조"로 한다.

㉔ 소하천정비법 일부를 다음과 같이 개정한다.

제10조의2제1항제5호 중 "「농어촌정비법」 제97조의 규정에 의한"을 "「농어촌정비법」 제111조에 따른"으로 한다.

㉕ 신발전지역 육성을 위한 투자촉진 특별법 일부를 다음과 같이 개정한다.

제15조제1항제8호 중 "「농어촌정비법」 제22조에 따른 농업기반 시설"을 "「농어촌정비법」 제23조에 따른 농업생산기반시설"로, "제68조제2항"을 "제82조제2항"으로 한다.

㉖ 신행정수도 후속대책을 위한 연기·공주지역 행정중심복합도시 건설을 위한 특별법 일부를 다음과 같이 개정한다.

제22조제1항제12호 중 "「농어촌정비법」 제22조의 규정에 의한 농업기반시설"을 "「농어촌정비법」 제23조에 따른 농업생산기반시설"로 한다.

㉗ 아시아문화중심도시 조성에 관한 특별법 일부를 다음과 같이 개정한다.

제33조제1항제5호 중 "「농어촌정비법」 제22조의 규정에 따른 농업기반시설"을 "「농어촌정비법」 제23조에 따른 농업생산기반시설"로, "제68조제2항의 규정"을 "제82조제2항"으로 한다.

㉘ 연안관리법 일부를 다음과 같이 개정한다.

제18조제1항제2호 중 "「농어촌정비법」 제22조의 규정에 의한 농업기반시설"을 "「농어촌정비법」 제23조에 따른 농업생산기반시설"로 한다.

㉙ 법률 제9952호 연안관리법 전부개정법률 일부를 다음과 같이 개정한다.

제26조제1항제2호 중 "「농어촌정비법」 제22조에 따른 농업기반 시설"을 "「농어촌정비법」 제23조에 따른 농업생산기반시설"로 한다.

㉚ 영산강·섬진강수계 물관리 및 주민지원 등에 관한 법률 일부를 다음과 같이 개정한다.

제26조제1항제14호 중 "「농어촌정비법」 제22조에 따른 농업기반시설"을 "「농어촌정비법」 제23조에 따른 농업생산기반시설"로 한다.

㉛ 유비쿼터스도시의 건설 등에 관한 법률 일부를 다음과 같이 개정한다.

제15조제1항제12호 중 "「농어촌정비법」 제22조에 따른 농업기반시설"을 "「농어촌정비법」 제23조에 따른 농업생산기반시설"로 한다.

㉜ 유통산업발전법 일부를 다음과 같이 개정한다.

제30조제1항제11호 중 "「농어촌정비법」 제22조제1항의 규정에 의한 농업기반시설"을 "「농어촌정비법」 제23조제1항에 따른 농업생산기반시설"로 한다.

㉝ 재해위험 개선사업 및 이주대책에 관한 특별법 일부를 다음과 같이 개정한다.

제17조제1항제10호 중 "「농어촌정비법」 제22조에 따른 농업기반시설"을 "「농어촌정비법」 제23조에 따른 농업생산기반시설"로, "제68조제2항"을 "제82조제2항"으로 한다.

제22조제2항제3호가목 본문 중 "농업기반시설 관리자"를 "농업생산기반시설관리자"로, "「농어촌정비법」 제23조제1항"을 "「농어촌정비법」 제24조제1항"으로 하고, 같은 호 나목 중 "「농어촌정비법」 제80조제1항에 따라 한계농지"를 "「농어촌정비법」 제94조에 따라 한계농지등"으로, "제78조"를 "제92조"로 한다.

㉞ 접경지역지원법 일부를 다음과 같이 개정한다.

제9조제1항제16호를 다음과 같이 한다.

16. 「농어촌정비법」 제23조에 따른 농업생산기반시설의 목적 외 사용의 승인, 같은 법 제82조에 따른 농어촌 관광휴양단지의 개발사업계획의 승인, 같은 법 제83조에 따른 관광농원의 개발사업계획의 승인 및 같은 법 제85조에 따른 농어촌관광휴양지사업자의 신고

㉟ 제주특별자치도 설치 및 국제자유도시 조성을 위한 특별법 일부를 다음과 같이 개정한다.

제230조제1항제4호를 다음과 같이 한다.

4. 「농어촌정비법」 제23조에 따른 농업생산기반시설의 목적 외 사용승인, 같은 법 제82조에 따른 농어촌 관광휴양단지의 개발 사

업계획의 승인, 같은 법 제83조에 따른 관광농원의 개발 사업계획의 승인 및 같은 법 제86조에 따른 농어촌민박사업자의 신고

㊱ 주택법 일부를 다음과 같이 개정한다.

제17조제1항제6호 중 "「농어촌정비법」 제22조에 따른 농업기반시설"을 "「농어촌정비법」 제23조에 따른 농업생산기반시설"로 한다.

㊲ 주한미군 공여구역주변지역 등 지원 특별법 일부를 다음과 같이 개정한다.

제29조제1항제14호 중 "「농어촌정비법」 제22조의 규정에 의한 농업기반시설"을 "「농어촌정비법」 제23조에 따른 농업생산기반시설"로, "제68조의 규정에 의한"을 "제82조에 따른"으로 한다.

㊳ 주한미군기지 이전에 따른 평택시 등의 지원 등에 관한 특별법 일부를 다음과 같이 개정한다.

제18조제1항제2호 중 "「농어촌정비법」 제22조의 규정에 의한 농업기반시설"을 "「농어촌정비법」 제23조에 따른 농업생산기반시설"로 한다.

㊴ 중소기업진흥 및 제품구매촉진에 관한 법률 일부를 다음과 같이 개정한다.

제81조제1항제16호 중 "「농어촌정비법」 제24조에 따른 농업기반시설"을 "「농어촌정비법」 제23조에 따른 농업생산기반시설"로 한다.

㊵ 중소기업창업 지원법 일부를 다음과 같이 개정한다.

제35조제1항제14호 중 "「농어촌정비법」 제22조제1항 본문에 따른 농업기반시설"을 "「농어촌정비법」 제23조제1항 본문에 따른 농업생산기반시설"로 한다.

㊶ 지방세법 일부를 다음과 같이 개정한다.

제109조제1항 각 호 외의 부분 본문 중 "「농어촌정비법」 제30조의 규정에 의한"을 "「농어촌정비법」 제56조에 따른"으로 한다.

제289조제7항 중 "「농어촌정비법」 제2조제7호에 따른 농어촌생활환경정비사업"을 "「농어촌정비법」 제2조제10호에 따른 생활환경정비사업"으로 한다.

㊷ 지방소도읍육성지원법 일부를 다음과 같이 개정한다.

제9조제1항제16호를 다음과 같이 한다.

16. 「농어촌정비법」 제23조에 따른 농업생산기반시설의 목적외 사용의 승인, 같은 법 제82조에 따른 농어촌관광휴양지의 개발

사업계획의 승인 및 같은 법 제85조에 따른 농어촌관광휴양지사업자의 신고

㊸ 법률 제9588호 지역특화발전특구에 대한 규제특례법 일부개정법률 일부를 다음과 같이 개정한다.

제25조제1항 중 "「농어촌정비법」 제17조에 따른 농업기반시설 관리자"를 "「농어촌정비법」 제17조에 따른 농업생산기반시설관리자"로, "「농어촌정비법」 제23조제1항에도"를 "「농어촌정비법」 제24조제1항에도"로 하고, 같은 조 제2항 중 "「농어촌정비법」 제33조제1항에도"를 "「농어촌정비법」 제61조에도"로 하며, 같은 조 제3항 중 "「농어촌정비법」 제67조제2항에도"를 "「농어촌정비법」 제81조제2항에도"로 하고, 같은 조 제4항 중 "「농어촌정비법」 제80조제1항에 따라 한계농지"를 "「농어촌정비법」 제94조제1항대 따라 한계농지등"으로, "같은 법 제78조"를 "같은 법 제92조"로 한다.

제25조의2 중 "「농어촌정비법」 제2조제9호"를 "「농어촌정비법」 제2조제16호"로 한다.

제40조제1항제5호 중 "「농어촌정비법」 제22조에 따른 농업기반시설"을 "「농어촌정비법」 제23조에 따른 농업생산기반시설"로, "제68조"를 "제82조"로 한다.

㊹ 집단에너지사업법 일부를 다음과 같이 개정한다.

제49조제1항제19호 중 "「농어촌정비법」 제22조의 규정에 따른 농업기반시설"을 "「농어촌정비법」 제23조에 따른 농업생산기반시설"로 한다.

㊺ 태권도 진흥 및 태권도공원 조성 등에 관한 법률 일부를 다음과 같이 개정한다.

제15조제1항제12호 중 "「농어촌정비법」 제22조에 따른 농업기반시설"을 "「농어촌정비법」 제23조에 따른 농업생산기반시설"로 한다.

㊻ 법률 제9451호 토지이용규제 기본법 일부개정법률 일부를 다음과 같이 개정한다.

별표 연번 69부터 72까지를 각각 다음과 같이 한다.

69	「농어촌정비법」 제9조	농업생산기반 정비사업지역
70	「농어촌정비법」 제101조	마을정비구역

71	「농어촌정비법」 제82조	농어촌 관광휴양단지
72	「농어촌정비법」 제94조 및 제95조	한계농지등 정비지구

㊼ 폐교재산의 활용촉진을 위한 특별법 일부를 다음과 같이 개정한다.

제2조제7호 중 "제2조제9호가목"을 "제2조제16호가목"으로 한다.

㊽ 폐기물처리시설 설치촉진 및 주변지역지원 등에 관한 법률 일부를 다음과 같이 개정한다.

제12조제1항제16호 중 "「농어촌정비법」 제22조에 따른 농업기반시설"을 "「농어촌정비법」 제23조에 따른 농업생산기반시설"로 한다.

㊾ 하천법 일부를 다음과 같이 개정한다.

제32조제1항제7호 중 "「농어촌정비법」 제97조"를 "「농어촌정비법」 제111조"로 한다.

㊿ 한강수계 상수원수질개선 및 주민지원 등에 관한 법률 일부를 다음과 같이 개정한다.

제15조제1항제14호 중 "「농어촌정비법」 제22조에 따른 농업기반시설"을 "「농어촌정비법」 제23조에 따른 농업생산기반시설"로 한다.

〈51〉 법률 제9276호 한국농촌공사 및 농지관리기금법 일부개정법률 일부를 다음과 같이 개정한다.

제22조제2항 중 "「농어촌정비법」 제58조부터 제62조까지"를 "「농어촌정비법」 제43조부터 제47조까지"로 한다.

제24조제2항 각 호 외의 부분 전단 중 "제23조"를 "제24조"로 한다.

제32조제6호 중 "「농어촌정비법」 제15조제4항"을 "「농어촌정비법」 제14조제4항"으로 한다.

제44조 중 "「농어촌정비법」 제15조제1항"을 "「농어촌정비법」 제14조제1항"으로 한다.

〈52〉 한국수자원공사법 일부를 다음과 같이 개정한다.

제18조제1항제7호 중 "「농어촌정비법」 제22조에 따른 농업기반시설"을 "「농어촌정비법」 제23조에 따른 농업생산기반시설"로, "같은 법 제97조에 따른"을 "같은 법 제111조에 따른"으로 한다.

〈53〉 해양심층수의 개발 및 관리에 관한 법률 일부를 다음과 같이 개정한다.

제17조제1항제6호 중 "「농어촌정비법」 제22조에 따른 농업기반시설"을 "「농어촌정비법」 제23조에 따른 농업생산기반시설"로 한다.
제23조(다른 법령과의 관계) 이 법 시행 당시 다른 법령(이 법 시행 전에 공포되었으나 시행일이 도래하지 아니한 법령을 포함한다)에서 종전의 「농어촌정비법」의 규정을 인용한 경우에 이 법 가운데 그에 해당하는 규정이 있으면 종전의 규정을 갈음하여 이 법의 해당 규정을 인용한 것으로 본다.

부칙 〈제9763호, 2009. 6. 9.〉 (산림보호법)
제1조(시행일) 이 법은 공포 후 9개월이 경과한 날부터 시행한다. 〈단서 생략〉
제2조 부터 제6조까지 생략
제7조(다른 법률의 개정) ① 부터 〈60〉 까지 생략
〈61〉 법률 제9758호 농어촌정비법 전부개정법률 일부를 다음과 같이 개정한다.
제106조제2항제15호를 다음과 같이 한다.
15. 「산림자원의 조성 및 관리에 관한 법률」 제36조제1항 · 제4항에 따른 입목벌채등의 허가 · 신고 및 「산림보호법」 제9조제1항 및 제2항제1호 · 제2호에 따른 산림보호구역(산림유전자원보호구역은 제외한다)에서의 행위의 허가 · 신고
제8조 생략

부칙 〈제9924호, 2010. 1. 1.〉 (지방세법)
제1조(시행일) 이 법은 2010년 1월 1일부터 시행한다.
제2조 부터 제6조까지 생략
제7조(다른 법률의 개정) ① 및 ② 생략
③ 농어촌정비법 일부를 다음과 같이 개정한다.
제106조제2항 중 "토지 이동의 신청 · 신고는 「지방세법」 중 농업소득세에 관한 규정을 배제하며"를 "토지 이동의 신청 · 신고는"으로 한다.
④ 부터 ⑨ 까지 생략

부칙 〈제10272호, 2010. 4. 15.〉 (공유수면 관리 및 매립에

관한 법률)
제1조(시행일) 이 법은 공포 후 6개월이 경과한 날부터 시행한다.
제2조 부터 제12조까지 생략
제13조(다른 법률의 개정) ① 부터 ⑫ 까지 생략
⑬ 농어촌정비법 일부를 다음과 같이 개정한다.
제13조제3항 중 "「공유수면매립법」"을 "「공유수면 관리 및 매립에 관한 법률」"로 한다.
제106조제2항제3호를 다음과 같이 하고, 같은 항 제4호를 삭제한다.
3. 「공유수면 관리 및 매립에 관한 법률」 제8조에 따른 공유수면의 점용·사용허가, 같은 법 제17조에 따른 점용·사용 실시계획의 승인 또는 신고, 같은 법 제28조에 따른 공유수면의 매립면허, 같은 법 제33조에 따른 매립면허의 고시, 같은 법 제35조에 따른 국가 등이 시행하는 매립의 협의 또는 승인 및 같은 법 제38조에 따른 공유수면매립실시계획의 승인·고시
⑭ 부터 〈75〉 까지 생략
제14조 생략

부칙 〈제10303호, 2010. 5. 17.〉 (은행법)
제1조(시행일) 이 법은 공포 후 6개월이 경과한 날부터 시행한다. 〈단서 생략〉
제2조 부터 제8조까지 생략
제9조(다른 법률의 개정) ① 부터 ㉔ 까지 생략
㉕ 농어촌정비법 일부를 다음과 같이 개정한다.
제70조제2항 중 "금융기관"을 "은행"으로 한다.
㉖ 부터 〈86〉 까지 생략
제10조 생략

부칙 〈제10331호, 2010. 5. 31.〉 (산지관리법)
제1조(시행일) 이 법은 공포 후 6개월이 경과한 날부터 시행한다. 〈단서 생략〉
제2조 부터 제11조까지 생략
제12조(다른 법률의 개정) ① 부터 ⑱ 까지 생략

⑲ 농어촌정비법 일부를 다음과 같이 개정한다.

제106조제2항제17호 중 "산지전용신고"를 "산지전용신고 같은 법 제15조의2에 따른 산지일시사용허가ㆍ신고"로 한다.

⑳ 부터 〈89〉 까지 생략

제13조 생략

부칙 〈제10580호, 2011. 4. 12.〉 (부동산등기법)

제1조(시행일) 이 법은 공포 후 6개월이 경과한 날부터 시행한다. 〈단서 생략〉

제2조 및 제3조 생략

제4조(다른 법률의 개정) ①부터 ⑧까지 생략

⑨ 농어촌정비법 일부를 다음과 같이 개정한다.

제120조제4항 중 "등본을"을 "등본ㆍ등기사항증명서를"로 하고, 같은 조 제5항 중 "등본"을 "등본ㆍ등기사항증명서"로 한다.

⑩부터 ㊷까지 생략

제5조 생략

부칙 〈제10599호, 2011. 4. 14.〉 (국토의 계획 및 이용에 관한 법률)

제1조(시행일) 이 법은 공포 후 1년이 경과한 날부터 시행한다. 〈단서 생략〉

제2조 부터 제7조까지 생략

제8조(다른 법률의 개정) ①부터 ⑰까지 생략

⑱ 농어촌정비법 일부를 다음과 같이 개정한다.

제53조제2항 중 "도시기본계획"을 "도시ㆍ군기본계획"으로 한다.

제59조제1항 단서 중 "도시관리계획"을 각각 "도시ㆍ군관리계획"으로 한다.

제106조제1항제2호부터 제4호까지 중 "도시관리계획"을 각각 "도시ㆍ군관리계획"으로 하고, 같은 조 제2항제8호 중 "도시관리계획"을 각각 "도시ㆍ군관리계획"으로, "도시계획시설"을 "도시ㆍ군계획시설"로, "도시계획시설사업시행자"를 "도시ㆍ군계획시설사업시행자"로 한다.

⑲부터 〈83〉까지 생략

제9조 생략

부칙 〈제10833호, 2011. 7. 14.〉

이 법은 공포한 날부터 시행한다.

부칙 〈제10893호, 2011. 7. 21.〉 (환경정책기본법)

제1조(시행일) 이 법은 공포 후 1년이 경과한 날부터 시행한다.

제2조 부터 제4조까지 생략

제5조(다른 법률의 개정) ①부터 ⑦까지 생략

⑧ 농어촌정비법 일부를 다음과 같이 개정한다.

제80조 중 "「환경정책기본법」 제19조"를 "「환경정책기본법」 제29조"로 한다.

⑨부터 ㉝까지 생략

제6조 생략

부칙 〈제11020호, 2011. 8. 4.〉 (산업입지 및 개발에 관한 법률)

제1조(시행일) 이 법은 공포한 날부터 시행한다. 〈단서 생략〉

제2조 부터 제9조까지 생략

제10조(다른 법률의 개정) ①부터 ⑦까지 생략

⑧ 농어촌정비법 일부를 다음과 같이 개정한다.

제22조제1항 중 "「산업입지 및 개발에 관한 법률」 제2조제5호"를 "「산업입지 및 개발에 관한 법률」 제2조제8호"로 한다.

⑨부터 ㉕까지 생략

제11조 생략

부칙 〈제11072호, 2011. 11. 14.〉

제1조(시행일) 이 법은 공포 후 3개월이 경과한 날부터 시행한다.

제2조(저수지 축조 등에 따른 피해주민 지원에 관한 적용례) 제110조의2의 개정규정은 2009년 1월 1일 이후 최초로 제9조에 따른 농업생산기반 정비사업 시행계획의 승인 또는 법률 제8588호 농어촌정비법 일부개정법률 제12조에 따른 사업 시행 인가를 받은 농업생산기반 정비사업부터 적용한다.

부칙 〈제11319호, 2012. 2. 17.〉
제1조(시행일) 이 법은 공포한 날부터 시행한다. 다만, 제17조 및 제24조의 개정규정은 공포 후 3개월이 경과한 날부터 시행한다.
제2조(간선시설의 설치에 관한 적용례) 제70조의2의 개정규정은 이 법 시행 후 최초로 설치하는 간선시설부터 적용한다.
제3조(농업생산기반시설의 등록에 관한 경과조치) 이 법 시행 당시 종전의 규정에 따라 시·도지사에게 등록한 농업생산기반시설 중 제17조제2호의 개정규정에 해당하는 농업생산기반시설은 제17조의 개정규정에 따라 시장·군수·구청장에게 등록한 것으로 본다.

부칙 〈제11352호, 2012. 2. 22.〉 (산지관리법)
제1조(시행일) 이 법은 공포 후 6개월이 경과한 날부터 시행한다. 〈단서 생략〉
제2조 부터 제13조까지 생략
제14조(다른 법률의 개정) ① 및 ② 생략
③ 농어촌정비법 일부를 다음과 같이 개정한다.
제106조제2항제17호 중 "같은 법 제11조에 따른 산지전용제한지역"을 "같은 법 제11조에 따른 산지전용·일시사용제한지역"으로 한다.
④부터 ⑦까지 생략

부칙 〈제11501호, 2012. 10. 22.〉
이 법은 공포한 날부터 시행한다.

부칙 〈제11690호, 2013. 3. 23.〉 (정부조직법)
제1조(시행일) ① 이 법은 공포한 날부터 시행한다.
② 생략
제2조 부터 제5조까지 생략
제6조(다른 법률의 개정) ①부터 〈283〉까지 생략
〈284〉 농어촌정비법 일부를 다음과 같이 개정한다.
제3조제1항, 제4조제1항, 제5조제1항, 제73조제1항·제2항, 제74조제1항, 제75조제1항·제4항, 같은 조 제5항 각 호 외의 부분 본문, 제76조제1항 각 호 외의 부분, 제77조, 제78조제3항, 제109조제1항·제2항, 제112조제1항, 제116조제1항 각 호 외의 부분 본

문, 같은 조 제2항, 제119조제1항·제2항 및 제124조제2항 중 "농림수산식품부장관"을 각각 "농림축산식품부장관 또는 해양수산부장관"으로 한다.

제7조제1항, 같은 조 제2항 각 호 외의 부분, 같은 항 제2호, 제8조제1항 각 호 외의 부분 본문, 같은 항 제2호, 제9조제1항, 같은 조 제6항 본문, 같은 조 제7항·제8항, 같은 조 제9항 본문, 제14조제2항, 제15조제1항·제2항, 같은 조 제3항 본문·단서, 같은 조 제5항, 제16조제2항 각 호 외의 부분 전단·후단, 같은 항 제2호, 제4항 각 호 외의 부분 전단·후단, 제19조, 제21조제1항 각 호 외의 부분, 같은 조 제3항 각 호 외의 부분, 제26조제1항 단서, 같은 조 제4항 단서, 같은 조 제5항·제6항·제8항, 제28조제1항, 제30조 본문, 제31조, 제32조제1항 각 호 외의 부분 본문, 제52조, 제53조제1항, 제54조제3항, 제59조제5항, 제67조제2항, 제71조제1항·제2항, 제91조, 제101조제4항 단서 및 같은 조 제6항 중 "농림수산식품부장관"을 각각 "농림축산식품부장관"으로 한다.

제9조제3항·제4항, 같은 조 제6항 본문, 제14조제3항제4호, 제25조제4항 각 호 외의 부분, 같은 항 제4호, 제26조제5항, 제31조, 제32조제2항, 제34조제2항 본문, 같은 조 제3항·제4항, 제35조제3항제2호 본문, 제38조제1항 전단, 제44조제2항, 제57조제2항, 제58조제2항 단서, 제61조 단서, 제92조제4호, 제93조제3항, 제95조제1항, 제96조제2항 후단, 제103조제1항 및 제126조제2항 중 "농림수산식품부령"을 각각 "농림축산식품부령"으로 한다.

제67조제2항 중 "국토해양부장관"을 "국토교통부장관"으로 한다.

제75조제2항, 제78조제2항, 제81조제1항 각 호 외의 부분, 제106조제4항 전단, 제118조 각 호 외의 부분, 제122조 본문, 제125조제1항 및 제132조제2항 중 "농림수산식품부장관"을 각각 "농림축산식품부장관·해양수산부장관"으로 한다.

제81조제2항, 제85조제2항 전단, 같은 조 제3항·제4항, 제86조제1항 전단, 같은 조 제2항·제3항, 제87조제4항, 제89조제3항, 제115조제4항, 제116조제1항 각 호 외의 부분 본문, 같은 조 제3항 및 제120조제2항 중 "농림수산식품부령"을 각각 "농림축산식품부령 또는 해양수산부령"으로 한다.

〈285〉부터 〈710〉까지 생략

제7조 생략

부칙 〈제11694호, 2013. 3. 23.〉 (농어업·농어촌 및 식품산업 기본법)

제1조(시행일) 이 법은 공포한 날부터 시행한다.

제2조 부터 제4조까지 생략

제5조(다른 법률의 개정) ① 및 ② 생략

③ 농어촌정비법 일부를 다음과 같이 개정한다.

제4조제2항 각 호 외의 부분 중 "농어업·농어촌 및 식품산업 발전계획"을 "농업·농촌 및 식품산업 발전계획 및 어업·어촌 발전계획"으로 한다.

제54조제1항 및 제4항 단서 중 "시·군·구 농어업·농어촌및식품산업정책심의회"를 각각 "시·군·구 농업·농촌및식품산업정책심의회"로 한다.

제101조제2항 및 제102조 단서 중 "시·군·구 농어업·농어촌및식품산업정책심의회"를 각각 "시·군·구 농업·농촌및식품산업정책심의회"로 한다.

제123조 중 "중앙 농어업·농어촌및식품산업정책심의회"를 "중앙 농업·농촌및식품산업정책심의회 또는 중앙 어업·어촌정책심의회"로 한다.

④ 생략

부칙 〈제12248호, 2014. 1. 14.〉 (도로법)

제1조(시행일) 이 법은 공포 후 6개월이 경과한 날부터 시행한다.

제2조 부터 제23조까지 생략

제24조(다른 법률의 개정) ①부터 ㉙까지 생략

㉚ 농어촌정비법 일부를 다음과 같이 개정한다.

제106조제2항제10호를 다음과 같이 한다.

10. 「도로법」 제36조에 따른 도로관리청이 아닌 자에 대한 도로공사 시행의 허가, 같은 법 제40조에 따른 접도구역(接道區域)에서의 행위에 대한 허가, 같은 법 제61조에 따른 도로의 점용 허가 및 같은 법 제107조에 따른 도로관리청과의 협의 또는 승인

제107조제3호 중 "「도로법」 제41조"를 "「도로법」 제66조"로 한다.

㉛부터 〈126〉까지 생략
제25조 생략

부칙 〈제12329호, 2014. 1. 21.〉 (청소년활동 진흥법)
제1조(시행일) 이 법은 공포 후 6개월이 경과한 날부터 시행한다.
제2조 및 제3조 생략
제4조(다른 법률의 개정) ① 생략
② 농어촌정비법 일부를 다음과 같이 개정한다.
제106조제2항제26호 중 "「청소년활동진흥법」"을 "「청소년활동 진흥법」"으로 한다.
③부터 ⑨까지 생략

부칙 〈제12428호, 2014. 3. 18.〉
제1조(시행일) 이 법은 공포한 날부터 시행한다.
제2조(금치산자 등에 대한 경과조치) 제29조제1호의 개정규정에 따른 피성년후견인 또는 피한정후견인에는 법률 제10429호 민법 일부개정법률 부칙 제2조에 따라 금치산 또는 한정치산 선고의 효력이 유지되는 사람을 포함하는 것으로 본다.

부칙 〈제12516호, 2014. 3. 24.〉 (가축분뇨의 관리 및 이용에 관한 법률)
제1조(시행일) 이 법은 공포 후 1년이 경과한 날부터 시행한다. 〈단서 생략〉
제2조 부터 제17조까지 생략
제18조(다른 법률의 개정) ① 농어촌정비법 일부를 다음과 같이 개정한다.
제21조제1항제3호를 다음과 같이 한다.
3. 「가축분뇨의 관리 및 이용에 관한 법률」 제10조제2항, 제17조제4항 및 제25조제10항
② 생략
제19조 생략

부칙 〈제12738호, 2014. 6. 3.〉 (공간정보의 구축 및 관리

등에 관한 법률)
제1조(시행일) 이 법은 공포 후 1년이 경과한 날부터 시행한다. 〈단서 생략〉
제2조(다른 법률의 개정) ①부터 ⑱까지 생략
⑲ 농어촌정비법 일부를 다음과 같이 개정한다.
제106조제2항제29호 중 “「측량 · 수로조사 및 지적에 관한 법률」 제15조제3항”을 “「공간정보의 구축 및 관리 등에 관한 법률」 제15조제3항”으로 한다.
제121조제1항 본문 및 단서 중 “「측량 · 수로조사 및 지적에 관한 법률」”을 각각 “「공간정보의 구축 및 관리 등에 관한 법률」”로 한다.
⑳부터 〈65〉까지 생략
제3조 생략

부칙 〈제12811호, 2014. 10. 15.〉
이 법은 공포 후 3개월이 경과한 날부터 시행한다.

부칙 〈제12963호, 2015. 1. 6.〉
이 법은 공포 후 6개월이 경과한 날부터 시행한다. 다만, 제21조제4항 및 제5항의 개정규정은 공포 후 1년이 경과한 날부터 시행한다.

부칙 〈제13383호, 2015. 6. 22.〉 (수산업 · 어촌 발전 기본법)
제1조(시행일) 이 법은 공포 후 6개월이 경과한 날부터 시행한다. 〈단서 생략〉
제2조 및 제3조 생략
제4조(다른 법률의 개정) ①부터 ⑩까지 생략
⑪ 농어촌정비법 일부를 다음과 같이 개정한다.
제2조제1호 중 “「농어업 · 농어촌 및 식품산업 기본법」 제3조제5호에 따른 농어촌”을 “「농업 · 농촌 및 식품산업 기본법」 제3조제5호에 따른 농촌과 「수산업 · 어촌 발전 기본법」 제3조제6호에 따른 어촌”으로 한다.
제4조제2항 각 호 외의 부분 중 “「농어업 · 농어촌 및 식품산업 기본법」 제14조에 따른 농업 · 농촌 및 식품산업 발전계획 및 어업 · 어촌 발전계획”을 “「농업 · 농촌 및 식품산업 기본법」 제14조에 따

른 농업·농촌 및 식품산업 발전계획 및 「수산업·어촌 발전 기본법」 제7조에 따른 수산업·어촌 발전 기본계획"으로 한다.

제54조제1항 중 "「농어업·농어촌 및 식품산업 기본법」"을 "「농업·농촌 및 식품산업 기본법」"으로 한다.

제77조 중 "「농어업·농어촌 및 식품산업 기본법」 제50조제1항"을 "「농업·농촌 및 식품산업 기본법」 제50조제1항과 「수산업·어촌 발전 기본법」 제39조제1항"으로 한다.

제83조제1항 중 "「농어업·농어촌 및 식품산업 기본법」 제3조제2호에 따른 농어업인(이하 "농어업인"이라 한다), 한국농어촌공사, 그 밖에 대통령령으로 정하는 농어업인 단체가 개발할 수 있다"를 "「농업·농촌 및 식품산업 기본법」 제3조제2호에 따른 농업인(이하 "농업인"이라 한다), 「수산업·어촌 발전 기본법」 제3조제3호에 따른 어업인(이하 "어업인"이라 한다), 한국농어촌공사, 그 밖에 대통령령으로 정하는 농업인 및 어업인 단체가 개발할 수 있다"로 한다.

제98조제3항 중 "농어업인"을 "농업인 및 어업인"으로 한다.

제101조제2항 중 "「농어업·농어촌 및 식품산업 기본법」"을 "「농업·농촌 및 식품산업 기본법」"으로 한다.

제123조 중 "「농어업·농어촌 및 식품산업 기본법」 제15조에 따른 중앙 농업·농촌및식품산업정책심의회 또는 중앙 어업·어촌정책심의회"를 "「농업·농촌 및 식품산업 기본법」 제15조에 따른 중앙 농업·농촌및식품산업정책심의회 또는 「수산업·어촌 발전 기본법」 제8조에 따른 중앙 수산업·어촌정책심의회"로 한다.

⑫부터 〈63〉까지 생략

부칙 〈제13499호, 2015. 8. 28.〉 (민간임대주택에 관한 특별법)

제1조(시행일) 이 법은 공포 후 4개월이 경과한 날부터 시행한다.

제2조 부터 제14조까지 생략

제15조(다른 법률의 개정) ①부터 ⑤까지 생략

⑥ 농어촌정비법 일부를 다음과 같이 개정한다.

제63조제1호 중 "「임대주택법」 제6조"를 "「민간임대주택에 관한 특별법」 제5조"로 한다.

⑦부터 ㉕까지 생략

제16조 생략

부칙 〈제13805호, 2016. 1. 19.〉 (주택법)

제1조(시행일) 이 법은 2016년 8월 12일부터 시행한다.

제2조 부터 제20조까지 생략

제21조(다른 법률의 개정) ①부터 ㉓까지 생략

㉔ 농어촌정비법 일부를 다음과 같이 개정한다.

제56조제1항제3호 중 "「주택법」 제9조"를 "「주택법」 제4조"로 하고, 제63조 각 호 외의 부분 중 "「주택법」 제2조제7호"를 "「주택법」 제2조제10호"로 하며, 제70조의2 중 "「주택법」 제2조제10호"를 "「주택법」 제2조제17호"로, "「주택법」 제23조"를 "「주택법」 제28조"로 하고, 제106조제2항제25호 중 "「주택법」 제16조"를 "「주택법」 제15조"로 한다.

㉕부터 〈86〉까지 생략

제22조 생략

부칙 〈제14297호, 2016. 12. 2.〉

이 법은 공포한 날부터 시행한다.

부칙 〈제14480호, 2016. 12. 27.〉

제1조(시행일) 이 법은 공포한 날부터 시행한다. 다만, 제23조 및 제116조제1항의 개정규정은 공포 후 6개월이 경과한 날부터 시행한다.

제2조(구분지상권의 설정등기 등에 관한 적용례) 제110조의3의 개정규정은 이 법 시행 후 토지의 지상 또는 지하 공간의 사용에 관하여 협의하거나 재결을 신청하는 경우부터 적용한다.

제3조(농어촌정비사업의 시행자가 준공인가를 받은 경우의 관련 인·허가 의제에 관한 적용례) 제114조제4항의 개정규정은 이 법 시행 전에 준공검사를 받은 경우로서 농어촌정비사업의 시행·사업계획 승인권자가 같은 조 제3항의 개정규정에 따른 준공검사에 관하여 이 법 시행 후 관계 행정기관의 장과 협의한 경우에도 적용한다.

제4조(농업생산기반시설의 사용허가에 관한 경과조치) 제23조제1항의 개정규정 시행 당시 종전의 제23조제1항에 따라 목적 외 사용의

승인을 신청하거나 그 승인을 받은 목적 외 사용은 제23조제1항의 개정규정에 따라 신청하거나 사용허가를 받은 것으로 본다.

제5조(준공검사에 관한 경과조치) ① 이 법 시행 당시 종전의 제114조에 따라 받은 준공검사는 제114조의 개정규정에 따라 준공인가를 받은 것으로 본다.

② 이 법 시행 당시 종전의 제114조제1항에 따라 준공검사를 받기 위하여 한 신청은 제114조제1항의 개정규정에 따라 준공인가 신청을 한 것으로 본다.

제6조(새로 설치하는 공공시설 관련 관리청 통지에 관한 경과조치) 이 법 시행 전에 농어촌정비사업의 시행자가 농어촌정비사업을 준공한 경우에는 제114조제5항의 개정규정에도 불구하고 농어촌정비사업의 시행으로 새로 설치하는 공공시설과 관련하여 그 종류와 세부목록은 이 법 시행 후 6개월 이내에 통지할 수 있다.

제7조(다른 법률의 개정) ① 2011대구세계육상선수권대회, 2013충주세계조정선수권대회, 2014인천아시아경기대회, 2014인천장애인아시아경기대회 및 2015광주하계유니버시아드대회 지원법 일부를 다음과 같이 개정한다.

제28조제1항제3호 중 "목적 외 사용 승인과"를 "사용허가와"로 한다.

② 2015경북문경세계군인체육대회 지원법 일부를 다음과 같이 개정한다.

제28조제1항제3호 중 "목적 외 사용승인과"를 "사용허가와"로 한다.

③ 2018 평창 동계올림픽대회 및 동계패럴림픽대회 지원 등에 관한 특별법 일부를 다음과 같이 개정한다.

제33조제1항제4호 중 "목적 외 사용 승인과"를 "사용허가와"로 한다.

제57조제1항제5호 중 "목적 외 사용승인"을 "사용허가"로 한다.

④ 간척지의 농어업적 이용 및 관리에 관한 법률 일부를 다음과 같이 개정한다.

제16조제1항제7호 중 "목적 외 사용승인"을 "사용허가"로 한다.

⑤ 경제자유구역의 지정 및 운영에 관한 특별법 일부를 다음과 같이 개정한다.

제11조제1항제4호 중 "목적외 사용승인"을 "사용허가"로 한다.

⑥ 고도 보존 및 육성에 관한 특별법 일부를 다음과 같이 개정한다.

제12조제1항제24호 중 "목적 외 사용승인"을 "사용허가"로 한다.

⑦ 공공기관 지방이전에 따른 혁신도시 건설 및 지원에 관한 특별법 일부를 다음과 같이 개정한다.

제14조제1항제9호 중 "목적 외 사용의 승인"을 "사용허가"로 한다.

⑧ 공공주택 특별법 일부를 다음과 같이 개정한다.

제18조제1항제10호 중 "목적 외 사용의 승인"을 "사용허가"로 한다.

제35조제4항제6호 중 "목적 외 사용의 승인"을 "사용허가"로 한다.

⑨ 공유수면 관리 및 매립에 관한 법률 일부를 다음과 같이 개정한다.

제39조제1항제3호 중 "목적 외 사용 승인"을 "사용허가"로 한다.

⑩ 국가통합교통체계효율화법 일부를 다음과 같이 개정한다.

제52조제1항제7호 중 "목적 외 사용 승인"을 "사용허가"로 한다.

⑪ 국립묘지의 설치 및 운영에 관한 법률 일부를 다음과 같이 개정한다.

제11조의4제1항제5호 중 "목적 외 사용 등의 승인"을 "사용허가"로 한다.

⑫ 국제경기대회 지원법 일부를 다음과 같이 개정한다.

제27조제1항제3호 중 "목적 외 사용 승인과"를 "사용허가와"로 한다.

⑬ 국토의 계획 및 이용에 관한 법률 일부를 다음과 같이 개정한다.

제61조제1항제4호 중 "목적 외 사용의 승인"을 "사용허가"로 한다.

제92조제1항제7호 중 "목적 외 사용의 승인"을 "사용허가"로 한다.

⑭ 군 공항 이전 및 지원에 관한 특별법 일부를 다음과 같이 개정한다.

제14조제1항제2호 중 "목적 외 사용승인"을 "사용허가"로 한다.

⑮ 금강수계 물관리 및 주민지원 등에 관한 법률 일부를 다음과 같이 개정한다.

제26조제1항제14호 중 "목적 외 사용의 승인"을 "사용허가"로 한다.

⑯ 기업도시개발 특별법 일부를 다음과 같이 개정한다.

제13조제1항제9호 중 "목적 외 사용승인"을 "사용허가"로 한다.

⑰ 낙동강수계 물관리 및 주민지원 등에 관한 법률 일부를 다음과 같이 개정한다.

제28조제1항제14호 중 "목적 외 사용의 승인"을 "사용허가"로 한다.

⑱ 낚시 관리 및 육성법 일부를 다음과 같이 개정한다.

제10조제5항제2호 중 "목적 외 사용의 승인"을 "사용허가"로 한다.

⑲ 내수면어업법 일부를 다음과 같이 개정한다.

제20조제5호 중 "승인"을 "사용허가"로 한다.

⑳ 농어촌마을 주거환경 개선 및 리모델링 촉진을 위한 특별법 일부를 다음과 같이 개정한다.

제17조제1항제7호 중 "목적 외 사용승인"을 "사용허가"로 한다.

㉑ 농업생산기반시설 및 주변지역 활용에 관한 특별법 일부를 다음과 같이 개정한다.

제15조제1항제10호 중 "목적 외 사용승인"을 "사용허가"로 한다.

㉒ 농업인등의 농외소득 활동 지원에 관한 법률 일부를 다음과 같이 개정한다.

제11조제1항제5호 중 "목적 외 사용의 승인"을 "사용허가"로 한다.

㉓ 농촌융복합산업 육성 및 지원에 관한 법률 일부를 다음과 같이 개정한다.

제9조제1항제2호 중 "목적 외 사용의 승인"을 "사용허가"로 한다.

㉔ 댐건설 및 주변지역지원 등에 관한 법률 일부를 다음과 같이 개정한다.

제9조제2항제4호 중 "목적 외 사용승인"을 "사용허가"로 한다.

㉕ 도시개발법 일부를 다음과 같이 개정한다.

제19조제1항제7호 중 "목적 외 사용의 승인"을 "사용허가"로 한다.

㉖ 도청이전을 위한 도시건설 및 지원에 관한 특별법 일부를 다음과 같이 개정한다.

제16조제1항제6호 중 "목적 외 사용의 승인"을 "사용허가"로 한다.

㉗ 마리나항만의 조성 및 관리 등에 관한 법률 일부를 다음과 같이 개정한다.

제16조제1항제7호 중 "목적 외 사용승인"을 "사용허가"로 한다.

㉘ 무인도서의 보전 및 관리에 관한 법률 일부를 다음과 같이 개정한다.

제18조제1항제14호 중 "목적 외 사용승인"을 "사용허가"로 한다.

㉙ 물류시설의 개발 및 운영에 관한 법률 일부를 다음과 같이 개정한다.

제21조제1항제5호 중 "목적 외 사용승인"을 "사용허가"로 한다.

제30조제1항제10호 중 "목적 외 사용승인"을 "사용허가"로 한다.

㉚ 민간인 통제선 이북지역의 산지관리에 관한 특별법 일부를 다음과 같이 개정한다.

제16조제1항제7호 중 "목적 외 사용의 승인"을 "사용허가"로 한다.

㉛ 민간임대주택에 관한 특별법 일부를 다음과 같이 개정한다.

제29조제1항제7호 중 "목적 외 사용의 승인"을 "사용허가"로 한다.

㉜ 산림복지 진흥에 관한 법률 일부를 다음과 같이 개정한다.

제37조제1항제13호 중 "목적 외 사용의 승인"을 "사용허가"로 한다.

㉝ 산업입지 및 개발에 관한 법률 일부를 다음과 같이 개정한다.

제21조제1항제16호 중 "목적 외 사용승인"을 "사용허가"로 한다.

㉞ 산업집적활성화 및 공장설립에 관한 법률 일부를 다음과 같이 개정한다.

제13조의2제1항제12호 중 "목적 외 사용의 승인"을 "사용허가"로 한다.

㉟ 새만금사업 추진 및 지원에 관한 특별법 일부를 다음과 같이 개정한다.

제17조제1항제10호 중 "목적 외 사용승인"을 "사용허가"로 한다.

㊱ 신행정수도 후속대책을 위한 연기·공주지역 행정중심복합도시 건설을 위한 특별법 일부를 다음과 같이 개정한다.

제22조제1항제11호 중 "목적 외 사용의 승인"을 "사용허가"로 한다.

㊲ 아시아문화중심도시 조성에 관한 특별법 일부를 다음과 같이

개정한다.

제33조제1항제5호 중 “목적 외 사용승인”을 “사용허가”로 한다.

㊳ 역세권의 개발 및 이용에 관한 법률 일부를 다음과 같이 개정한다.

제16조제1항제7호 중 “목적 외 사용승인”을 “사용허가”로 한다.

㊴ 연구개발특구의 육성에 관한 특별법 일부를 다음과 같이 개정한다.

제29조제1항제4호 중 “목적 외 사용승인”을 “사용허가”로 한다.

㊵ 연안관리법 일부를 다음과 같이 개정한다.

제26조제1항제2호 중 “목적 외 사용승인”을 “사용허가”로 한다.

㊶ 영산강·섬진강수계 물관리 및 주민지원 등에 관한 법률 일부를 다음과 같이 개정한다.

제26조제1항제14호 중 “목적 외 사용의 승인”을 “사용허가”로 한다.

㊷ 온천법 일부를 다음과 같이 개정한다.

제10조의2제1항제8호 중 “목적 외 사용의 승인”을 “사용허가”로 한다.

㊸ 유비쿼터스도시의 건설 등에 관한 법률 일부를 다음과 같이 개정한다.

제15조제1항제12호 중 “목적 외 사용승인”을 “사용허가”로 한다.

㊹ 유선 및 도선 사업법 일부를 다음과 같이 개정한다.

제9조제1항제2호의2 본문 중 “목적 외 사용기간의”를 “사용기간의”로 한다.

㊺ 유통산업발전법 일부를 다음과 같이 개정한다.

제30조제1항제10호 중 “목적 외 사용의 승인”을 “사용허가”로 한다.

㊵ 자연공원법 일부를 다음과 같이 개정한다.

제21조제14호 중 “목적 외 사용의 승인”을 “사용허가”로 한다.

㊼ 자연재해대책법 일부를 다음과 같이 개정한다.

제14조의2제2항제8호 중 “목적 외 사용의 승인”을 “사용허가”로 한다.

㊽ 재해위험 개선사업 및 이주대책에 관한 특별법 일부를 다음과 같이 개정한다.

제17조제1항제10호 중 “목적 외 사용 승인”을 “사용허가”로 한다.

㊾ 접경지역 지원 특별법 일부를 다음과 같이 개정한다.

제14조제1항제16호 중 “목적 외 사용승인”을 “사용허가”로 한다.

㊿ 제주특별자치도 설치 및 국제자유도시 조성을 위한 특별법 일부를 다음과 같이 개정한다.

제148조제1항제9호 중 “목적 외 사용승인”을 “사용허가”로 한다.

〈51〉 주택법 일부를 다음과 같이 개정한다.

제19조제1항제6호 중 “목적 외 사용의 승인”을 “사용허가”로 한다.

〈52〉 주한미군 공여구역주변지역 등 지원 특별법 일부를 다음과 같이 개정한다.

제29조제1항제14호 중 “목적 외 사용의 승인”을 “사용허가”로 한다.

〈53〉 주한미군기지 이전에 따른 평택시 등의 지원 등에 관한 특별법 일부를 다음과 같이 개정한다.

제18조제1항제2호 중 “목적외 사용승인”을 “사용허가”로 한다.

〈54〉 중소기업진흥에 관한 법률 일부를 다음과 같이 개정한다.

제81조제1항제16호 중 “목적 외 사용승인”을 “사용허가”로 한다.

〈55〉 중소기업창업 지원법 일부를 다음과 같이 개정한다.

제35조제1항제14호 중 “목적 외 사용의 승인”을 “사용허가”로 한다.

〈56〉 지방소도읍 육성 지원법 일부를 다음과 같이 개정한다.

제9조제1항제15호 중 “목적 외 사용의 승인”을 “사용허가”로 한다.

〈57〉 지역특화발전특구에 대한 규제특례법 일부를 다음과 같이 개정한다.

제40조제1항제5호 중 “목적 외 사용승인”을 “사용허가”로 한다.

〈58〉 집단에너지사업법 일부를 다음과 같이 개정한다.

제49조제1항제17호 중 “목적 외 사용의 승인”을 “사용허가”로 한다.

〈59〉 친수구역 활용에 관한 특별법 일부를 다음과 같이 개정한다.

제15조제1항제7호 중 “목적 외 사용승인”을 “사용허가”로 한다.

〈60〉 태권도 진흥 및 태권도공원 조성 등에 관한 법률 일부를 다음과 같이 개정한다.

제15조제1항제12호 중 “목적 외 사용의 승인”을 “사용허가”로 한다.

〈61〉 폐기물처리시설 설치촉진 및 주변지역지원 등에 관한 법률 일부를 다음과 같이 개정한다.

제12조제1항제16호 중 “목적 외 사용의 승인”을 “사용허가”로 한다.

〈62〉 한강수계 상수원수질개선 및 주민지원 등에 관한 법률 일부를 다음과 같이 개정한다.

제15조제1항제14호 중 “목적 외 사용의 승인”을 “사용허가”로 한다.

〈63〉 해수욕장의 이용 및 관리에 관한 법률 일부를 다음과 같이 개정한다.

제38조제1항제5호 중 “목적 외 사용 승인”을 “사용허가”로 한다.

〈64〉 해양심층수의 개발 및 관리에 관한 법률 일부를 다음과 같이 개정한다.

제17조제1항제6호 중 “목적 외 사용승인”을 “사용허가”로 한다.

〈65〉 화물자동차 운수사업법 일부를 다음과 같이 개정한다.

제46조의4제1항제7호 중 “목적 외 사용승인”을 “사용허가”로 한다.

부칙 〈제14532호, 2017. 1. 17.〉 (물환경보전법)

제1조(시행일) 이 법은 공포 후 1년이 경과한 날부터 시행한다. 다만, 부칙 제6조에 따라 개정되는 법률 중 이 법 시행 전에 공포되었으나 시행일이 도래하지 아니한 법률을 개정한 부분은 각각 해당 법률의 시행일부터 시행한다.

제2조 부터 제5조까지 생략

제6조(다른 법률의 개정) ①부터 ㉑까지 생략

㉒ 농어촌정비법 일부를 다음과 같이 개정한다.

제21조제1항제1호를 다음과 같이 하고, 같은 조 제4항 후단 중 “「수질 및 수생태계 보전에 관한 법률」 제10조”를 “「물환경보전법」 제9조의2”로 한다.

1. 「물환경보전법」 제12조 및 제39조부터 제44조까지의 규정

㉓부터 〈89〉까지 생략

제7조 생략

부칙 〈제15386호, 2018. 2. 21.〉

이 법은 공포 후 6개월이 경과한 날부터 시행한다.

부칙 〈제16070호, 2018. 12. 24.〉

제1조(시행일) 이 법은 공포한 날부터 시행한다. 다만, 제22조제2항의 개정규정은 공포 후 4개월이 경과한 날부터 시행한다.

제2조(폐수배출시설에 관한 경과조치) 부칙 제1조 단서에 따른 시행일 당시 종전의 제22조제2항에 따라 설립의 승인을 받은 폐수배출시설이 아닌 공장 및 산업단지는 제22조제2항의 개정규정에 따라 승인을 받은 것으로 본다.

부칙 〈제16228호, 2019. 1. 15.〉

제1조(시행일) 이 법은 공포 후 1개월이 경과한 날부터 시행한다. 다만, 제14조제2항, 제18조의2, 제130조제4항제2호 및 제132조제1항제1호·제2호의 개정규정은 공포 후 6개월이 경과한 날부터 시행한다.

제2조(농어촌민박사업자의 신고에 관한 적용례) 제86조제2항 및 제3항의 개정규정은 이 법 시행 이후 신고를 하는 경우부터 적용한다.

부칙 〈제16542호, 2019. 8. 27.〉

이 법은 공포한 날부터 시행한다.

부칙 〈제16568호, 2019. 8. 27.〉 (양식산업발전법)

제1조(시행일) 이 법은 공포 후 1년이 경과한 날부터 시행한다.

제2조 부터 제14조까지 생략

제15조(다른 법률의 개정) ①부터 ⑬까지 생략

⑭ 농어촌정비법 일부를 다음과 같이 개정한다

제120조제1항 각 호 외의 부분 단서 중 "점유자(「수산업법」 제8조제1항의 면허어업 면허를 받은 자를 포함한다)"를 "점유자(「수산업법」 제8조제1항 또는 「양식산업발전법」 제10조제1항에 따른 면허를 받은 자를 포함한다)"로 한다.

⑮부터 〈61〉까지 생략

제16조 생략

부칙 〈제16783호, 2019. 12. 10.〉

제1조(시행일) 이 법은 공포 후 6개월이 경과한 날부터 시행한다.

제2조(사업장 폐쇄 등에 관한 적용례) 제89조제1항제8호의 개정규정은 이 법 시행 이후 최초로 위반사실을 통보받은 경우부터 적용한다.
제3조(같은 종류의 사업 금지에 관한 경과조치) 이 법 시행 당시 종전의 규정에 따라 사업장 폐쇄명령을 받은 사람 또는 사업장소에서의 사업자 신고의 제한은 제89조제2항 또는 제3항의 개정규정에도 불구하고 종전의 규정에 따른다.

부칙 〈제16972호, 2020. 2. 11.〉
제1조(시행일) 이 법은 공포 후 6개월이 경과한 날부터 시행한다. 다만, 제86조제2항제4호의 개정규정은 공포 후 3개월이 경과한 날부터 시행하고, 제89조제1항 각 호 외의 부분 단서 및 같은 항 제9호의 개정규정은 공포한 날부터 시행한다.
제2조(농어촌민박사업자의 신고에 관한 적용례) 제86조제2항의 개정규정은 이 법 시행 후 최초로 신고를 하는 경우부터 적용한다.
제3조(농어촌민박사업자의 신고에 관한 특례) 2006년 이전 적법하게 신고하여 운영하고 있던 농어촌민박사업장의 경우 면적제한에도 불구하고 제86조제2항의 개정규정에 따른 요건을 갖추면 새로 신고할 수 있다. 다만, 「건축법」 제2조제1항제8호에 따른 재축과 같은 항 제9호에 따른 대수선 외의 건축행위를 한 경우에는 그러하지 아니하다.
제4조(농어촌민박사업자의 신고에 관한 경과조치) 이 법 시행 당시 종전의 규정에 따라 농어촌민박사업자로 신고한 자는 제86조제2항의 개정규정에 따라 농어촌민박사업자로 신고한 것으로 본다.

부칙 〈제17171호, 2020. 3. 31.〉 (전기안전관리법)
제1조(시행일) 이 법은 공포 후 1년이 경과한 날부터 시행한다. 〈단서 생략〉
제2조 부터 제5조까지 생략
제6조(다른 법률의 개정) ①부터 ⑬까지 생략
⑭ 농어촌정비법 일부를 다음과 같이 개정한다.
제106조제2항제24호 중 "같은 법 제62조"를 "「전기안전관리법」 제8조"로 한다.

⑮부터 〈60〉까지 생략
제7조 생략

부칙 〈제18019호, 2021. 4. 13.〉
이 법은 공포 후 6개월이 경과한 날부터 시행한다. 다만, 제86조의2, 제86조의3 및 제130조제4항의 개정규정은 공포한 날부터 시행한다.

부칙 〈제18027호, 2021. 4. 13.〉 (가축분뇨의 관리 및 이용에 관한 법률)
제1조(시행일) 이 법은 공포 후 6개월이 경과한 날부터 시행한다. 〈단서 생략〉
제2조 및 제3조 생략
제4조(다른 법률의 개정) ① 농어촌정비법 일부를 다음과 같이 개정한다.
제21조제1항제3호 중 "제17조제4항"을 "제17조제5항"으로 한다.
② 생략

부칙 〈제18167호, 2021. 5. 18.〉
제1조(시행일) 이 법은 공포 후 6개월이 경과한 날부터 시행한다. 다만, 제23조제3항 단서의 개정규정은 공포 후 1년이 경과한 날부터 시행한다.
제2조(농업생산기반시설의 사용료 면제에 관한 적용례) 제23조제3항 단서의 개정규정은 같은 개정규정 시행 이후 사용허가를 하는 경우부터 적용한다.

부칙 〈제18310호, 2021. 7. 20.〉 (공간정보의 구축 및 관리 등에 관한 법률)
제1조(시행일) 이 법은 공포 후 1년이 경과한 날부터 시행한다.
제2조(다른 법률의 개정) ①부터 ⑧까지 생략
⑨ 농어촌정비법 일부를 다음과 같이 개정한다.
제106조제2항제29호 중 "제15조제3항"을 "제15조제4항"으로 한다.

⑩부터 ㉛까지 생략

부칙 〈제18522호, 2021. 11. 30.〉 (소방시설 설치 및 관리에 관한 법률)

제1조(시행일) 이 법은 공포 후 1년이 경과한 날부터 시행한다. 〈단서 생략〉

제2조 부터 제13조까지 생략

제14조(다른 법률의 개정) ①부터 ⑩까지 생략

⑪ 농어촌정비법 일부를 다음과 같이 개정한다.

제106조제2항제18호 중 "「소방시설설치유지 및 안전관리에 관한 법률」 제7조"를 "「소방시설 설치 및 관리에 관한 법률」 제6조"로 한다.

⑫부터 〈54〉까지 생략

제15조 생략

부칙 〈제18530호, 2021. 11. 30.〉

이 법은 공포 후 6개월이 경과한 날부터 시행한다.

부칙 〈제18755호, 2022. 1. 11.〉 (수산업법)

제1조(시행일) 이 법은 공포 후 1년이 경과한 날부터 시행한다. 〈단서 생략〉

제2조 부터 제38조까지 생략

제39조(다른 법령의 개정) ①부터 ㉙까지 생략

㉚ 농어촌정비법 일부를 다음과 같이 개정한다.

제120조제1항 각 호 외의 부분 단서 중 "「수산업법」 제8조제1항"을 "「수산업법」 제7조제1항"으로 한다.

㉛부터 ㉟까지 생략

제40조 생략

부칙 〈제19117호, 2022. 12. 27.〉 (산림자원의 조성 및 관리에 관한 법률)

제1조(시행일) 이 법은 공포 후 6개월이 경과한 날부터 시행한다.

제2조 생략

제3조(다른 법률의 개정) ①부터 ㉖까지 생략

㉗ 농어촌정비법 일부를 다음과 같이 개정한다.

제106조제2항제15호 중 "「산림자원의 조성 및 관리에 관한 법률」 제36조제1항 · 제4항"을 "「산림자원의 조성 및 관리에 관한 법률」 제36조제1항 · 제5항"으로 한다.

㉘부터 〈98〉까지 생략

부칙 〈제19251호, 2023. 3. 21.〉 (자연유산의 브존 및 활용에 관한 법률)

제1조(시행일) 이 법은 2024년 5월 17일부터 시행한다.
[전문개정 2024. 2. 6.]
[시행일: 2024. 3. 22.] 제1조

제2조 부터 제7조까지 생략

제8조(다른 법률의 개정) ①부터 ⑦까지 생략

⑧ 농어촌정비법 일부를 다음과 같이 개정한다.제106조제2항제12호 중 "「문화재보호법」 제35조제1항제1호 · 제2호 · 제4호"를 "「문화재보호법」 제35조제1항제1호 · 제2호"로, "제66조 단서"를 "제66조 단서(「자연유산의 보존 및 활용에 관한 법률」 제63조에 따라 준용하는 경우를 포함한다)"로 하고, 같은 항에 제22호의2를 다음과 같이 신설한다.

22의2. 「자연유산의 보존 및 활용에 관한 법률」 제17조제1항에 따른 허가

⑨부터 ㊲까지 생략

제9조 생략

부칙 〈제19285호, 2023. 3. 28.〉

이 법은 공포 후 1년이 경과한 날부터 시행한다. 다만, 제7조제1항 및 제18조제2항 단서의 개정규정은 공포 후 3개월이 경과한 날부터 시행하고, 제65조의6제1항의 개정규정은 공포 후 6개월이 경과한 날부터 시행한다.

부칙 〈제19571호, 2023. 7. 25.〉 (행정법제 혁신을 우한 간척지의 농어업적 이용 및 관리에 관한 법률 등 14개 법률의 일부개정에 관한 법률)

제1조(시행일) 이 법은 공포한 날부터 시행한다.
제2조(이의신청에 관한 일반적 적용례) 이의신청에 관한 개정규정은 이 법 시행 이후 하는 처분부터 적용한다.
제3조 생략
제4조(「농어촌정비법」의 개정에 관한 적용례) 다른 법률에 따른 지정 등의 의제를 위한 행정청 간 협의 간주에 관한 부분은 이 법 시행 이후 해당 의제에 관한 협의를 요청하는 경우부터 적용한다.
제5조 부터 제10조까지 생략

부칙 〈제19590호, 2023. 8. 8.〉 (문화유산의 보존 및 활용에 관한 법률)
제1조(시행일) 이 법은 2024년 5월 17일부터 시행한다.
제2조 부터 제8조까지 생략
제9조(다른 법률의 개정) ①부터 ⑪까지 생략
⑫ 법률 제19251호 농어촌정비법 일부개정법률 일부를 다음과 같이 개정한다.
제106조제2항제12호를 다음과 같이 한다.
12. 「문화유산의 보존 및 활용에 관한 법률」 제35조제1항제1호 · 제2호에 따른 허가 및 같은 법 제66조 단서(「자연유산의 보존 및 활용에 관한 법률」 제63조에 따라 준용하는 경우를 포함한다)에 따른 국유지 사용허가와 「자연유산의 보존 및 활용에 관한 법률」 제17조제1항제1호 · 제2호 · 제4호 및 제5호에 따른 허가
⑬부터 〈53〉까지 생략
제10조 생략

부칙 〈제19749호, 2023. 10. 24.〉
이 법은 공포한 날부터 시행한다.

부칙 〈제19876호, 2024. 1. 2.〉
제1조(시행일) 이 법은 공포 후 6개월이 경과한 날부터 시행한다.
제2조(빈집우선정비구역 내 정비사업에 대한 특례에 관한 적용례) 제64조의8의 개정규정은 이 법 시행 이후 제59조에 따라 시장 · 군수 · 구청장이 생활환경정비사업 시행계획을 수립 · 고시하거나, 시장

· 군수 · 구청장 외의 자가 생활환경정비사업 시행계획을 승인 신청하는 경우부터 적용한다.
제3조(특정빈집에 대한 조치 등 및 이행강제금에 관한 적용례) 제65조의5 및 제133조의 개정규정은 이 법 시행 이후 제65조의5제1항에 따른 조치 명령을 하는 경우부터 적용한다.

부칙 〈제20581호, 2024. 12. 20.〉 (자치입법권 강화 및 지방자율성 제고를 위한 농어촌정비법 등 10개 법률의 일부개정에 관한 법률)
제1조(시행일) 이 법은 공포 후 6개월이 경과한 날부터 시행한다. 다만, 제1조 중 「농어촌정비법」 제54조제3항 · 제59조제5항 · 제116조제2항 · 제119조의 개정규정 · · · 〈생략〉 · · · 공포한 날부터 시행하고, · · · 〈생략〉 · · · 시행한다.
제2조 및 제3조 생략

농어촌정비법 시행령

[시행 2025. 2. 21.] [대통령령 제35246호, 2025. 2. 7., 타법개정]

제71조(농어촌 관광휴양단지의 지정 · 개발)
제72조(농어촌관광휴양지 개발계획의 승인 등)
제73조(농어촌 관광휴양단지 지정 등의 고시)
제74조(농어업인 단체의 범위)
제2절 한계농지등의 정비
제75조(한계농지등 정비지구의 지정 요건)
제76조(한계농지등 정비지구 지정 또는 변경 등의 고시)
제77조(한계농지등의 정비사업계획의 수립)
제7장 마을정비구역
제78조(마을정비계획의 내용)
제79조(농림축산식품부장관의 승인을 받아야 하는 마을정비구역)
제80조(마을정비구역의 고시)
제81조(마을정비계획의 경미한 사항의 변경)
제8장 보칙
제82조(각종 고시 또는 공고의 방법)
제83조(주민의견 청취 등)
제84조(농어촌관광휴양지사업자 신고 시 의제되는 영업)
제85조(보조 대상 사업 비용의 상환)
제86조(권한의 위임과 위탁)
제86조의2(이주정착지 미이주자 등에 대한 지원)
제87조(행위허가의 대상 등)
제88조(국공유지의 양여 등)
제89조(선수금)
제90조(준공검사 및 준공인가)
제91조(측량 · 설계 · 공사감리 등의 위탁 대상자)
제92조(허가 취소 등)
제93조(수리계의 경비 징수 의뢰 등)
제94조(무단점용료의 징수 등)
제95조(무단점용료의 분할납부)
제96조(무단점용료의 사용 범위)
제96조의2(고유식별정보의 처리)
제96조의3삭 제
제9장 벌칙
제97조(과태료의 부과기준)
제98조(이행강제금)

**개정 예정 법률 밑줄 별도 표시.

농어촌정비법 시행령

[시행 2025. 2. 21.] [대통령령 제35246호, 2025. 2. 7., 타법개정]

제1장 총칙

제1조(목적) 이 영은 「농어촌정비법」에서 위임된 사항과 그 시행에 필요한 사항을 규정하는 것을 목적으로 한다.

제2조(한계농지의 기준) 「농어촌정비법」(이하 "법"이라 한다) 제2조제17호에서 "대통령령으로 정하는 기준에 해당하는 농지"란 다음 각 호의 어느 하나에 해당하는 농지를 말한다.

1. 최상단부에서 최하단부까지의 평균 경사율이 15퍼센트 이상이거나 집단화된 농지의 규모가 2만제곱미터 미만인 농지
2. 「광업법」에 따른 광업권의 존속기간이 끝났거나 광업권이 취소된 광구의 인근 지역 농지로서 토양오염 등으로 인하여 농업 목적으로 사용하기에 부적당한 농지

제2장 농어촌 정비를 위한 자원의 조사와 활용

제3조(자원 조사의 대상 항목 등) ① 법 제3조제1항에 따른 자원 조사의 대상 항목은 다음 각 호와 같다.

1. 농지의 분포상태와 이용에 관한 사항
2. 마을의 분포와 인구변동의 추이에 관한 사항
3. 농업생산기반 정비에 관한 사항
4. 농지의 경사도, 토양 및 배수상태의 특성에 관한 사항
5. 농어촌 관광휴양자원에 관한 사항
6. 농어촌의 산업별 배치에 관한 사항
7. 산지의 분포와 이용에 관한 사항
8. 의료시설, 교육시설 및 생활편익시설의 배치 현황에 관한 사항

9. 농어촌 주택의 상태와 이용에 관한 사항
10. 농어촌경관에 관한 사항
11. 제1호부터 제10호까지의 사항에 준하는 것으로서 농어촌 정비 종합계획을 세우는 데 필요한 사항

② 법 제3조제1항에 따른 연안해수면의 범위는 최저 썰물 때 수심이 10미터(강원특별자치도ㆍ경상북도 및 제주특별자치도의 경우에는 15미터) 이내인 해수면으로 한다. 〈개정 2020. 8. 11., 2024. 6. 4.〉

제4조(농어촌경관관리계획의 수립) 법 제5조제2항에 따른 농어촌경관관리를 위한 계획(이하 "농어촌경관관리계획"이라 한다)에는 다음 각 호의 사항이 포함되어야 한다.

1. 농어촌경관관리계획의 목표 및 방향
2. 농어촌경관자원의 조사 및 평가에 관한 사항
3. 자연경관, 농어업경관, 생활경관 등 농어촌경관의 유형별 관리에 관한 사항
4. 농어촌경관관리계획의 시행을 위한 행정 체계, 재원조달 및 단계적 추진 등에 관한 사항

제5조(농어촌경관관리계획의 제안 등) ① 법 제5조제3항에 따라 농어촌경관관리계획의 수립을 제안하려는 자는 제4조 각 호의 사항이 포함된 제안서를 농어촌정비사업 시행자에게 제출하여야 한다.

② 농어촌정비사업 시행자는 제1항에 따라 제안을 받으면 다음 각 호의 사항을 검토하여 제안받은 날부터 60일 이내에 그 처리 결과를 제안자에게 알려야 한다. 다만, 부득이한 사정이 있는 경우에는 그 기간을 한 차례만 30일 연장할 수 있다.

1. 농어촌경관관리계획의 적절성
2. 경관자원의 조사 및 평가에 관한 사항의 적절성
3. 다른 법률에 따라 수립된 농어촌경관 관련 계획과의 연계성
4. 재원조달 가능성

제3장 농업생산기반 정비

제1절 농업생산기반 정비사업의 시행

제6조(농업생산기반 정비계획의 수립) ① 법 제7조제1항에 따른 농업생산기반 정비계획에 포함되어야 할 사항은 다음 각 호와 같다.

1. 대상 지역의 위치와 규모
2. 토지이용계획
3. 대상 사업의 우선순위
4. 그 밖에 대상 지역의 자연적·사회적 여건에 비추어 제8조에 따른 농업생산기반 정비사업 기본계획과 제9조에 따른 농업생산기반 정비사업 시행계획을 세울 때 고려되어야 할 사항

② 농림축산식품부장관은 제1항에 따른 농업생산기반 정비계획을 세우면 이를 광역시장·특별자치시장·도지사 또는 특별자치도지사(이하 "시·도지사"라 한다)에게 알려야 한다. 〈개정 2013. 3. 23., 2019. 7. 16.〉

제7조(예정지 조사) 법 제7조제2항에 따른 농업생산기반 정비계획 대상 지역에 대한 예정지 조사의 항목은 다음 각 호와 같다.
1. 사업 예정 지구의 현황
2. 사업별 필요 투자액
3. 사업 시행의 효과
4. 사업 시행 예정지의 위치도
5. 제1호부터 제4호까지의 규정에 준하는 사항으로서 사업의 타당성 판단에 필요한 사항

제8조(농업생산기반 정비사업 기본계획의 수립) ① 법 제8조제1항에 따른 농업생산기반 정비사업 기본계획에 포함되어야 할 사항은 다음 각 호와 같다.
1. 농업생산기반 정비사업 기본계획의 개요
2. 사업별 기본설계도서
3. 사업별 추정사업비 수입·지출 예산서
4. 사업별 추정사업비 명세
5. 사업효율 분석 결과
6. 사업 대상 지역의 위치도
7. 그 밖에 제9조의 농업생산기반 정비사업 시행계획을 세우는 데 필요한 사항

② 농림축산식품부장관 또는 시·도지사는 제1항에 따라 농업생산기반 정비사업 기본계획을 세울 때에는 대상 지역을 관할하는 시·도지사나 시장·군수·구청장(광역시 자치구의 구청장을 말한다. 이하 같다)의 의견을 들어야 한다. 〈개정 2013. 3. 23.〉

③ 법 제8조제2항에서 "일정 규모 미만의 사업 등 대통령령으로 정하는 사업"이란 법 제2조제5호가목부터 다목까지의 사업 중 수혜면적이 50만제곱미터 미만인 사업[같은 호 나목의 사업 중 농업생산기반시설의 기능유지를 위한 개수·보수와 준설(浚渫)의 경우에는 면적의 규모에 관계없이 이에 포함된다]과 같은 호 라목 및 사목의 사업을 말한다.

제9조(농업생산기반 정비사업 시행계획의 수립) 법 제9조제2항에 따른 농업생산기반 정비사업 시행계획에 포함되어야 할 사항은 다음 각 호와 같다.

1. 농업생산기반 정비사업 시행계획의 개요
2. 세부 설계도서
3. 사업비 수입·지출예산서
4. 사업비 명세서
5. 사업 시행 지역의 위치도
6. 그 밖에 농업생산기반 정비사업의 시행에 필요한 사항

제10조(농업생산기반 정비사업 시행계획 변경 시 고시를 생략할 수 있는 경우) 법 제9조제9항 단서에서 "대통령령으로 정하는 경미한 사항"이란 다음 각 호의 사항을 말한다.

1. 농업생산기반 정비사업 시행계획에서 정한 공사비(시행계획이 변경된 공사의 경우에는 변경된 공사비를 말한다)의 100분의 10 범위에서의 증감
2. 물가변동에 따른 공사비의 변경

제11조(그 밖에 토지에 대한 권리를 가지고 있는 자) 법 제11조제5호에서 "대통령령으로 정하는 자"란 토지의 사실상 소유권은 변경되었으나 등기를 마치지 못한 경우로서 그 토지를 관할하는 시장(특별자치시의 경우에는 특별자치시장을 말하고, 특별자치도의 경우에는 특별자치도지사를 말한다. 이하 같다)·군수·구청장의 사실증명으로 토지소유가 확인된 자를 말한다. 〈개정 2019. 7. 16.〉

제12조(매립지등의 관리·처분계획 등) ① 농업생산기반 정비사업 시행자는 법 제14조에 따라 매립지·간척지·개간지·취토장(取土場) 등 토지와 그 밖의 물건 등(이하 "매립지등"이라 한다)을 임대, 매각, 직접 사용 또는 일시 사용으로 관리·처분하려면 다음 각 호의 어느 하나에 적합하도록 하여야 한다. 〈개정 2015. 12. 22.〉

1. 「농업ㆍ농촌 및 식품산업 기본법」 제26조에 따른 전업농업인(이하 "전업농업인"이라 한다) 등의 농업경영 규모 확대

2. 농어촌정비사업의 목적 달성

3. 해당 농업생산기반 정비사업의 재투자 재원 확보

② 농업생산기반 정비사업 시행자는 법 제14조제2항에 따라 다음 각 호의 사항이 포함된 관리ㆍ처분계획을 세워 농림축산식품부장관[법 제8조제1항 각 호 외의 부분 단서에 따른 사업{「한국농어촌공사 및 농지관리기금법」 제31조에 따른 농지관리기금(이하 "농지관리기금"이라 한다)이 투입된 사업은 제외한다} 시행으로 조성된 재산의 경우에는 시ㆍ도지사를 말한다. 이하 이 조에서 같다]의 승인을 받아야 하고, 승인을 받은 후 이를 공고하여야 한다. 다만, 제4호의 관리ㆍ처분 수익금 추정액은 공고하지 아니한다. 〈개정 2013. 3. 23., 2024. 3. 19.〉

1. 관리ㆍ처분계획별 구획 및 면적

2. 관리ㆍ처분 대상자 결정방법

3. 관리ㆍ처분 일정

4. 관리ㆍ처분 수익금 추정액

③ 농업생산기반 정비사업 시행자는 제2항에 따라 승인받은 관리ㆍ처분계획을 변경하려면 농림축산식품부장관의 승인을 받아야 한다. 〈개정 2013. 3. 23.〉

④ 농지관리기금이 투입된 사업으로 조성한 매립지등이 같은 법에 따른 한국농어촌공사(이하 "한국농어촌공사"라 한다)가 같은 법 제10조에 따라 수행하는 사업을 위하여 필요한 경우에 국가는 같은 법 제6조 및 제44조에 따라 한국농어촌공사에 출자하거나 무상으로 양여할 수 있다. 〈개정 2018. 8. 14., 2024. 3. 19.〉

제13조(매립지등 중 농지의 임대대상 자격자) 토지 소유자 외의 농업생산기반 정비사업 시행자는 제12조에 따른 매립지등의 관리ㆍ처분계획에 따라 매립지등 중 농지를 임대하려면 다음 각 호의 어느 하나에 해당하는 자에게 임대하여야 한다. 〈개정 2011. 12. 6., 2017. 6. 27., 2019. 7. 16.〉

1. 해당 사업지역이 속하는 시(특별자치시 및 특별자치도를 포함한다. 이하 같다)ㆍ군 또는 광역시 자치구(이하 "시ㆍ군ㆍ구"라 한다) 지역에 있는 「농어업경영체 육성 및 지원에 관한 법률」 제16조

에 따른 영농조합법인(이하 “영농조합법인”이라 한다)과 같은 법 제19조에 따른 농업회사법인(이하 “농업회사법인”이라 한다)

2. 지방자치단체

3. 한국농어촌공사

4. 「농업협동조합법」에 따른 조합, 중앙회 및 농협경제지주회사

5. 해당 매립지등 조성사업 시행으로 피해를 입은 농업인(피해를 입은 어업인으로서 농업인이 된 자를 포함한다)으로 구성된 영농조합법인과 농업회사법인

제14조(매립지등의 임대기간 및 임대료 산정 기준 등) ① 법 제14조제2항제1호에 따른 매립지등의 임대기간은 다음 각 호의 구분에 따른다. 〈신설 2019. 7. 16.〉

1. 단년생 작물의 경작: 5년 이내. 다만, 농업생산기반 정비사업 시행자가 필요하다고 인정하는 경우에는 5년을 초과하지 않는 범위에서 기간을 연장할 수 있다.

2. 제19조제1호부터 제4호까지의 어느 하나에 해당하는 사업: 해당 사업의 시행에 필요한 기간 이내

3. 제19조제5호에 해당하는 사업: 30년 이내

4. 제19조제6호에 해당하는 사업: 20년 이내

② 법 제14조제2항제1호에 따른 매립지등의 임대료 산정 기준은 제1항 각 호의 사업이 시행되는 지역이 속하는 시·군·구의 이용현황 등이 유사한 토지의 임대료 등을 고려하여 농림축산식품부장관이 정한다. 다만, 경작 목적 외의 사업으로 수입금이 발생하는 경우에는 해당 사업의 총수입금액을 고려하여 임대료를 정할 수 있다. 〈신설 2019. 7. 16.〉

③ 매립지등을 임차하려는 자는 토지 소유자 외의 농업생산기반 정비사업 시행자에게 농림축산식품부령으로 정하는 바에 따라 매립지등 임차신청서를 제출하여야 한다. 〈개정 2013. 3. 23., 2019. 7. 16.〉

④ 제3항에 따라 신청서를 받은 농업생산기반 정비사업 시행자는 대상자 자격 요건 등을 고려하여 대상자를 결정하되, 임차신청인이 2인 이상인 경우에는 공개추첨으로 결정하여야 한다. 다만, 제19조제6호의 경우에는 경쟁입찰로 대상자를 결정한다. 〈개정 2019. 7. 16.〉

⑤ 농업생산기반 정비사업 시행자는 대상자를 결정하면 임차 대상

자에게 농림축산식품부령으로 정하는 바에 따라 매립지등 임대통지서를 내주어야 한다. 〈개정 2013. 3. 23., 2019. 7. 16.〉

⑥ 농업생산기반 정비사업 시행자는 경작 목적으로 임대한 매립지등으로서 「자연재해대책법」 제2조제1호에 따른 재해 또는 「농어업재해대책법」 제2조제2호에 따른 농업재해로 인한 농작물의 피해율이 30퍼센트 이상인 경우에는 해당 매립지등의 임대료 및 연체이자를 줄일 수 있다. 〈신설 2019. 7. 16.〉

⑦ 매립지등의 임대료의 납부방법 및 그 밖에 필요한 사항은 농림축산식품부령으로 정한다. 〈개정 2013. 3. 23., 2019. 7. 16.〉

[제목개정 2019. 7. 16.]

제15조(매립지등 중 농지의 매각 대상 자격자) 법 제14조제2항제2호에 따른 매립지등 중 농지의 매각 대상 자격자는 다음 각 호의 어느 하나에 해당하는 자로 한다. 〈개정 2011. 12. 6., 2019. 7. 16.〉

1. 「농어업경영체 육성 및 지원에 관한 법률」 제10조제1항에 따른 후계농업경영인과 전업농업인

2. 해당 사업지역이 속하는 시·군·구에 있는 영농조합법인과 농업회사법인

3. 「국가유공자 등 예우 및 지원에 관한 법률」에 따른 국가유공자 또는 그 유족으로서 해당 농지가 속하는 시·군·구에 계속하여 3년 이상 거주한 사람

4. 공익사업의 시행으로 이주대책이 필요하여 해당 농지를 관할하는 시장·군수·구청장이 추천한 자

5. 해당 매립사업 시행으로 인하여 피해를 입은 농어업인

제16조(매립지등의 매각 절차 등) ① 매립지등을 매입하려는 자는 농림축산식품부령으로 정하는 바에 따라 농업생산기반 정비사업 시행자에게 매립지등 매입신청서를 제출하여야 한다. 〈개정 2013. 3. 23.〉

② 농업생산기반 정비사업 시행자는 제17조에 따라 대상자를 결정하면 매각 대상자에게 농림축산식품부령으로 정하는 바에 따라 매립지등 매각통지서를 내주어야 한다. 〈개정 2013. 3. 23.〉

③ 농업생산기반 정비사업 시행자는 제2항에 다른 매립지등 매각통지서를 받은 자에게 소유권이 이전되기 전이라도 조건을 정하여

매립지등을 사용하게 할 수 있다.

④ 매립지등의 매각 대금의 납부방법 및 그 밖에 필요한 사항은 농림축산식품부령으로 정한다. 〈개정 2013. 3. 23.〉

제17조(매립지등의 매각방법) ① 농업생산기반 정비사업 시행자는 매립지등을 매각하려면 경쟁입찰로 매각하여야 한다.

② 농업생산기반 정비사업 시행자는 제1항에도 불구하고 다음 각 호의 어느 하나에 해당하는 경우에는 매립지등을 제한경쟁입찰로 매각할 수 있다.

1. 법 제2조제6호에 따른 농수산물의 생산 · 가공 · 저장 · 유통시설 등 영농시설의 설치 사업 용도로 매각하는 경우

2. 농어촌 관광휴양사업을 목적으로 매각하는 경우

3. 매립지등의 위치나 여건 등으로 보아 경쟁입찰이 곤란한 경우. 다만, 제12조에 따른 관리 · 처분계획에서 정한 경우만 해당한다.

③ 농업생산기반 정비사업 시행자는 제1항 및 제2항에도 불구하고 다음 각 호의 어느 하나에 해당하는 경우에는 매립지등을 수의계약으로 매각할 수 있다.

1. 2회에 걸쳐 유효한 입찰이 성립되지 아니한 경우

2. 제19조제1호 또는 제3호의 사업 용도로 매각하는 경우

3. 시장 · 군수 · 구청장이나 한국농어촌공사에 제19조제2호의 사업 용도로 매각하는 경우

4. 다른 법률에서 정하는 바에 따라 매각하는 경우

제18조(매립지등의 매각예정가격) ① 토지 소유자 외의 농업생산기반 정비사업 시행자가 제17조에 따라 매립지등을 매각할 때의 매각예정가격은 「감정평가 및 감정평가사에 관한 법률」에 따른 2인 이상의 감정평가법인등이 평가한 금액을 산술평균하여 정한다. 〈개정 2016. 8. 31., 2022. 1. 21.〉

② 제1항에 따른 매각예정가격은 공개하여야 한다.

제19조(매립지등 중 농지의 임대 · 매각의 특례) 토지소유자 외의 농업생산기반 정비사업 시행자는 법 제14조제2항제3호에 따라 다음 각 호의 용도로 구획된 매립지등 중 농지를 제13조 및 제15조에도 불구하고 그 용도로 사업을 하려는 자에게 임대하거나 매각할 수 있다. 〈개정 2013. 3. 23., 2019. 7. 16.〉

1. 법 제2조제5호마목에 따른 수질오염 방지사업과 수질개선 사업

2. 농어촌 관광휴양사업(사업시행자가 시장·군수·구청장이나 한국농어촌공사인 경우만 해당한다)

3. 농업기술 개발을 위한 시험·연구 사업

4. 영농시범사업 또는 농업교육훈련사업

5. 농림축산식품부장관이 정하는 농수산물의 생산시설에 농수산물의 가공·저장·유통시설 등이 포함된 단지를 조성하는 사업

6. 「농지법」 제36조제1항제4호에 따라 태양에너지 발전설비를 설치하는 사업

제20조(매립지등의 직접 사용) 농업생산기반 정비사업 시행자는 제12조에 따른 매립지등의 관리·처분계획에 따라 다음 각 호의 어느 하나에 해당하는 사업을 위하여 매립지등을 직접 사용할 수 있다.

1. 법 제2조제6호에 따른 농수산물의 생산·가공·저장·유통시설 등 영농시설의 설치 사업

2. 제19조 각 호의 사업

제21조(매립지등의 일시 사용) ① 농업생산기반 정비사업 시행자는 공사를 마친 후부터 매립지등의 임대 또는 매각 대상자가 결정되거나 직접 사용하기 전까지 제13조에 따른 임대 대상 자격자 또는 임대를 받아 제19조제5호의 사업을 하려는 자에게 매립지등을 일시사용하게 할 수 있다.

② 사업시행자는 제1항에 따라 매립지등을 일시 사용하는 자로부터 일시 사용료를 받을 수 있다.

③ 일시 사용자 선정방법, 일시 사용료의 산정기준 및 납부방법과 그 밖에 필요한 사항은 농림축산식품부령으로 정한다. 〈개정 2013. 3. 23.〉

제22조(매각 대금의 관리와 사용) ① 법 제14조제3항제1호에서 "대통령령으로 정하는 채무 상환"이란 농업생산기반 정비사업의 시행으로 발생한 채무의 상환을 말한다.

② 농업생산기반 정비사업 시행자(국가 및 토지 소유자는 제외한다)는 매립지등을 매각하면 매각 대금의 관리 및 사용계획을 세워 농림축산식품부장관에게 제출하여야 한다. 〈개정 2013. 3. 23.〉

제22조의2(간척지 조성 중인 토지의 임시사용 등) ① 농업생산기반 정비사업 시행자는 법 제14조의2에 따라 농업생산기반 정비사업의 방조제 공사 완료로 노출된 토지를 임시로 사용하거나 농어업인 등

에게 사용(이하 "임시사용"이라 한다)하게 하려는 경우에는 다음 각 호의 사항을 포함한 임시사용계획을 수립하여 농림축산식품부장관에게 제출하고 인터넷 홈페이지 등에 공고해야 한다. 〈개정 2021. 10. 14.〉

1. 임시사용 대상 토지의 면적
2. 임시사용의 대상자
3. 임시사용의 신청 및 계약절차
4. 임시사용 시 준수사항
5. 임시사용한 토지의 원상복구계획(제3항제2호부터 제4호까지의 용도로 사용하려는 경우만 해당한다)

② 농업생산기반 정비사업 시행자는 직접 임시사용하거나 제13조 각 호의 어느 하나에 해당하는 자에게 임시사용하게 할 수 있다. 이 경우 제13조제5호에 해당하는 자를 다른 자에 우선하여 임시사용하게 할 수 있다.

③ 임시사용은 다음 각 호의 어느 하나에 해당하는 용도로 해야 한다. 〈개정 2021. 10. 14.〉

1. 단년생 작물의 경작
2. 농업기술의 개발과 관련된 시험·연구를 위한 작물 등의 경작
3. 「농어업인 삶의 질 향상 및 농어촌지역 개발촉진에 관한 특별법」 제31조제1항에 따른 문화관광 등 서비스업과 관련된 산책로 및 조형물, 간이휴게시설 등 임시시설물 설치
4. 「농어업인 삶의 질 향상 및 농어촌지역 개발촉진에 관한 특별법」 제33조에 따른 향토문화축제 및 문화예술 공연·전시

④ 임시사용의 기간은 다음 각 호의 구분에 따른다. 〈개정 2021. 10. 14.〉

1. 제3항제1호에 따른 용도로 임시사용하는 경우: 3년 이내. 이 경우 1년을 초과하지 아니하는 범위에서 기간을 연장할 수 있다.
2. 제3항제2호에 따른 용도로 임시사용하는 경우: 해당 시험·연구에 필요한 기간 이내
3. 제3항제3호에 따른 용도로 임시사용하는 경우: 해당 문화관광 등에 필요한 기간 이내
4. 제3항제4호에 따른 용도로 임시사용하는 경우: 해당 축제·공연·전시에 필요한 기간 이내

⑤ 농업생산기반 정비사업 시행자는 제13조 각 호의 자에게 임시 사용하게 하는 경우 임시사용자로부터 사용료를 받을 수 있다. 이 경우 다음 각 호의 구분에 따라 사용료를 감면할 수 있다. 〈개정 2021. 10. 14.〉

1. 제3항제1호에 따른 용도로 임시사용하는 경우로서 자연재해로 인한 피해가 발생한 경우: 일부 감액

2. 공익목적의 비영리사업을 위하여 제3항제2호부터 제4호까지의 용도로 임시사용하는 경우: 면제

⑥ 농업생산기반 정비사업 시행자는 제5항에 따라 임시사용자로부터 사용료를 받은 경우 해당 사용료를 농지관리기금에 내야 한다.

⑦ 제1항부터 제6항까지에서 규정한 사항 외에 임시사용의 신청 절차 등 임시사용에 필요한 사항은 농림축산식품부장관이 정하여 고시한다.

[본조신설 2018. 8. 14.]

제23조(농어촌용수 이용 합리화계획의 수립 등) ① 법 제15조제1항에 따른 농어촌용수 이용 합리화계획(이하 "농어촌용수 이용 합리화계획"이라 한다)에는 다음 각 호의 사항이 포함되어야 한다. 〈개정 2013. 3. 23.〉

1. 농어촌용수의 수요와 개발에 관한 사항

2. 농어촌용수의 이용·배분과 보전·관리에 관한 사항

3. 농어촌용수구역의 범위에 관한 사항

4. 다른 공공계획과의 관련 사항

5. 그 밖에 농림축산식품부령으로 정하는 사항

② 농림축산식품부장관은 농어촌용수 이용 합리화계획을 세울 때에는 「국토기본법」에 따른 국토계획을 기본으로 하되, 시·도지사의 의견을 들은 후 환경부장관 및 국토교통부장관과 협의하여야 한다. 〈개정 2013. 3. 23.〉

③ 농림축산식품부장관은 농어촌용수 이용 합리화계획을 세우면 그 내용을 시·도지사에게 알려야 한다. 〈개정 2013. 3. 23.〉

④ 농림축산식품부장관은 다음 각 호의 경우에는 제2항의 절차를 거쳐 농어촌용수 이용 합리화계획을 변경할 수 있다. 〈개정 2013. 3. 23.〉

1. 농어촌용수 이용 합리화계획이 수립된 후 5년마다 타당성을

검토하여 그 변경이 필요하다고 인정되는 경우

2. 시·도지사가 요청하는 사항을 반영하기 위하여 농어촌용수 이용 합리화계획의 변경이 필요하다고 인정되는 경우

3. 국가계획 또는 공공목적상 농어촌용수 이용 합리화계획의 변경이 필요하다고 인정되는 경우

제24조(농어촌용수구역) ① 농림축산식품부장관은 법 제15조제2항에 따라 다음 각 호의 유역(流域)을 농어촌용수구역으로 설정할 수 있다. 〈개정 2013. 3. 23.〉

1. 농지, 농어촌의 취락과 그 밖에 농어촌용수 이용 합리화계획의 수립이 필요하다고 인정되는 농어촌지역과 관련된 소규모의 유역

2. 소하천(「하천법」 제2조제1호에 따른 하천은 제외한다)으로서 수질의 관리 및 보전이 필요하다고 인정되는 유역

② 농림축산식품부장관 또는 시·도지사는 제1항에 따라 농어촌용수구역을 설정하였을 때에는 다음 각 호의 사항을 고시하여야 한다. 〈개정 2013. 3. 23.〉

1. 농어촌용수구역의 설정 목적
2. 농어촌용수구역의 위치와 규모
3. 농어촌용수의 개발 및 이용계획
4. 농어촌용수의 관리와 보전에 관한 사항

③ 시·군·구는 관할 구역의 농어촌용수구역의 관리에 관한 다음 각 호의 사항을 조례로 정하여야 한다.

1. 농어촌용수의 이용·배분 및 보전·관리에 관한 사항
2. 농어촌용수의 보전·관리를 위한 시설의 운영·조작에 관한 사항
3. 농어촌용수의 보전·관리를 위한 시설의 유지·관리 및 설치 비용의 상환에 관한 사항

제2절 농업생산기반시설의 관리

제25조(농업생산기반시설의 등록) ① 법 제17조제2호에 따라 시장·군수·구청장에게 등록해야 할 농업생산기반시설은 다음 각 호와 같다. 〈개정 2012. 5. 7., 2021. 1. 5.〉

1. 취입보(取入洑: 하천에서 관개용수를 수로에 끌어 들이려고 만든 저수시설을 말한다. 이하 같다)

2. 관정(管井: 우물) 또는 집수암거(集水暗渠)

3. 용수로 또는 배수로
4. 농로(農路)
5. 저수조
6. 제1호부터 제5호까지의 시설 외에 농업생산기반시설로 등록하여 관리할 필요가 있는 시설로서 시장 · 군수 · 구청장이 지정하는 시설

② 법 제16조에 따라 농업생산기반시설을 관리하는 자(이하 "농업생산기반시설관리자"라 한다)는 등록된 농업생산기반시설이 폐지되거나 개수, 손괴(損壞) 등의 사유로 그 원형이 변경된 경우에는 지체 없이 그 내용을 등록하여야 한다.

③ 농업생산기반시설의 등록 절차와 그 밖에 필요한 사항은 농림축산식품부령으로 정한다. 〈개정 2013. 3. 23.〉

제26조(농업생산기반시설의 안전관리) ① 농업생산기반시설관리자는 법 제18조제1항에 따라 다음 각 호의 내용을 포함한 농업생산기반시설의 안전관리계획을 5년마다 세우되, 「재난 및 안전관리기본법」 제22조에 따른 국가안전관리기본계획과 연계되도록 하여야 한다.
1. 농업생산기반시설의 안전관리에 관한 기본방향
2. 농업생산기반시설의 안전관리를 위한 조직, 인원, 장비의 확보에 관한 사항
3. 농업생산기반시설의 안전관리에 관련된 정보 체계의 구축에 관한 사항
4. 농업생산기반시설의 안전점검 또는 정밀안전진단 실시계획 및 보수 · 보강에 관한 사항
5. 농업생산기반시설의 안전관리에 필요한 비용
6. 그 밖에 농업생산기반시설의 안전관리계획에 관하여 필요한 사항

② 농업생산기반시설관리자는 제1항에 따른 안전관리계획에 따라 매년 안전관리 시행계획을 세우고 시행하여야 한다.

③ 법 제18조제2항에 따른 안전점검과 정밀안전진단의 대상시설 및 실시시기는 별표 1과 같다. 〈개정 2012. 5. 7.〉

④ 농업생산기반시설관리자는 제3항에 따른 안전점검과 정밀안전진단을 실시한 결과 결함이 발견된 농업생산기반시설에 대해서는 손상된 부분을 원상복구하고 개수 · 보수 등의 조치를 하여야 한다.

⑤ 농업생산기반시설관리자는 농업생산기반시설의 안전관리에 필요하면 다음 각 호의 어느 하나에 해당하는 조치를 할 수 있다.

1. 농업생산기반시설이 설치된 구역의 출입을 제한하기 위한 시설물의 설치

2. 농업생산기반시설의 안전관리에 지장을 줄 수 있는 행위나 도구의 사용을 제한하기 위한 표지의 설치

⑥ 농업생산기반시설관리자는 농업생산기반시설의 효용을 해칠 우려가 있는 상류 유역에 시설물 설치의 제한 또는 금지 등 적절한 조치를 하여 줄 것을 관계 행정기관의 장이나 지방자치단체의 장에게 요청할 수 있다.

⑦ 제1항부터 제5항까지의 규정에 따른 시설관리계획의 수립, 안전점검 및 시설물의 정비 등에 필요한 사항은 농림축산식품부장관이 정한다. 〈개정 2012. 5. 7., 2013. 3. 23.〉

⑧ 법 제18조제3항 각 호 외의 부분에서 "자연재해로 인한 피해의 방지 및 인명 구조를 위하여 긴급한 조치가 필요한 경우 등 대통령령으로 정하는 정당한 사유"란 다음 각 호의 어느 하나에 해당하는 경우를 말한다. 〈개정 2016. 1. 22.〉

1. 자연재해로 인한 피해 방지 및 인명 구조를 위하여 긴급한 조치가 필요한 경우

2. 「농어업재해대책법」, 「소방기본법」, 「수상에서의 수색·구조 등에 관한 법률」, 「자연재해대책법」, 「재난 및 안전관리기본법」 등의 법률에 따라 재해나 재난에 대하여 필요한 조치를 하는 경우

3. 해수나 오염물질의 유입으로 농작물 피해가 우려되어 피해 방지를 위한 긴급한 조치가 필요한 경우

제26조의2(농업생산기반시설정보체계의 구축범위 등) ① 법 제18조의3제1항에 따른 농업생산기반시설정보체계에는 다음 각 호의 사항이 포함되어야 한다.

1. 법 제17조에 따른 농업생산기반시설의 등록에 관한 사항

2. 법 제18조제2항에 따른 농업생산기반시설의 정비, 시설물의 개수·보수 등의 조치 및 안전점검·정밀안전진단에 관한 사항

3. 법 제20조제1항에 따른 비상대처계획에 관한 사항

4. 법 제24조제1항에 따른 농업생산기반시설의 폐지에 관한 사항

5. 그 밖에 농림축산식품부장관이 농업생산기반시설의 체계적인

관리와 효율적인 활용에 필요하다고 인정하여 고시하는 사항

② 농림축산식품부장관은 농업생산기반시설관리자가 법 제18조의3제3항에 따라 등록정보를 매년 최신으로 유지하는지를 확인·점검할 수 있다.

③ 제1항 및 제2항에서 규정한 사항 외에 농업생산기반시설정보체계의 구축·운영에 필요한 세부 사항은 농림축산식품부장관이 정하여 고시한다.

[본조신설 2022. 5. 9.]

제27조(비상대처계획의 수립 등) ① 법 제20조제1항 전단에서 "저수지 축조 등 대통령령으로 정하는 농업생산기반시설"이란 다음 각 호의 어느 하나에 해당하는 시설을 말한다. 〈개정 2012. 5. 7., 2013. 3. 23., 2021. 10. 14.〉

1. 총저수용량이 20만세제곱미터 이상인 저수지

2. 「방조제관리법」 제2조제3항에 따른 포용조수량이 3천만세제곱미터 이상인 방조제

3. 그 밖에 저수지 및 방조제 중 붕괴될 경우 인명이나 재산의 피해가 예상되는 시설로서 농림축산식품부장관이 법 제20조제1항에 따른 비상대처계획(이하 "비상대처계획"이라 한다)의 수립이 필요하다고 인정하여 고시하는 시설

② 비상대처계획에는 다음 각 호의 사항이 포함되어야 한다.

1. 농업생산기반시설의 개요와 주변 환경

2. 농업생산기반시설의 붕괴에 따른 피해 예상 지역

3. 비상 연락 체계

4. 비상시 응급행동 요령

5. 주민 대피 계획

6. 그 밖에 비상대처에 필요한 사항

③ 다음 각 호의 어느 하나에 해당하는 경우에는 법 제20조제3항에 따라 비상대처계획을 변경하여야 한다.

1. 농업생산기반시설의 증축 등으로 총저수용량이 변동되는 경우

2. 농업생산기반시설 주변의 여건 변화 등 피해 예상 규모의 변동으로 비상대처계획을 변경할 필요가 있다고 인정되는 경우

④ 농림축산식품부장관은 비상대처계획의 수립·변경에 필요한 비용의 전부 또는 일부를 지원할 수 있다. 〈개정 2013. 3. 23.〉

제28조(농어촌용수의 수질개선 대책 등) ① 법 제21조제3항에 따른 농어촌용수의 수질개선 대책에는 다음 각 호의 사항이 포함되어야 한다.

1. 농어촌용수의 오염 현황 및 전망

2. 농어촌용수의 수질개선을 위한 사업 주체별·단계별 대책 및 사업계획

② 농림축산식품부장관은 농어촌용수의 수질개선 대책의 수립을 위하여 농어촌용수의 수질오염 실태를 파악하려면 농림축산식품부령으로 정하는 전문검사기관에 수질검사를 의뢰할 수 있다. 〈개정 2013. 3. 23.〉

제29조(공장 등의 설립 제한 지역) 법 제22조제1항에서 "대통령령으로 정하는 지역"이란 다음 각 호의 지역을 말한다.

1. 「국토의 계획 및 이용에 관한 법률」 제36조에 따른 용도지역이 도시지역·계획관리지역인 경우로서 저수지 만수위(滿水位)로부터 수계상 상류 방향으로 유하거리(流下距離) 2킬로미터 이내의 지역

2. 「국토의 계획 및 이용에 관한 법률」 제36조에 따른 용도지역이 도시지역·계획관리지역 외의 지역인 경우로서 저수지 만수위로부터 수계상 상류 방향으로 유하거리 5킬로미터 이내의 지역

제30조(공장 등 설립 제한 지역의 예외) 법 제22조제2항 각 호 외의 부분에서 "대통령령으로 정하는 지역"이란 제29조 각 호의 어느 하나에 해당하는 지역 중에서 시장·군수·구청장이 「산업집적활성화 및 공장설립에 관한 법률」 제2조제1호에 따른 공장 및 「산업입지 및 개발에 관한 법률」 제2조제8호에 따른 산업단지(이하 "공장 및 산업단지"라 하며, 「물환경보전법 시행령」 제31조제1항제1호에 따른 특정수질유해물질 배출시설이 있는 공장 및 산업단지와 「화학물질관리법」 제2조제7호에 따른 유해화학물질 또는 「폐기물관리법」 제2조제4호에 따른 지정폐기물을 제조하거나 보관·저장하는 공장 및 산업단지는 제외한다)의 설립 후에도 저수지의 수질을 공장 및 산업단지가 설립되기 전과 같은 수준으로 유지할 수 있도록 하는 수질오염 방지계획을 세워 관할 유역환경청장 또는 지방환경청장과 협의한 지역을 말한다.

[전문개정 2019. 4. 23.]

제30조의2(공장 등 설립 제한 예외 지역에서의 공장 등 설립 요건)

법 제22조제2항제1호 및 제2호에 따른 공장 및 산업단지 설립 제한 예외 지역에서의 공장 및 산업단지 설립 요건은 별표 1의2와 같다.

[본조신설 2019. 4. 23.]

제31조(농업생산기반시설이나 용수의 사용허가) ① 한국농어촌공사를 제외한 농업생산기반시설관리자는 법 제23조제1항 본문에 따라 농업생산기반시설이나 용수를 본래 목적 외의 목적으로 사용하거나 다른 사람에게 사용하게 하기 위하여 사용허가를 받으려면 다음 각 호의 사항이 포함된 농림축산식품부령으로 정하는 사용허가신청서를 시장·군수·구청장에게 제출하여야 한다. 다만, 경쟁입찰로 사용자를 결정하려면 제5호의 사항을 생략할 수 있다. 〈개정 2011. 12. 6., 2017. 5. 8.〉

1. 목적 외 사용의 사유
2. 목적 외 사용의 대상이 될 농업생산기반시설 또는 용수의 양
3. 목적 외 사용의 내용·방법 및 기간
4. 제32조에 따른 사용료 부과 예정액 및 산출 근거
5. 목적 외 사용자의 주소와 성명 또는 명칭

② 법 제23조제1항 단서에 따라 한국농어촌공사가 관리하는 농업생산기반시설이나 용수를 본래 목적 외의 목적으로 사용하려는 자는 제1항 각 호의 사항(제4호는 제외한다)이 포함된 농림축산식품부령으로 정하는 사용신청서를 한국농어촌공사에 제출하여야 하며, 한국농어촌공사가 관리하는 농업생산기반시설이나 용수의 사용에 관한 사항은 한국농어촌공사 정관으로 정한다. 〈개정 2011. 12. 6., 2012. 5. 7., 2017. 5. 8.〉

③ 법 제23조제1항 단서에서 “대통령령으로 정하는 경미한 사항”이란 다음 각 호의 어느 하나에 해당하는 경우를 말한다. 〈개정 2011. 12. 6., 2017. 5. 8.〉

1. 본래 목적 외의 목적으로 사용하려는 농업생산기반시설의 면적이 300제곱미터 이하인 경우
2. 당초 사용허가된 사용 이유와 규모 등의 변경 없이 사용기간을 갱신하는 경우

④ 제3항제2호에 따라 사용기간을 갱신하는 경우에 관하여는 제5항을 준용한다.

⑤ 법 제23조제1항에 따른 농업생산기반시설이나 용수의 목적 외

사용 기간은 다음 각 호의 구분에 따른 기간 이내로 한다. 다만, 「신에너지 및 재생에너지 개발·이용·보급 촉진법」 제2조제3호에 따른 신·재생에너지 설비(이하 "신·재생에너지 설비"라 한다)의 설치·운영을 목적으로 농업생산기반시설이나 용수를 사용하는 경우에 그 사용 기간은 10년 이내로 한다. 〈개정 2016. 6. 8.〉

1. 토지를 사용하는 경우

가. 진·출입로, 수도관·배수관·도시가스관·송유관, 가로등·전주 및 철도·도로 등의 설치 등 장기간 사용이 필요한 경우: 10년

나. 영농 목적인 경우와 가목에 해당되지 아니하는 경우: 3년

2. 수면 및 이에 딸린 토지를 사용하는 경우: 5년

3. 용수를 사용하는 경우: 3년

[제목개정 2017. 5. 8.]

제31조의2(농업생산기반시설이나 용수의 사용허가 관련 관계 주민의 의견 청취) ① 농업생산기반시설관리자는 법 제23조제2항 후단에 따라 관계 주민의 의견을 듣는 경우에는 미리 다음 각 호의 사항을 해당 농업생산기반시설관리자의 게시판과 인터넷 홈페이지에 공고하고, 공고한 날부터 14일 이상 해당 농업생산기반시설로부터 이익을 얻고 있는 주민과 해당 농업생산기반시설이 소재한 시·군·구 주민 등 관계 주민이 열람할 수 있게 해야 한다.

1. 제31조제1항제1호부터 제3호까지에서 정한 사항

2. 열람기간 및 열람방법

3. 그 밖에 의견제출의 방법 등 필요한 사항

② 농업생산기반시설이나 용수의 사용허가와 관련하여 의견이 있는 관계 주민은 제1항제2호의 열람기간에 농업생산기반시설관리자에게 의견서를 제출할 수 있다.

[본조신설 2021. 11. 19.]

제32조(농업생산기반시설이나 용수의 사용허가에 따른 사용료의 징수) ① 국가가 관리하는 농업생산기반시설이나 용수를 본래 목적 외로 사용하는 경우 법 제23조제3항에 따른 사용료 징수의 범위는 다음 각 호와 같다. 다만, 제1호부터 제4호까지의 규정에 따른 적용대상이라도 경쟁입찰로 사용자를 결정하는 경우에는 그 낙찰금액으로 할 수 있다. 〈개정 2011. 12. 6., 2013. 3. 23., 2016. 6. 8., 2016. 8. 31., 2017. 5. 8., 2020. 10. 8., 2022. 1. 21.〉

1. 농업생산기반시설을 사용하여 수입금이 발생하는 경우: 총수입금의 100분의 10에 해당하는 금액. 다만, 신·재생에너지 설비의 설치·운영을 목적으로 농업생산기반시설을 사용하여 수입금이 발생하는 경우에는 총수입금의 100분의 5에 해당하는 금액으로 한다.

2. 농업생산기반시설을 사용하여 영농·포획·채취 등을 함으로써 생산물이 발생하는 경우: 생산물 시가(時價)의 100분의 10에 해당하는 금액

3. 제1호와 제2호 외의 경우로서 농업생산기반시설의 토지를 사용하는 경우: 그 토지의 공시지가(공시지가가 정해지지 아니한 경우에는 「부동산 가격공시에 관한 법률」 제3조제8항에 따른 토지가격비준표에 따른 평가액 또는 「감정평가 및 감정평가사에 관한 법률」 제3조에 따라 감정평가법인등이 감정한 평가액으로 하되, 다음 각 목의 어느 하나에 해당하는 경우로서 감정평가 비용이 연간 예상 사용료 징수액에 비추어 과다하다고 인정되면 유사한 이용 가치를 가진 인근 토지의 공시지가로 한다)의 100분의 5에 해당하는 금액. 이 경우 해당 연도 연간 사용료가 전년도에 비하여 100분의 5 이상 증가하면 그 증가분은 「국유재산법」 제33조에 따른 사용료 조정 계산식을 적용하여 산출한 금액으로 한다.

가. 용수로·배수로, 농로 등을 통행로·진입로 또는 이와 유사한 용도로 사용하는 경우

나. 그 밖에 가로등을 설치하는 용도로 사용하는 경우 등 농림축산식품부령으로 정하는 경우

4. 용수를 사용하는 경우: 사용량 1세제곱미터마다 해당 시설 수혜농지 1천제곱미터를 기준으로 하여 해당 농업생산기반시설의 유지·관리를 위한 농업생산기반시설관리자의 전년도 사용 경비의 600분의 1에 해당하는 금액

② 법 제23조제3항 단서에 따라 국가가 관리하는 농업생산기반시설을 다음 각 호의 공공목적으로 사용하는 경우에는 해당 호에서 정한 기준에 따라 사용료의 전부 또는 일부를 면제할 수 있다. 〈개정 2022. 5. 9.〉

1. 다음 각 목의 공공목적으로 사용하는 경우: 사용료의 전부 면제

가. 「재난 및 안전관리 기본법」에 따른 재난의 대응 및 복구를

위하여 사용하는 경우

나. 군사작전 또는 국가안보를 위하여 사용하는 경우

다. 농업생산기반시설의 유지·보수 공사를 위하여 사용하는 경우

2. 다음 각 목의 공공목적으로 사용하는 경우: 사용료의 100분의 50 면제

가. 「재난 및 안전관리 기본법」에 따른 재난의 예방 및 대비를 위하여 사용하는 경우

나. 국가 또는 지방자치단체가 시행하는 철도·도로 등의 건설·관리를 위하여 사용하는 경우

다. 국가 또는 지방자치단체가 공용이나 비영리 공익사업을 위하여 사용하는 경우

라. 국가 또는 지방자치단체가 제22조의2제3항제3호 또는 제4호의 용도로 사용하는 경우

③ 지방자치단체나 한국농어촌공사가 관리하는 농업생산기반시설이나 용수를 목적 외로 사용하는 경우의 사용료 징수의 범위는 제1항 및 제2항의 사용료 징수 범위에 준하여 조례 또는 정관으로 정한다. 〈개정 2017. 5. 8.〉

④ 법 제23조제3항에 따라 징수한 사용료의 사용 범위는 다음 각 호와 같다. 〈개정 2017. 5. 8.〉

1. 농업생산기반시설의 유지·관리비
2. 농업생산기반시설의 개수·보수를 위한 비용
3. 농업생산기반시설의 손괴에 대비한 적립금

[제목개정 2017. 5. 8.]

제32조의2(농업생산기반시설의 폐지 여부 등 결정) 농업생산기반시설관리자는 법 제24조제2항에 따라 농업생산기반시설의 폐지 요구를 받은 경우에는 해당 농업생산기반시설의 종류, 규모, 수혜자 수 및 수혜면적 등을 고려하여 폐지 여부와 그 범위를 결정해야 한다.

[본조신설 2021. 10. 14.]

제32조의3(농업생산기반시설 폐지 관련 관계 주민의 의견 청취) ① 농업생산기반시설관리자는 법 제24조제3항에 따라 농업생산기반시설의 폐지를 신청하거나 폐지 불가 의견을 제출하려는 경우에는 해당 농업생산기반시설로부터 이익을 얻고 있는 주민, 농업생산기반시

설과 그 부지의 소유자 및 해당 농업생산기반시설이 소재한 시·군·구 주민 등 관계 주민의 의견을 들어야 한다.

② 농업생산기반시설관리자는 제1항에 따라 관계 주민의 의견을 듣는 경우에는 미리 다음 각 호의 사항을 해당 시·군·구의 지역을 주된 보급지역으로 하는 둘 이상의 일간신문에 공고하고, 그 밖에 공보나 해당 농업생산기반시설관리자의 인터넷 홈페이지에 14일 이상 게재하여 관계 주민이 열람할 수 있게 해야 한다.

1. 농업생산기반시설의 명칭, 소재지, 규모 및 수혜면적
2. 농업생산기반시설 폐지 요구에 대한 농업생산기반시설관리자의 의견
3. 농업생산기반시설의 폐지 이후 활용 계획(제2호에 따른 의견이 폐지인 경우로 한정한다)
4. 의견제출의 기간과 방법

③ 농업생산기반시설관리자는 제2항제4호에 따른 의견제출의 기간 내에 다음 각 호의 어느 하나에 해당하는 자가 농업생산기반시설의 폐지 의견에 이의를 제기하여 청문을 요청하는 경우에는 청문을 실시해야 한다.

1. 농업생산기반시설과 그 부지의 소유자
2. 농업생산기반시설과 그 부지의 지상권·임차권 또는 사용대차(使用貸借)에 따른 권리를 가지고 있는 자
3. 그 밖에 농업생산기반시설과 그 부지에 대한 사용·수익을 목적으로 하는 권리를 가지고 있는 자

④ 제3항에 따른 청문의 절차 및 방법 등은 「행정절차법」에 따른다.

[본조신설 2021. 10. 14.]

제3절 환지 및 교환·분할·합병 등

제33조(미등기토지에 대한 환지) 농업생산기반 정비사업 시행 전의 토지가 미등기토지인 경우에는 「부동산등기법」 제130조에 따라 보존등기를 신청할 수 있는 자가 환지(換地)를 받을 수 있다.

제34조(환지면적의 산정) ① 법 제25조제6항 본문에서 "대통령령으로 정하는 바에 따라 산정한 면적"이란 종전 토지 중 지목이 구거, 도로, 하천, 제방 또는 유지인 토지로서 농업생산기반 정비사업 시행계획 승인일 전까지 경작에 이용되지 아니한 토지(이하 "환지불능

지"라 한다)를 제외한 토지 소유자별 토지면적(이하 "환지대상지"라 한다)에 해당 지구 권리면적률을 곱하여 산정한 면적을 말한다.

② 제1항의 권리면적률의 산출방법은 별표 2와 같다.

제35조(실경작지의 확인) 농업생산기반 정비사업 시행자는 법 제25조제7항에 따라 금전 청산 대상인 실제 경작하지 아니하는 토지를 확정하기 위하여 국공유지나 한국농어촌공사의 소유가 아닌 토지 중 지목이 구거, 도로, 하천, 제방 또는 유지인 토지의 소유자에게 농림축산식품부령으로 정하는 바에 따라 실경작 여부에 대한 확인신청을 할 것을 알려야 한다. 〈개정 2013. 3. 23.〉

제36조(이의신청에 대한 처리 등) ① 농업생산기반 정비사업 시행자는 법 제26조제3항에 따른 이의신청이 접수되면 이의신청 기간이 끝난 후 이해관계를 조정하기 위하여 필요한 경우 다음 각 호의 서류를 첨부하여 법 제41조에 따른 환지심의위원회(이하 "환지심의위원회"라 한다)의 심의에 부치고, 조정 절차를 거치게 할 수 있다.

1. 이의신청서
2. 해당 토지의 환지계획서 또는 일시 이용지의 지정계획서
3. 해당 토지의 환지 지정 신·구대조도
4. 그 밖에 심의에 필요한 자료

② 농업생산기반 정비사업 시행자가 법 제26조제4항에 따라 농림축산식품부장관 또는 시·도지사에게 재정(裁定)을 신청할 때에는 환지심의위원회의 심의 결과를 첨부하여야 한다. 〈개정 2013. 3. 23.〉

③ 농림축산식품부장관 또는 시·도지사는 제2항에 따른 재정신청을 받은 날부터 10일 이내에 그 적부 여부를 결정하여 이를 농업생산기반 정비사업 시행자에게 알려야 한다. 〈개정 2013. 3. 23.〉

제37조(환지사 시험) ① 법 제28조제1항에 따른 환지사(換地士) 시험은 필기시험과 실기시험으로 구분하여 실시하되, 시험과목과 배점기준은 별표 3과 같다.

② 농림축산식품부장관은 환지사 시험을 실시하려면 시험일 90일 전까지 시험 일시·장소와 그 밖에 시험의 실시에 필요한 사항을 공고해야 한다. 〈개정 2013. 3. 23., 2021. 10. 14.〉

③ 환지사 시험에 응시하려는 사람은 농림축산식품부장관에게 응시원서를 제출하여야 한다. 〈개정 2013. 3. 23.〉

제38조(수수료) 환지사 시험에 응시하려는 사람은 농림축산식품부령

으로 정하는 수수료를 내야 한다. 〈개정 2013. 3. 23.〉

第39조(자격증의 발급) ① 농림축산식품부장관은 환지사 시험에 합격한 사람에게 농림축산식품부령으로 정하는 바에 따라 환지사 자격증을 발급하고 그 자격에 관한 사항을 등록부에 등록하여야 한다. 〈개정 2013. 3. 23.〉

② 농림축산식품부장관은 환지사 자격증을 잃어버리거나 못 쓰게 된 사람이 재발급을 신청하면 이를 재발급할 수 있다. 〈개정 2013. 3. 23.〉

第40조(특정 용도의 창설환지) ① 법 제34조제1항제2호에 따른 농업 경영을 합리화하고 농업의 구조를 개선하기 위한 시설은 다음 각 호와 같다. 〈개정 2013. 3. 23.〉

1. 미곡종합처리장
2. 공동집하장
3. 저온저장고
4. 농기계 보관창고
5. 산지(産地) 농산물공판장
6. 그 밖에 농업 경영을 합리화하고 농업의 구조를 개선하기 위하여 농림축산식품부장관이 필요하다고 인정하는 시설

② 법 제34조제1항제3호에서 "대통령령으로 정하는 시설"이란 다음 각 호의 어느 하나에 해당하는 것을 말한다. 〈개정 2013. 3. 23.〉

1. 농림축산식품부장관이 정하는 규모 이하의 농어촌 주택
2. 농업인이 영농 목적으로 이용하는 주차장
3. 마을회관
4. 어린이놀이터
5. 노인정
6. 읍·면·동사무소 및 리(里)사무소

第41조(청산금의 공탁) ① 농업생산기반 정비사업 시행자는 법 제37조제5항에 따른 환지 처분에 따른 청산금(이하 "청산금"이라 한다)의 수령을 거부하거나 수령할 자가 분명하지 아니한 경우에는 그 청산금을 관할법원에 공탁할 수 있다.

② 종전의 토지에 소유권 외의 권리 또는 처분의 제한에 관한 등기가 되어 있으면 그 권리자의 동의를 받아 청산금을 지급하되, 권리자의 동의를 받지 못하면 그 청산금을 관할법원에 공탁하여야 한다.

제42조(손실보상) 법 제38조제6항에 따른 일시 이용지의 지정으로 인한 손실보상액은 농업생산기반 정비사업 시행자와 손실을 입은 자가 협의하여 결정한다.

제43조(수혜자총회와 대의원회의 구성) ① 법 제40조에 따른 수혜자총회와 대의원회는 법 제11조에 따른 토지에 대한 권리를 가지고 있는 수혜자로 구성한다.

② 수혜자총회와 대의원회에는 각각 회장 1명과 부회장 1명을 두되, 수혜자총회의 회장과 부회장은 수혜자 중에서 호선(互選)하며, 대의원회의 회장과 부회장은 대의원 중에서 호선한다.

③ 수혜자총회의 회장과 대의원회의 회장은 각각 수혜자총회와 대의원회를 대표하고, 회장이 부득이한 사유로 직무를 수행할 수 없을 때에는 부회장이 그 직무를 대행한다.

④ 대의원회는 동별·리별로 수혜자의 수와 경지면적을 고려하여 형평성 있게 구성하여야 한다.

제44조(수혜자총회 또는 대의원회의 운영) ① 수혜자총회 또는 대의원회는 수혜자 또는 대의원 3분의 1 이상의 요구가 있거나 수혜자총회의 회장, 대의원회의 회장 또는 농업생산기반 정비사업 시행자가 필요하다고 인정하면 수혜자총회의 회장, 대의원회의 회장 또는 해당 농업생산기반 정비사업 시행자가 소집한다.

② 수혜자총회의 회장, 대의원회의 회장 또는 농업생산기반 정비사업 시행자는 수혜자총회 또는 대의원회를 소집하려면 회의 개최 7일 전까지 회의의 일시와 목적 및 장소를 수혜자 또는 대의원에게 알려야 한다. 다만, 긴급한 경우에는 3일 전까지 알릴 수 있다.

③ 수혜자총회 또는 대의원회의 회의는 수혜자 또는 대의원 과반수의 출석과 출석자 과반수의 찬성으로 의결한다. 다만, 제40조에 따른 시설 부지를 창설환지로 지정받으려면 수혜자 또는 대의원 3분의 2 이상의 출석과 출석자 3분의 2 이상의 찬성을 받아야 한다.

④ 농업생산기반 정비사업 시행자는 수혜자총회 또는 대의원회의 의사록을 작성하여야 하며, 의사록에는 의사의 진행과정과 그 결과 등을 적고 수혜자총회의 회장 또는 대의원회의 회장과 참석자가 선출한 5명 이상의 수혜자 또는 대의원이 서명날인하여야 한다.

⑤ 수혜자총회 또는 대의원회는 토지의 평정 가격 및 등급을 결정할 때에는 해당 토지와 조건이 유사한 인근 지역 토지의 거래시

가에 준하여 합리적으로 결정하여야 한다.

⑥ 제1항부터 제5항까지에서 규정한 사항 외에 수혜자총회 및 대의원회의 운영에 필요한 사항은 농림축산식품부장관이 정한다. 〈개정 2013. 3. 23.〉

제45조(환지심의위원회의 구성) ① 법 제41조에 따른 환지심의위원회는 위원장 1명과 부위원장 1명을 포함한 20명 이내의 위원으로 구성한다.

② 환지심의위원회의 위원장은 농업생산기반 정비사업을 시행하는 기관의 장(시행자가 토지 소유자인 경우에는 그 대표자)이 되고, 부위원장은 농업생산기반 정비사업 시행기관의 해당 사업 담당 부서의 장(시행자가 토지 소유자인 경우에는 그 대표자가 지명하는 사람)이 되며, 위원은 다음 각 호의 사람이 된다.

1. 해당 사업지구를 관할하는 시·도의 환지 업무를 담당하는 공무원

2. 해당 토지를 관할하는 시·군·구의 관계 공무원

3. 제43조에 따른 수혜자총회의 회장과 수혜자총회의 회장이 지명한 수혜자 2명(제43조에 따라 대의원회가 구성되어 있는 경우에는 대의원회의 회장과 대의원회의 회장이 지명한 대의원 2명)

4. 해당 지역을 관할하는 환지 대행 법인의 환지 담당 부서장

5. 해당 사업지구의 공사감독자

6. 그 밖에 환지심의위원회의 위원장이 위촉하는 사람

③ 환지심의위원회의 위원장은 환지심의위원회를 대표하며, 환지심의위원회의 업무를 총괄한다.

④ 환지심의위원회의 부위원장은 위원장을 보좌하고, 위원장이 부득이한 사유로 직무를 수행할 수 없을 때에는 그 직무를 대행한다.

⑤ 환지심의위원회에 환지심의위원회의 서무를 처리할 간사 또는 서기 1명을 두되, 간사 또는 서기는 환지심의위원회의 위원장이 임명한다.

제46조(환지심의위원회의 운영 등) ① 환지심의위원회는 다음 각 호의 사항을 심의·조정한다.

1. 법 제26조제3항에 따른 환지계획에 대한 이의신청

2. 법 제38조에 따른 일시 이용지의 지정에 대한 민원이나 분쟁

② 환지심의위원회의 위원장은 제36조제1항에 따라 이의신청을

회의에 부치려면 이의신청 기간이 끝난 날부터 7일 이내에 환지심의위원회를 소집하고 회의의 일시, 장소 및 회의안건을 회의 개최일 5일 전까지 각 위원과 이의신청인에게 알려야 한다.

③ 환지심의위원회의 회의는 위원장을 포함한 위원 과반수의 출석으로 개의(開議)하고, 출석위원 과반수의 찬성으로 의결한다.

④ 제1항부터 제3항까지에서 규정한 사항 외에 환지심의위원회의 운영에 필요한 사항은 농림축산식품부장관이 정한다. 〈개정 2013. 3. 23.〉

제47조(동·리 경계선의 변경) 농업생산기반 정비사업 시행자는 농업생산기반 정비사업으로 인하여 환지된 토지 1필지의 구역이 2개 이상의 동 또는 리에 걸치는 경우에는 농림축산식품부령으로 정하는 바에 따라 관할 지방자치단체의 장에게 동 또는 리 경계선의 변경을 신청하여야 한다. 〈개정 2013. 3. 23.〉

제48조(교환·분할·합병의 결정방법) ① 법 제43조와 제44조에 따라 시장·군수·구청장 또는 한국농어촌공사가 교환·분할·합병계획을 작성할 때에는 토지 소유자가 취득할 토지와 상실할 토지의 지목, 면적, 토양의 성질, 수리(水利), 경사, 온도, 그 밖에 자연과 이용 조건 등을 종합적으로 고려하여야 한다.

② 시장·군수·구청장 또는 한국농어촌공사는 법 제44조제3항에 따른 농지의 소유권에 대한 교환·분할·합병계획을 작성할 때에는 토지 소유자가 상실할 농지에 저당권, 지상권, 임차권 또는 사용차권이 설정되어 있으면 취득할 농지에 그 권리의 설정시기, 존속기간 및 그 밖의 조건을 정하여야 한다.

③ 시장·군수·구청장 또는 한국농어촌공사는 법 제44조제3항에 따른 농지의 소유권에 대한 교환·분할·합병계획을 작성할 때에는 교환·분할·합병으로 농지의 소유권자가 취득할 농지에 지역권을 설정할 필요가 있으면 지역권을 설정하여야 할 토지, 지역권자, 설정시기, 지역권의 목적 및 그 밖의 조건을 정하여야 하며, 지역권을 가지고 있는 자가 그 권리를 행사할 필요가 없으면 그 권리의 소멸시기를 정하여야 한다.

제49조(토지 소유자에 대한 구상권 행사) 법 제49조제3항에 따라 농업생산기반 정비사업 시행자가 토지 소유자에게 행사할 수 있는 구상권(求償權)의 범위는 농업생산기반 정비사업 시행자가 법 제49

조제2항에 따라 보상한 금액을 초과할 수 없다.

제4장 농어촌 생활환경 정비

제50조(생활환경정비계획의 고시) 법 제54조제2항에서 "대통령령으로 정하는 사항"이란 다음 각 호의 사항을 말한다.

1. 생활환경정비사업의 목적과 기본방향
2. 농어촌마을의 건설·재개발·정비, 생활환경기반시설의 정비·확충 등 주요사업계획의 개요

제51조(생활환경정비계획의 경미한 사항의 변경) 법 제54조제4항 단서에서 "대통령령으로 정하는 경미한 사항"이란 다음 각 호의 사항을 말한다.

1. 생활환경정비계획과 관련된 다른 농어촌정비사업계획이 변경되어 시설을 변경하는 경우
2. 다른 법률에 따라 사업계획이 확정되어 생활환경정비계획에 반영된 후 해당 사업계획이 변경·폐지됨에 따라 그 내용을 반영하는 경우

제52조(생활환경정비 총괄계획가의 자격 요건 등) ① 시장·군수·구청장은 다음 각 호의 어느 하나에 해당하는 사람을 법 제54조제5항에 따른 생활환경정비 총괄계획가(이하 "생활환경정비 총괄계획가"라 한다)로 위촉할 수 있다. 〈개정 2016. 12. 30.〉

1. 「고등교육법」 제2조에 따른 학교의 농어촌계획, 농어촌지역개발 관련 학과 교수
2. 농어촌계획, 농어촌지역개발 분야에 종사하는 다음 각 목에 해당하는 사람
   가. 박사 학위 소지자로서 박사 학위 취득 후 연구경력 또는 실무경력이 3년 이상인 사람
   나. 기술사 또는 건축사
   다. 그 밖에 가목 또는 나목에 따른 자와 같은 수준의 전문지식과 실무경력이 있다고 시장·군수·구청장이 인정하는 사람

② 생활환경정비 총괄계획가는 생활환경정비계획 또는 농어촌마을정비계획의 수립과 관련된 다음 각 호의 업무를 수행할 수 있다.

1. 계획 수립 과정의 총괄·진행 및 계획의 주요 내용 검토·조정
2. 계획 수립에 필요한 자료의 수집 및 요청

3. 관련 분야의 전문가나 공무원 등의 자문 요청

4. 지역주민들의 의견 수렴

5. 그 밖에 계획 수립과 관련하여 시장·군수·구청장이 요청하는 사항에 대한 검토 및 의견 제시

③ 시장·군수·구청장은 생활환경정비 총괄계획가를 위촉한 경우 법 제54조제1항에 따른 생활환경정비개발계획의 승인 또는 법 제101조제4항에 따른 마을정비구역의 지정을 받을 때까지 운영할 수 있다.

④ 생활환경정비 총괄계획가의 보수 등에 관하여 필요한 사항은 시·군·구의 조례로 정한다.

제53조(생활환경정비계획의 내용) 법 제55조제12호에서 "대통령령으로 정하는 사업"이란 다음 각 호의 사업을 말한다.

1. 수질오염 방지를 위한 사업

2. 그 밖에 시장·군수·구청장이 농어촌생활환경을 정비하기 위하여 필요하다고 인정하는 사업

제54조(마을정비조합의 설립방법 등) ① 법 제57조제1항에 따라 마을정비조합의 설립·변경 또는 해산의 인가를 받으려는 자는 농림축산식품부령으로 정하는 인가신청서에 다음 각 호의 서류를 첨부하여 관할 시장·군수·구청장에게 제출하여야 한다. 〈개정 2013. 3. 23.〉

1. 설립인가의 경우

가. 창립총회 회의록

나. 마을정비조합장의 선출동의서

다. 마을정비조합의 구성원(이하 "조합원"이라 한다) 전원이 자필로 연명(連名)한 마을정비조합의 규약

라. 사업계획서

마. 사업 대상 지역의 토지 및 건축물 소유자와 지상권자 총수의 3분의 2 이상의 사용승낙서

2. 변경인가의 경우: 변경내용을 증명하는 서류

3. 해산인가의 경우: 조합원 총수의 3분의 2 이상의 동의서

② 제1항제1호다목에 따른 마을정비조합의 규약에는 다음 각 호의 사항이 포함되어야 한다.

1. 마을정비조합의 명칭 및 소재지

2. 조합원의 자격에 관한 사항

3. 조합원의 제명 · 탈퇴 및 교체에 관한 사항

4. 임원의 수, 업무 범위(권리와 의무를 포함한다) 및 선임 · 변경 · 해임의 방법

5. 조합원의 비용 부담 시기 · 절차 및 조합회계

6. 총회의 소집절차 · 소집시기 및 조합원의 총회 소집요구에 관한 사항

7. 조합원 전원의 합의가 필요한 중요한 사항과 그에 관한 합의의 방법 및 절차

8. 사업이 종결된 때의 청산 절차 및 방법

9. 조합비의 사용명세와 총회 의결사항의 공개 및 조합원에 대한 통지방법

10. 마을정비조합 규약의 변경 절차

11. 그 밖에 마을정비조합의 사업 추진 및 운영에 필요한 사항

③ 마을정비조합은 설립인가 당시의 사업계획서상의 주택건설예정세대수의 3분의 2 이상의 조합원으로 구성하되, 조합원은 5명 이상이어야 한다. 〈개정 2014. 12. 9.〉

④ 법 제57조제2항에 따라 마을정비조합 설립 추진위원회(이하 "추진위원회"라 한다)는 다음 각 호의 업무를 수행한다.

1. 마을정비조합 설립인가 준비

2. 추진위원회 운영규정 작성

3. 토지 및 건축물의 소유자와 지상권자의 동의서 받기

4. 마을정비조합 설립을 위한 창립총회 준비

5. 마을정비조합 규약의 초안 작성

6. 그 밖에 추진위원회 운영규정에서 정하는 사항

제55조(조합원의 자격기준) 법 제57조제1항에 따라 조합원이 될 수 있는 사람은 마을정비구역 안의 토지 또는 건축물의 소유권이나 지상권을 가지고 있는 세대주로 한다.

제56조(조합원의 추가 또는 충원 등) ① 마을정비조합이 설립인가를 받은 후에는 조합원을 추가 모집하거나 충원할 수 없다. 다만, 설립인가 당시의 사업계획서상의 주택건설예정세대수의 범위에서 시장 · 군수 · 구청장으로부터 조합원 추가 모집의 승인을 받은 경우와 다음 각 호의 어느 하나에 해당하는 사유로 발생한 결원의 수만큼 충원

하는 경우에는 그러하지 아니하다.

1. 조합원의 사망

2. 조합원의 탈퇴 및 자격 상실 등으로 조합원이 사업계획서상의 주택건설예정세대수 미만이 되는 경우

② 제1항 각 호 외의 부분 단서에 따른 조합원 추가 모집의 승인과 조합원 추가 모집에 따른 마을정비조합의 변경인가 신청은 생활환경정비사업 시행계획 신청일까지 하여야 한다.

제57조(생활환경정비사업 시행계획 중 시·도지사의 승인 대상) 법 제59조제3항에서 "대통령령으로 정하는 요건"이란 사업 대상 면적이 20만제곱미터 이상인 경우를 말한다.

제58조(생활환경정비사업 기본계획 및 시행계획의 고시) 법 제58조제3항 및 제59조제4항에 따라 고시하고 열람하도록 하여야 할 사항은 다음 각 호와 같다. 〈개정 2011. 12. 6.〉

1. 사업의 명칭
2. 사업의 목적
3. 사업비
4. 주요 사업내용
5. 사업시행자
6. 사업시행기간
7. 수용 또는 사용 대상 토지 등의 명세서(필요한 경우에만 포함한다)

[제목개정 2011. 12. 6.]

제59조(생활환경정비사업 시행계획의 내용) 법 제60조제12호에서 "대통령령으로 정하는 사항"이란 다음 각 호의 어느 하나에 해당하는 사항을 말한다.

1. 농어촌의 부존자원(賦存資源) 이용과 개발에 관한 사항

2. 그 밖에 시장·군수·구청장이 농어촌 생활환경을 정비하기 위하여 필요하다고 인정하는 사항

제59조의2(빈집정비계획의 수립 절차 등) ① 법 제64조제1항제7호에서 "대통령령으로 정하는 사항"이란 다음 각 호의 사항을 말한다. 〈개정 2024. 7. 2.〉

1. 빈집의 정비 추진을 위한 정보 제공 및 지원 방안

2. 법 제65조의5에 따른 철거·개축·수리 등 조치 명령 및 직권

철거 계획

3. 그 밖에 시장·군수·구청장이 빈집의 정비 및 활용을 위해 필요하다고 인정하는 사항

② 시장·군수·구청장은 법 제64조제1항에 따라 빈집의 정비에 관한 계획(이하 "빈집정비계획"이라 한다)을 수립하려는 때에는 미리 그 주요 내용 및 공람 장소를 해당 시·군·구의 공보 및 인터넷 홈페이지에 공고하고, 해당 지역의 주민이 공람할 수 있도록 14일 이상 공람 장소에 관계 서류를 갖추어 두어야 한다.

③ 해당 지역의 주민은 제2항에 따른 공람기간 이내에 시장·군수·구청장에게 의견서(전자문서로 된 의견서를 포함한다)를 제출할 수 있다.

④ 시장·군수·구청장은 제3항에 따라 제출된 의견을 검토하여 타당하다고 인정되면 빈집정비계획에 반영하고, 의견을 반영하지 않는 경우에는 의견을 접수한 날부터 30일 이내에 의견을 제출한 사람에게 그 사유를 알려주어야 한다.

⑤ 법 제64조제2항 단서에서 "대통령령으로 정하는 경미한 사항을 변경하는 경우"란 다음 각 호의 어느 하나에 해당하는 경우를 말한다.

1. 법 제64조제1항제4호의 재원조달계획에 따른 재원조달금액을 총액의 100분의 10 이내에서 변경하는 경우

2. 계산착오·오기·누락 또는 이에 준하는 명백한 오류를 수정하는 경우

[본조신설 2020. 8. 11.]

제59조의3(빈집실태조사의 내용) 법 제64조의2제1항제5호에서 "빈집 발생 사유 등 대통령령으로 정하는 사항"이란 다음 각 호의 사항을 말한다.

1. 빈집의 발생 사유

2. 빈집 및 그 대지의 물리적 안전상태

3. 빈집 및 그 대지에 인접한 도로 및 건축물 등의 현황

4. 빈집의 설계도서 현황

5. 빈집의 관리·정비 방법에 대한 소유자·점유자 또는 관리인의 의견

6. 그 밖에 시장·군수·구청장이 빈집정비계획의 수립·시행 및

빈집의 관리 · 정비를 위해 필요하다고 인정하는 사항

[본조신설 2020. 8. 11.]

제59조의4(빈집실태조사의 방법 · 절차) ① 시장 · 군수 · 구청장은 법 제64조의2제1항에 따른 실태조사(이하 "빈집실태조사"라 한다)를 실시하려는 때에는 조사를 실시하기 30일 전까지 다음 각 호의 사항을 포함한 조사계획을 수립해야 한다.

1. 빈집실태조사의 취지 및 법적 근거
2. 빈집실태조사의 기간 및 대상
3. 빈집실태조사의 내용
4. 빈집실태조사를 대행하는 전문기관(법 제64조의2제2항에 따라 지정된 전문기관이 빈집실태조사를 대행하는 경우로 한정한다)
5. 그 밖에 시장 · 군수 · 구청장이 빈집실태조사의 실시에 필요하다고 인정하는 사항

② 시장 · 군수 · 구청장은 제1항에 따른 조사계획이 수립된 때에는 그 내용을 해당 시 · 군 · 구의 공보 및 인터넷 홈페이지에 14일 이상 게시해야 한다.

③ 시장 · 군수 · 구청장(법 제64조의2제2항에 따른 전문기관의 장을 포함한다)은 빈집실태조사를 위해 필요하면 법 제64조의6에 따른 빈집정보시스템으로 처리한 빈집정보를 활용할 수 있다.

[본조신설 2020. 8. 11.]

제59조의5(빈집실태조사의 대행기관) 법 제64조의2제2항에서 "대통령령으로 정하는 전문기관"이란 다음 각 호의 기관을 말한다. 〈개정 2020. 12. 8., 2025. 2. 7.〉

1. 한국농어촌공사
2. 「한국국토정보공사법」에 따른 한국국토정보공사(이하 "한국국토정보공사"라 한다)
3.「한국부동산원법」에 따른 한국부동산원(이하 "한국부동산원"이라 한다)
4. 「어촌 · 어항법」에 따라 설립된 한국어촌어항공단(이하 "한국어촌어항공단"이라 한다)
5. 「정부출연연구기관 등의 설립 · 운영 및 육성에 관한 법률」에 따라 설립된 한국해양수산개발원
6. 「정부출연연구기관 등의 설립 · 운영 및 육성에 관한 법률」에

따라 설립된 한국농촌경제연구원

7. 「정부출연연구기관 등의 설립·운영 및 육성에 관한 법률」에 따라 설립된 국토연구원

8. 「지방공기업법」에 따라 설립된 지방공사(이하 "지방공사"라 한다)

9. 「지방자치단체출연 연구원의 설립 및 운영에 관한 법률」에 따라 설립된 지방자치단체출연 연구원

[본조신설 2020. 8. 11.]

제59조의6(빈집정보시스템의 구축·운영) ① 법 제64조의6제3항 전단에 따라 시장·군수·구청장이 제공을 요청할 수 있는 자료 또는 정보는 다음 각 호와 같다. 〈개정 2020. 10. 27.〉

1. 「건축법」 제38조에 따른 건축물대장

2. 「공간정보의 구축 및 관리 등에 관한 법률」 제71조에 따른 토지대장 및 임야대장

3. 「녹색건축물 조성 지원법」 제10조제1항에 따른 건축물의 온실가스 배출량 및 에너지 사용량과 관련된 정보 및 통계

4. 「부동산 가격공시에 관한 법률」 제15조제1항에 따른 부동산 시장동향, 수익률 등의 가격정보 및 관련 통계 등의 조사 자료

5. 「주민등록법」 제30조에 따른 주민등록전산정보자료

6. 「부동산 거래신고 등에 관한 법률 시행령」 별표 1 제1호마목의 실제 거래가격

7. 지방세, 수도·전기 요금의 납부에 관한 자료

② 법 제64조의6제4항에서 "대통령령으로 정하는 전문기관"이란 다음 각 호의 기관을 말한다. 〈개정 2020. 12. 8.〉

1. 한국농어촌공사

2. 한국국토정보공사

3. 한국부동산원

4. 한국어촌어항공단

5. 지방공사 중 빈집정보시스템의 구축·운영에 필요한 인력·기술 및 시설을 갖춘 기관으로서 시장·군수·구청장이 지정하여 고시하는 기관

③ 시장·군수·구청장은 법 제64조의6제4항에 따라 제2항 각 호의 기관이 빈집정보시스템을 구축·운영하는 경우에는 예산의 범위에서 그 업무의 수행에 필요한 비용을 지원할 수 있다.

[본조신설 2020. 8. 11.]

제59조의7(빈집우선정비구역 관련 정보의 제공) 법 제64조의6제5항 후단에서 “대통령령으로 정하는 정보”란 법 제64조의2제1항제2호부터 제4호까지 및 이 영 제59조의3제2호의 사항에 대한 빈집실태조사 결과에 관한 정보를 말한다.

[본조신설 2024. 7. 2.]

제59조의8(빈집우선정비구역 지정의 세부기준) 법 제64조의7제1항에 따른 빈집우선정비구역 지정 요건의 세부기준은 다음 각 호와 같다.

1. 농어촌 또는 준농어촌에 위치한 동 또는 리(「지방자치법」 제7조제4항에 따른 행정동 또는 행정리를 포함한다. 이하 이 호에서 같다)에 해당하는 지역일 것. 다만, 시장ㆍ군수ㆍ구청장이 빈집의 효율적 정비를 위하여 필요하다고 인정하는 경우에는 동 또는 리의 일부를 빈집우선정비구역으로 지정하거나 둘 이상의 동 또는 리를 하나의 빈집우선정비구역으로 지정할 수 있다.

2. 빈집의 수가 10호 이상인 지역일 것

3. 제2호에도 불구하고 해당 지역 내 총주택수 대비 빈집의 비율이 20퍼센트 이상이고 빈집의 수가 5호 이상인 경우에는 빈집정비우선구역으로 지정할 수 있다. 다만, 해당 지역이 「농촌공간 재구조화 및 재생지원에 관한 법률」 제12조제1항제1호에 따른 농촌마을보호지구 내에 위치한 지역으로서 해당 지역 내 총주택수 대비 빈집의 비율이 20퍼센트 이상인 경우에는 빈집의 수가 5호 미만인 경우에도 빈집우선정비구역으로 지정할 수 있다.

[본조신설 2024. 7. 2.]

제59조의9(빈집우선정비구역 내 빈집정비사업에 대한 특례) 법 제64조의8 각 호 외의 부분에서 “대통령령으로 정하는 사유”란 다음 각 호의 사유를 말한다.

1. 행정구역의 변경

2. 「국토의 계획 및 이용에 관한 법률」에 따른 도시ㆍ군관리계획의 결정ㆍ변경 또는 도시ㆍ군계획시설의 설치

3. 「도로법」에 따른 도로의 설치

4. 「도시개발법」에 따른 도시개발사업의 시행

5. 그 밖에 제1호부터 제4호까지의 규정에 준하는 경우로서 농림

축산식품부령 또는 해양수산부령으로 정하는 사유

[본조신설 2024. 7. 2.]

제60조(특정빈집에 대한 현장조사) 시장·군수·구청장은 법 제65조의3제2항에 따라 같은 조 제1항 각 호의 어느 하나 이상에 해당하는 빈집(이하 "특정빈집"이라 한다)에 대한 신고를 접수한 때에는 신고서를 접수한 날부터 30일 이내에 현장조사를 실시해야 한다.

[전문개정 2020. 8. 11.]

제61조(특정빈집의 철거 등 결정 및 통지) ① 시장·군수·구청장은 법 제65조의5제2항 전단에 따라 특정빈집에 대하여 직권으로 철거 등 필요한 조치(이하 "철거등"이라 한다)를 하기로 결정한 때에는 그 철거등 사유 및 자진 철거등의 기한 등을 해당 특정빈집의 소유자에게 지체 없이 문서로 알려야 하며, 철거등 예정일 7일 전까지 특정빈집의 소유자에게 농림축산식품부령 또는 해양수산부령으로 정하는 바에 따라 철거등 통지서를 보내야 한다.

② 시장·군수·구청장은 법 제65조의5제2항 후단에 따라 철거등에 소요된 비용을 징수할 때에는 철거등에 실제 소요된 비용과 그 납부기한을 정하여 특정빈집의 소유자에게 농림축산식품부령 또는 해양수산부령으로 정하는 바에 따라 서면으로 통지해야 한다.

[전문개정 2024. 7. 2.]

제61조의2(철거보상비 등) ① 법 제65조의5제4항 전단에 따른 정당한 보상비는 「감정평가 및 감정평가사에 관한 법률」 제2조제4호에 따른 감정평가법인등(이하 "감정평가법인등"이라 한다) 2인 이상이 평가한 금액의 산술평균치로 한다.

② 특정빈집의 소유자는 제61조에 따라 직권 철거의 결정을 통지받은 날부터 14일 이내에 시장·군수·구청장에게 감정평가법인등 1인을 추천해야 하며, 시장·군수·구청장은 특정빈집의 소유자가 추천한 감정평가법인등 1인을 포함하여 제1항에 따른 감정평가법인등을 선정해야 한다. 다만, 특정빈집의 소유자의 소재를 알 수 없거나 특정빈집의 소유자가 본문에 따른 기간 내에 감정평가법인등을 추천하지 않은 경우는 제외한다.

③ 제1항에 따른 보상비의 산정은 시장·군수·구청장이 제61조에 따라 특정빈집에 대한 직권 철거 결정을 그 특정빈집의 소유자에게 통지한 시점을 기준으로 한다.

④ 시장·군수·구청장은 법 제65조의5제4항 후단에 따라 차액을 추가로 징수할 때에는 철거에 소요된 비용과 보상비의 차액 및 그 납부기한을 정하여 특정빈집의 소유자에게 농림축산식품부령 또는 해양수산부령으로 정하는 바에 따라 서면으로 통지해야 한다. 〈신설 2024. 7. 2.〉

[본조신설 2020. 8. 11.]

[제목개정 2024. 7. 2.]

제61조의3(빈집의 매입) ① 법 제65조의6제1항에서 "대통령령으로 정하는 기관"이란 다음 각 호의 기관을 말한다.

1. 한국농어촌공사
2. 한국어촌어항공단
3. 지방공사

② 법 제65조의6제1항에 따른 빈집의 매입 가격은 감정평가법인등 2인 이상이 평가한 금액의 산술평균치로 한다.

③ 제2항에 따른 빈집의 매입 가격 산정을 위해 감정평가법인등을 선정하는 경우에는 빈집의 소유자가 추천한 감정평가법인등 1인을 포함해야 한다. 다만, 빈집의 소유자가 감정평가법인등을 추천하지 않은 경우는 제외한다.

④ 빈집의 매입 방법·절차 등에 관하여 이 영에 특별한 규정이 있는 경우를 제외하고는 「공익사업을 위한 토지 등의 취득 및 보상에 관한 법률」 제14조부터 제17조까지의 규정을 준용한다.

[본조신설 2020. 8. 11.]

제62조(농어촌주택개량자금의 조성 등) 법 제67조제1항에 따른 농어촌주택개량자금은 다음 각 호의 재원으로 조성한다. 〈개정 2015. 6. 30.〉

1. 정부 및 지방자치단체가 빈집 정비 및 농어촌 주택 개량에 지원하는 자금
2. 「주택도시기금법」에 따른 주택도시기금에서 농어촌주택개량에 지원하는 자금
3. 「농업협동조합법」 제2조제4호에 따른 농업협동조합중앙회가 농어촌 주택 개량에 지원하는 자금
4. 농어촌주택개량자금의 운용으로 발생하는 수익

제63조(농어촌 주택 등의 공급) ① 생활환경정비사업 시행자는 법

제59조에 따른 생활환경정비사업 시행계획의 승인을 받으면 법 제68조제1항에 따른 조성 용지(이하 "조성용지"라 한다), 농어촌 주택, 그 밖의 시설물을 분양하거나 임대할 수 있다. 다만, 법 제101조에 따른 마을정비계획에서 분양 또는 임대의 시기를 따로 정한 경우에는 그 계획에 따라 분양하거나 임대할 수 있다.

② 생활환경정비사업 시행자는 제1항에 따라 조성용지, 농어촌 주택, 그 밖의 시설물을 분양하거나 임대하려면 다음 각 호의 사항을 포함하는 분양 또는 임대계획서를 작성하여 이를 공고하여야 한다.

1. 분양 또는 임대하려는 시설물 등의 명세
2. 분양 또는 임대 대상자의 자격
3. 분양 또는 임대의 시기, 방법 및 조건
4. 분양 또는 임대 가격
5. 분양 또는 임대 신청 절차
6. 사업시행자 및 그 주소
7. 사후관리계획(임대의 경우만 해당한다)

③ 생활환경정비사업 시행자는 다음 각 호의 어느 하나에 해당하는 자에게 조성용지 또는 농어촌 주택을 우선 분양할 수 있다.

1. 「공익사업을 위한 토지 등의 취득 및 보상에 관한 법률」에 따른 협의에 응하여 정비구역에 포함된 소유 토지 등의 전부를 사업시행자에게 양도한 자
2. 생활환경정비사업 시행으로 인하여 생활 근거를 상실한 이주대책 대상자

④ 생활환경정비사업 시행자는 농어촌 주택과 그 밖의 시설물을 임대할 때에는 입주자 모집 공고일 현재 1년 이상 그 사업이 시행된 읍·면·동지역에 거주하고 무주택 세대주인 자에게 우선적으로 임대할 수 있다.

⑤ 농어촌 주택의 임대보증금과 임대료 및 임대주택의 관리 등에 필요한 사항은 농림축산식품부령으로 정한다. 〈개정 2013. 3. 23.〉

제64조(분양가격의 결정) 생활환경정비사업 시행자가 제63조에 따라 시설물 등을 분양할 때의 가격은 「감정평가 및 감정평가사에 관한 법률」에 따른 2인 이상의 감정평가법인등이 평가한 금액을 산술평균하여 정한다. 다만, 분양가격이 확정되기 전에 공급계약을 체결하는 경우에는 계약 당사자가 합의한 추정금액을 기준으로 계약을 체

결할 수 있고, 분양가격이 확정되는 때에 정산할 수 있다. 〈개정 2016. 8. 31., 2022. 1. 21.〉

제65조(조성용지의 전매제한 특례) 법 제70조제1항 단서에서 "조성용지를 공급받은 자의 생업상의 사정 등 대통령령으로 정하는 경우"란 다음 각 호의 어느 하나에 해당하는 경우를 말한다. 〈개정 2010. 11. 15., 2013. 3. 23.〉

1. 세대원(세대주가 포함된 세대의 구성원을 말한다. 이하 이 조에서 같다)의 근무 또는 생업상의 사정이나 질병치료·취학·결혼 등으로 인하여 세대원 전원이 다른 시·군·구로 이전하는 경우
2. 상속으로 취득한 주택으로 세대원 전원이 이전하는 경우
3. 세대원 전원이 해외로 이주하거나 2년 이상의 기간을 해외에 체류하려는 경우
4. 조성용지를 공급받을 사람이 이혼으로 인하여 조성용지를 그 배우자에게 이전하는 경우
5. 「공익사업을 위한 토지 등의 취득 및 보상에 관한 법률」 제78조에 따라 수립된 이주대책의 대상자가 이주대책용 조성용지를 전매하는 경우
6. 조성용지를 공급받은 자가 국가·지방자치단체 및 다음 각 목의 기관에 대한 채무를 이행하지 못하여 경매 또는 공매가 시행되는 경우
    가. 「은행법」에 따른 은행
    나. 「중소기업은행법」에 따른 중소기업은행
    다. 「상호저축은행법」에 따른 상호저축은행
    라. 「보험업법」에 따른 보험회사
    마. 그 밖의 법률에 따라 금융업무를 행하는 기관으로서 농림축산식품부령으로 정하는 기관

제66조(기획기술지원단의 구성과 운영) ① 법 제71조제2항에 따른 기획기술지원단(이하 "기획기술지원단"이라 한다)은 농림축산식품부에 둔다. 〈개정 2013. 3. 23.〉

② 기획기술지원단장은 농림축산식품부의 3급 공무원 또는 고위공무원단에 속하는 일반직공무원 중에서 농림축산식품부장관이 임명한다. 〈개정 2013. 3. 23.〉

③ 기획기술지원단은 다음 각 호의 사람으로 구성한다. 〈개정

2013. 3. 23.〉

1. 농림축산식품부 소속 직원 중에서 농림축산식품부장관이 임명하는 사람

2. 농어촌의 개발에 관한 학식과 경험이 풍부한 사람 중에서 농림축산식품부장관이 위촉하는 사람

④ 농림축산식품부장관은 법 제71조제2항에 따른 설계 및 집행상의 기술지원을 효율적으로 추진하기 위하여 한국농어촌공사 소속 연구기관이나 농어촌지역개발 관련 연구를 목적으로 설립된 연구기관에 그 연구를 의뢰할 수 있다. 〈개정 2013. 3. 23.〉

⑤ 기획기술지원단이 법 제71조제2항에 따른 설계 및 집행상의 기술지원을 수행하는 경우에는 예산의 범위에서 필요한 경비를 지급할 수 있다.

⑥ 제1항부터 제3항까지 및 제5항에서 정한 사항 외에 기획기술지원단의 구성 및 운영에 필요한 세부 사항은 농림축산식품부장관이 정한다. 〈개정 2013. 3. 23.〉

제5장 농어촌산업의 육성

제1절 농어촌산업 육성계획의 수립 · 시행 등

제67조(농어촌산업 육성 기본계획 등의 수립 절차 등) ① 시장 · 군수 · 구청장은 법 제73조 및 제74조에 따른 농어촌산업 육성 기본계획 및 시행계획을 세우려면 농어업인, 지역주민, 향토기업, 대학, 연구소, 관련 전문가 등에게 자문을 할 수 있다.

② 시장 · 군수 · 구청장은 법 제73조에 따라 농어촌산업 육성 기본계획을 「농업 · 농촌 및 식품산업 기본법」 제15조에 따른 시 · 군 · 구 농업 · 농촌및식품산업정책심의회 또는 「수산업 · 어촌 발전 기본법」 제8조에 따른 시 · 군 · 구 수산업 · 어촌정책심의회의 심의를 거쳐 확정하여야 한다. 〈개정 2013. 3. 23., 2015. 12. 22.〉

③ 시장 · 군수 · 구청장은 제2항에 따른 농어촌산업 육성 기본계획을 변경하려면 「농업 · 농촌 및 식품산업 기본법」 제15조에 따른 시 · 군 · 구 농업 · 농촌및식품산업정책심의회 또는 「수산업 · 어촌 발전 기본법」 제8조에 따른 시 · 군 · 구 수산업 · 어촌정책심의회의 심의를 거쳐 변경하고, 시 · 도지사를 거쳐 농림축산식품부장관 또는 해양수산부장관에게 제출하여야 한다. 〈개정 2013. 3. 23., 2015. 12. 22.〉

④ 시장·군수·구청장은 법 제74조에 따른 농어촌산업 육성 시행계획을 변경하면 시·도지사를 거쳐 농림축산식품부장관 또는 해양수산부장관에게 제출하여야 한다. 〈개정 2013. 3. 23.〉

제68조(농어촌산업 육성 지원기구의 지정 요건 등) ① 법 제75조제1항에 따른 농어촌산업 육성 지원기구로 지정받을 수 있는 기관 또는 단체는 다음 각 호의 요건을 모두 충족해야 한다. 〈개정 2021. 1. 5.〉

1. 농어촌산업 육성정책 및 관련 계획에 관한 조사·연구, 평가, 컨설팅 등의 업무를 지원할 수 있는 전문 인력을 보유하고 있을 것
2. 농어촌산업 육성 업무를 수행하기 위한 전담부서를 갖출 것
3. 삭제 〈2021. 1. 5.〉

② 법 제75조제1항에 따라 농어촌산업 육성 지원기구로 지정받으려는 기관 또는 단체는 다음 각 호의 사항에 관한 서류를 첨부하여 농림축산식품부령 또는 해양수산부령으로 정하는 바에 따라 농어촌산업 육성 지원기구 지정 신청서를 농림축산식품부장관 또는 해양수산부장관에게 제출해야 한다. 〈개정 2013. 3. 23., 2021. 1. 5.〉

1. 농어촌산업 육성을 위한 전문 인력 및 전담부서 현황
2. 농어촌산업 육성정책 및 관련 계획의 조사·연구 및 평가, 컨설팅 등 업무 수행 실적(실적이 있는 경우만 해당한다)

③ 농림축산식품부장관 또는 해양수산부장관은 제2항의 지정 신청을 받으면 제1항 각 호의 요건을 모두 충족하는지를 검토한 후 농어촌산업 육성 지원기구를 지정하여야 한다. 〈개정 2013. 3. 23.〉

④ 농림축산식품부장관 또는 해양수산부장관은 제3항에 따라 지정 여부를 결정할 때에는 농어촌산업 육성정책 및 관련 계획의 조사·연구 및 평가, 컨설팅 등 업무 수행 실적을 고려할 수 있다. 〈신설 2021. 1. 5.〉

⑤ 농어촌산업 육성 지원기구는 다음 각 호의 업무를 수행한다. 〈개정 2021. 1. 5.〉

1. 농어촌산업 육성정책에 관한 조사·연구
2. 법 제73조 및 제74조에 따라 시장·군수·구청장이 작성한 농어촌산업 육성 기본계획 및 시행계획에 대한 검토 및 컨설팅 등의 지원
3. 법 제74조에 따른 농어촌산업 육성 시행계획의 원활한 집행을

위한 조사 · 연구 · 자문 및 컨설팅 등의 지원

4. 법 제76조에 따른 평가 지원

5. 농어촌산업 육성에 관한 교육 · 홍보

6. 그 밖에 농어촌산업 육성과 관련하여 국가 및 지방자치단체 또는 그 밖의 자가 위탁하는 사업 및 부대사업

제69조(농어촌산업 육성 관련 평가의 기준 및 절차) ① 농림축산식품부장관 또는 해양수산부장관은 법 제76조제1항에 따라 평가를 하려면 평가계획을 세워 시 · 도지사를 거쳐 시장 · 군수 · 구청장에게 알려야 한다. 〈개정 2013. 3. 23.〉

② 시장 · 군수 · 구청장은 제1항의 평가에 필요한 서류를 시 · 도지사를 거쳐 농림축산식품부장관 또는 해양수산부장관에게 제출하여야 한다. 〈개정 2013. 3. 23.〉

③ 농림축산식품부장관 또는 해양수산부장관은 제1항의 평가계획에 따라 평가하고 그 결과를 시 · 도지사를 거쳐 시장 · 군수 · 구청장에게 알려야 한다. 〈개정 2013. 3. 23.〉

④ 법 제76조제2항에 따른 농어촌산업 육성 관련 평가의 기준은 다음 각 호와 같다.

1. 농어촌산업 육성 기본계획 및 시행계획 수립의 타당성

2. 목표의 달성도 및 성과

3. 집행과정의 효율성

제2절 농공단지의 개발

제70조(농공단지의 지정 · 승인 보고) 시 · 도지사는 법 제78조제3항에 따라 농공단지의 지정 · 승인에 관한 다음 각 호의 사항을 농림축산식품부장관 또는 해양수산부장관에게 보고하여야 한다. 〈개정 2013. 3. 23.〉

1. 농공단지의 지정 · 승인사항

2. 농공단지의 개발을 위한 계획의 개요와 보조금 · 융자금의 사용 명세

3. 지정 · 승인한 농공단지가 있는 시 · 군 · 구에 다른 농공단지가 있는 경우에는 그 다른 농공단지에 있는 공장의 입주와 가동 및 고용의 실태

제6장 농어촌 관광휴양자원 개발과 한계농지등의 정비

제1절 농어촌 관광휴양자원 개발

제71조(농어촌 관광휴양단지의 지정ㆍ개발) ① 시장ㆍ군수ㆍ구청장은 법 제82조제1항에 따라 농어촌 관광휴양단지를 지정하려면 직접 작성하거나 해당 농어촌 관광휴양단지 개발사업을 신청한 자가 작성한 사업계획 개요와 주요 내용에 대하여 미리 「농업ㆍ농촌 및 식품산업 기본법」 제15조에 따른 시ㆍ군ㆍ구 농업ㆍ농촌및식품산업정책심의회 또는 「수산업ㆍ어촌 발전 기본법」 제8조에 따른 시ㆍ군ㆍ구 수산업ㆍ어촌정책심의회의 심의를 거쳐야 한다. 〈개정 2013. 3. 23., 2015. 12. 22.〉

② 시장ㆍ군수ㆍ구청장이 농어촌 관광휴양단지의 지정을 변경하거나 해제하는 경우에는 제1항의 절차를 따른다. 다만, 다음 각 호의 어느 하나에 해당하는 경우에는 그러하지 아니하다.

1. 농어촌 관광휴양단지의 명칭의 변경
2. 농어촌 관광휴양단지 지정면적의 100분의 10 범위에서의 증감
3. 농어촌 관광휴양단지에서의 시설물 위치 변경

제72조(농어촌관광휴양지 개발계획의 승인 등) ① 법 제82조제2항 전단과 법 제83조제2항 전단에 따라 농어촌 관광휴양단지와 관광농원(이하 “농어촌관광휴양지”라 한다)의 개발계획을 승인받으려는 자는 다음 각 호의 사항이 포함된 사업계획서를 시장ㆍ군수ㆍ구청장에게 제출해야 한다. 〈개정 2021. 9. 29.〉

1. 농어촌관광휴양지의 명칭과 위치 및 규모
2. 사업시행자의 성명(법인의 경우에는 그 명칭과 대표자의 성명)과 주소
3. 농어촌관광휴양지 시설의 조성계획과 공사 시행기간
4. 지번, 지목 및 면적이 포함된 토지 명세서
5. 시설물 배치 상황 등이 포함된 조감도
6. 농어촌관광휴양지 주변의 관광자원 현황과 도로 등 교통 여건
7. 재배작물별ㆍ시설별 사업비 조달계획
8. 농어촌관광휴양지의 분양ㆍ운영 계획
9. 그 밖에 농어촌관광휴양지 개발에 필요한 사항

② 법 제82조제2항 후단과 법 제83조제2항 후단에 따라 변경승

인을 받아야 하는 사항은 다음 각 호와 같다.

1. 사업시행자의 명의 변경
2. 사업구역의 경계 또는 토지면적의 변경
3. 사업 시행기간의 변경
4. 설치하려는 시설의 위치, 규모 또는 용도의 변경(「건축법」 등 다른 법률에 따른 변경신고의 대상이 되는 것은 제외한다)
5. 농어촌관광휴양지의 분양·운영 계획의 변경

제73조(농어촌 관광휴양단지 지정 등의 고시) 법 제82조제3항에 따른 고시에는 다음 각 호의 사항이 포함되어야 한다.

1. 농어촌 관광휴양단지의 명칭과 위치 및 규모
2. 사업시행자
3. 사업기간
4. 지정·해제·승인 및 취소의 연월일
5. 사업 개요
6. 사업비

제74조(농어업인 단체의 범위) 법 제83조제1항에서 "대통령령으로 정하는 농어업인 단체"란 다음 각 호의 어느 하나에 해당하는 자를 말한다.

1. 「농업협동조합법」에 따라 설립된 조합 및 중앙회
2. 「산림조합법」에 따라 설립된 조합 및 중앙회
3. 「수산업협동조합법」에 따라 설립된 조합 및 중앙회 또는 어촌계
4. 「농어업경영체 육성 및 지원에 관한 법률」에 따라 설립된 농업법인 또는 어업법인

제2절 한계농지등의 정비

제75조(한계농지등 정비지구의 지정 요건) 법 제94조제1항에 따라 한계농지등 정비지구로 지정할 수 있는 지역은 다음 각 호의 요건을 모두 갖춘 지역으로 한다.

1. 제2조에 따른 한계농지와 그 주변산지 등의 토지를 포함하여 그 면적이 20만제곱미터 이하인 지역으로서 한계농지의 면적은 전체면적의 100분의 15 이상이고, 한계농지를 제외한 농지의 면적은 전체면적의 100분의 20 미만인 지역
2. 「농지법」에 따른 농업진흥지역이 포함되지 아니한 지역

3. 「산지관리법」에 따른 보전산지가 포함되지 아니한 지역

4. 「국토의 계획 및 이용에 관한 법률」 제6조제1호에 따른 도시지역 외의 지역

제76조(한계농지등 정비지구 지정 또는 변경 등의 고시) 법 제94조제2항 및 제95조제2항에 따른 한계농지등 정비지구의 지정·변경 또는 해제의 고시에 포함되어야 할 사항은 다음 각 호와 같다.

1. 한계농지등 정비지구의 명칭

2. 한계농지등 정비지구의 지정 목적과 한계농지등의 정비사업 종류

3. 한계농지등 정비지구의 변경 또는 해제 사유(변경 또는 해제의 경우만 해당한다)

4. 한계농지등 정비지구의 위치 및 면적

5. 한계농지등 정비지구의 정비기간과 한계농지등의 정비사업 내용(해제의 경우는 제외한다)

제77조(한계농지등의 정비사업계획의 수립) 법 제96조제2항에 따른 한계농지등의 정비사업계획에 포함되어야 할 사항은 다음 각 호와 같다.

1. 사업지역의 위치(위치도를 포함한다)

2. 사업의 종류

3. 사업비(사업비 조달계획을 포함한다)

4. 사업기간

5. 토지 이용계획

6. 시설의 규모와 배치계획

7. 도로와 상·하수도 등의 현황과 배치계획

8. 주변지역에 대한 환경영향과 피해예방대책

9. 그 밖에 한계농지등의 정비사업 시행에 필요한 사항

제7장 마을정비구역

제78조(마을정비계획의 내용) 법 제101조제3항제19호에서 "대통령령으로 정하는 사항"이란 다음 각 호의 사항을 말한다.

1. 마을회관, 농기계 공동보관창고 등 마을공동관리시설에 관한 사항

2. 재해 예방에 관한 사항

3. 그 밖에 시장·군수·구청장이 농어촌 생활환경을 정비하기 위

하여 필요하다고 인정하는 사항

제79조(농림축산식품부장관의 승인을 받아야 하는 마을정비구역) 법 제101조제4항 단서에서 "대통령령으로 정하는 요건"이란 마을정비구역의 면적이 20만제곱미터 이상인 경우를 말한다.

[제목개정 2013. 3. 23.]

제80조(마을정비구역의 고시) 법 제101조제7항에서 "대통령령으로 정하는 사항"이란 다음 각 호의 사항을 말한다.

1. 마을정비구역의 명칭 · 위치와 면적
2. 사업 개요
3. 토지 이용계획에 관한 사항
4. 사업의 시행 예정 기간 및 시행방식
5. 사업 시행 예정자와 그 주된 사무소의 소재지
6. 수용 또는 사용할 토지 · 물권 · 권리의 명세

제81조(마을정비계획의 경미한 사항의 변경) 법 제102조 단서에서 "대통령령으로 정하는 경미한 사항"이란 다음 각 호의 어느 하나에 해당하는 것을 말한다.

1. 마을정비구역의 명칭의 변경
2. 마을정비구역 지정면적의 100분의 10 범위에서의 증감
3. 사업비(물가 변동에 따른 변동금액은 포함하지 아니한다)의 100분의 10 범위에서의 증감
4. 물가 변동에 따른 사업비의 변경
5. 마을정비구역의 지정 조건 이행에 따른 변경
6. 다른 법률의 제정 · 개정 및 폐지에 따라 변경된 사항의 반영
7. 그 밖에 단순한 착오 · 누락 등으로 인한 사항의 정정

제8장 보칙

제82조(각종 고시 또는 공고의 방법) ① 법 또는 이 영에서 특별히 규정하는 경우를 제외하고는 고시 또는 공고는 이 조에서 정하는 바에 따른다.

② 제1항에 따른 고시 또는 공고에는 다음 각 호의 사항이 포함되어야 한다. 그 내용을 변경할 때에도 또한 같다.

1. 사업의 목적
2. 사업의 내용 및 구역

3. 사업비 필요금액
4. 사업 예정 기간
5. 사업의 효과
6. 사업시행자
7. 사업을 원활하게 추진하기 위하여 필요한 사항

③ 제1항에 따른 고시 또는 공고의 방법은 다음 각 호와 같다. 〈개정 2013. 3. 23.〉

1. 고시

가. 농림축산식품부장관 또는 해양수산부장관의 경우: 관보에 게재

나. 지방자치단체장의 경우: 해당 지방자치단체의 공보에 게재

다. 가목과 나목 외의 경우: 전국을 주된 보급지역으로 하는 일간신문 또는 해당 지역을 주된 보급지역으로 하는 일간신문에 게재

2. 공고

사업 시행지역의 시·도청, 시·군·구청 및 읍·면사무소의 게시판과 일반인이 보기 쉬운 장소에 7일 이상 게시

제83조(주민의견 청취 등) ① 시·도지사 또는 시장·군수·구청장은 법 제82조에 따른 농어촌 관광휴양단지, 법 제94조 또는 제95조에 따른 한계농지등 정비지구, 법 제101조에 따른 마을정비구역 지정에 관하여 주민의 의견을 들으려면 지정안의 주요 내용을 해당 시·도 및 시·군·구 지역을 주된 보급지역으로 하는 둘 이상의 일간신문과 해당 지방자치단체의 게시판 및 인터넷 홈페이지에 공고하고 지정안을 14일 이상 일반인이 열람할 수 있게 하여야 한다.

② 제1항에 따라 공고 및 열람된 지정안의 내용에 대하여 의견이 있는 자는 열람 시작일부터 열람기간 종료 후 5일까지 시·도지사 또는 시장·군수·구청장에게 의견서를 제출할 수 있다.

③ 시·도지사 또는 시장·군수·구청장은 제2항에 따라 제출된 의견에 대하여 검토한 후 그 결과를 열람이 끝난 날부터 60일 이내에 그 의견을 제출한 자에게 알려야 한다.

④ 법 제104조제2항 단서에서 "대통령령으로 정하는 경미한 사항"이란 다음 각 호의 어느 하나에 해당하는 사항을 말한다.

1. 다른 법령에 따라 해당 지역주민과 관계 전문가의 의견이 수렴된 계획에 따라 반영하여야 할 사항

2. 단순한 기술적인 사항

3. 해당 지역주민과 직접적인 이해관계가 없는 사항

第84조(농어촌관광휴양지사업자 신고 시 의제되는 영업) ① 법 제106조제3항제1호에서 "대통령령으로 정하는 영업"이란 다음 각 호의 어느 하나에 해당하는 영업을 말한다.

1. 요트장업
2. 조정장업
3. 카누장업
4. 빙상장업
5. 승마장업
6. 종합 체육시설업
7. 수영장업
8. 체육도장업
9. 골프연습장업
10. 체력단련장업
11. 당구장업
12. 썰매장업

② 법 제106조제3항제3호에서 "대통령령으로 정하는 영업"이란 다음 각 호의 어느 하나에 해당하는 영업을 말한다.

1. 휴게음식점영업
2. 일반음식점영업
3. 제과점영업

第85조(보조 대상 사업 비용의 상환) 법 제108조제4항에 따른 보조 대상 사업 비용의 상환계약을 체결한 경우 그 상환기간은 해당 공사의 준공검사일부터 3년 이내로 하고 상환 비용은 다음 각 호의 비용을 합산한 금액으로 한다.

1. 보조 대상 사업 비용

2. 상환 완료 시까지의 비용에 대한 이자. 이 경우 그 이자율은 비용상환계약 체결일 당시의 정기예금 금리(「은행법」에 따라 설립된 은행 중 수신고를 기준으로 한 전국 상위 6개 시중은행의 1년 만기 정기예금 금리의 산술평균을 말한다)로 하되, 보조 사업대상 비용상환계약에서 달리 정하는 경우에는 그에 따른다.

第86조(권한의 위임과 위탁) ① 농림축산식품부장관 또는 해양수산부장관은 법 제109조제1항에 따라 다음 각 호의 권한을 시·도지사에게 위임한다. 다만, 수혜면적이 3천만제곱미터 이상이고 농어촌용수 개발, 경지 정리, 배수 개선, 간척, 매립, 농어촌 생활환경 정비 중 둘 이상으로 구성된 사업의 경우에는 그러하지 아니하다. 〈개정 2013. 3. 23., 2018. 8. 14.〉

1. 삭제 〈2024. 3. 19.〉

2. 삭제 〈2024. 3. 19.〉

3. 법 제9조제7항부터 제9항까지의 규정에 따른 농업생산기반 정비사업 시행계획의 승인·고시 및 변경승인·고시(농림축산식품부령으로 정하는 사항은 제외한다)

4. 법 제14조제2항에 따른 재산의 관리·처분 승인. 다만, 농지관리기금이 투입된 사업으로 조성한 재산은 제외한다.

5. 법 제112조제1항에 따른 무상양여

② 농림축산식품부장관 또는 해양수산부장관은 법 제109조제1항에 따라 다음 각 호의 업무를 한국농어촌공사에 위탁한다. 〈개정 2013. 3. 23., 2022. 5. 9.〉

1. 법 제3조에 따른 자원 조사 실시

2. 법 제4조에 따른 농어촌 정비 종합계획 수립을 위한 기술적·경제적 타당성 조사에 관한 사항

2의2. 법 제18조의3제1항에 따른 농업생산기반시설정보체계의 구축·운영, 같은 조 제2항에 따른 자료·정보의 제공 요청 및 제26조의2제2항에 따른 확인·점검

3. 법 제19조에 따른 안전관리 교육·훈련계획의 수립 및 시행에 관한 사항

③ 농림축산식품부장관은 법 제109조제1항에 따라 법 제8조에 따른 농업생산기반 정비사업(수혜면적이 50만제곱미터 이상인 경우만 해당한다)의 기본조사 실시 및 기본계획 수립을 위한 기술적·경제적 타당성 조사에 관한 업무를 한국농어촌공사에 위탁할 수 있다. 〈개정 2013. 3. 23.〉

④ 한국농어촌공사는 제3항에 따라 위탁받은 조사 업무를 농림축산식품부장관이 정하는 바에 따라 「엔지니어링산업 진흥법」 제21조에 따라 신고한 엔지니어링사업자나 그 밖에 농어촌정비사업 조사 업무와 관련하여 전문 능력을 갖춘 자에게 의뢰하여 실시할 수 있

다. 〈개정 2011. 1. 17., 2013. 3. 23.〉

⑤ 농림축산식품부장관은 법 제109조제1항에 따라 법 제28조에 따른 환지사 시험의 실시에 관한 사항을 「한국산업인력공단법」에 따른 한국산업인력공단에 위탁한다. 〈개정 2013. 3. 23.〉

제86조의2(이주정착지 미이주자 등에 대한 지원) ① 농업생산기반 정비사업 시행자는 법 제110조의2제1항에 따른 지원대상자(농업생산기반 정비사업 시행계획의 최초 고시 당시 해당 지역에 거주하는 자만 해당한다)에게 이주정착지원금 및 생활안정지원금을 지급할 수 있다.

② 법 제110조의2제1항에서 "대통령령으로 정하는 자"란 세입자 또는 무허가건축물(신고하지 아니하고 건축한 건축물을 포함한다)의 소유자로서 농업생산기반 정비사업 시행계획의 최초 고시일 3년 전부터 해당 지역에 계속 거주하는 자를 말한다.

③ 법 제110조의2제1항에 따라 지원할 수 있는 이주정착지원금 및 생활안정지원금은 다음 각 호와 같다.

1. 이주정착지원금: 세대당 2천만원
2. 생활안정지원금: 세대 구성원 1명당 250만원. 다만, 세대당 1천만원을 초과할 수 없다.

④ 법 제110조의2제1항에 따른 지원대상자는 이주정착지원금 및 생활안정지원금을 받으려면 이주예정일 7일 전까지 농림축산식품부령으로 정하는 신청서에 농림축산식품부령으로 정하는 서류를 첨부하여 농업생산기반 정비사업 시행자에게 제출하여야 한다. 〈개정 2013. 3. 23.〉

[본조신설 2012. 2. 14.]

제87조(행위허가의 대상 등) ① 법 제111조제1항에 따라 시장·군수·구청장의 허가를 받아야 하는 행위는 다음 각 호와 같다. 〈개정 2019. 7. 2., 2020. 8. 11.〉

1. 건축물의 건축 등: 「건축법」 제2조제1항제2호에 다른 건축물(가설건축물을 포함한다)의 건축, 대수선 또는 용도변경
2. 인공구조물의 설치: 인공을 가하여 제작한 시설물(「건축법」 제2조제1항제2호에 따른 건축물은 제외한다)의 설치
3. 토지의 형질변경: 절토(땅깎기)·성토(흙쌓기)·정지(땅고르기) 또는 포장(鋪裝: 길바닥에 돌과 모래 따위를 깔고 그 위에 시멘트나

아스팔트 따위로 덮어 길을 단단하게 다져 꾸미는 일) 등의 방법으로 토지의 형상을 변경하는 행위, 토지의 굴착(땅파기) 또는 공유수면의 매립

4. 토석의 채취: 흙·모래·자갈·바위 등의 토석을 채취하는 행위. 다만, 토지의 형질변경을 목적으로 하는 것은 제3호에 따른다.

5. 토지분할

6. 물건을 쌓아 놓는 행위: 옮기기 어려운 물건을 1개월 이상 쌓아 놓는 행위

7. 죽목(竹木)의 벌채 및 식재(植栽)

② 시장·군수·구청장은 법 제111조제1항에 따라 제1항 각 호의 행위에 대한 허가를 하려면 농업생산기반 정비사업 시행자의 의견을 들어야 한다.

③ 법 제111조제2항제2호에서 "대통령령으로 정하는 행위"란 다음 각 호의 어느 하나에 해당하는 행위를 말한다. 〈개정 2013. 3. 23., 2020. 8. 11.〉

1. 농수산물의 생산에 직접 이용되는 것으로서 농림축산식품부령으로 정하는 간이 인공구조물의 설치

2. 경작을 위한 토지의 형질변경

3. 법 제9조에 따른 농업생산기반 정비사업 시행계획이 승인된 지역, 법 제82조에 따른 농어촌 관광휴양단지, 법 제94조 또는 제95조에 따른 한계농지등 정비지구, 법 제101조에 따른 마을정비구역을 지정하는 경우 해당 지역·구역·단지·지구(이하 "지역·지구등"이라 한다)의 개발에 지장을 주지 아니하고 자연경관을 손상하지 아니하는 범위에서의 토석의 채취

4. 지역·지구등 안에 그대로 두기로 결정된 대지 안에서 물건을 쌓아 놓는 행위

5. 관상용 죽목의 임시 식재(경작지에서의 임시 식재는 제외한다)

④ 법 제111조제3항에 따라 신고하여야 하는 자는 지역·지구등이 지정·고시된 날부터 30일 이내에 해당 공사 또는 사업의 진행상황과 시행계획을 첨부하여 시장·군수·구청장에게 신고하여야 한다.

제88조(국공유지의 양여 등) ① 토지 소유자 또는 농어촌정비사업 시행자가 법 제112조제1항에 따라 국공유지를 무상으로 양여받으려

면 공사가 완료된 후 국공유지 무상양여 신청서에 농림축산식품부령 또는 해양수산부령으로 정하는 서류를 첨부하여 농림축산식품부장관 또는 해양수산부장관에게(공유지의 경우에는 해당 지방자치단체의 장을 거쳐야 한다) 제출하여야 한다. 〈개정 2013. 3. 23.〉

② 토지 소유자 또는 농어촌정비사업 시행자가 법 제112조제2항에 따라 무상으로 양여받은 국공유지의 용도를 대신할 토지를 국가 또는 지방자치단체에 증여하려면 공사가 완료된 후 국공유지를 대신할 토지 증여서에 농림축산식품부령 또는 해양수산부령으로 정하는 서류를 첨부하여 농림축산식품부장관, 해양수산부장관 또는 해당 지방자치단체의 장에게 제출하여야 한다. 〈개정 2013. 3. 23.〉

제89조(선수금) 농어촌정비사업 시행자가 법 제113조에 따라 대금의 일부를 받을 수 있는 경우는 농어촌정비사업의 시설공정이 100분의 30 이상 진행된 경우여야 한다. 다만, 생활환경정비사업 시행자는 제63조제1항에 따른 분양 또는 임대 시기에 대금의 일부를 받을 수 있다.

제90조(준공검사 및 준공인가) ① 농어촌정비사업 시행자가 법 제114조제1항에 따라 준공인가를 신청하려면 다음 각 호의 서류 및 도면을 제출하여야 한다. 〈개정 2017. 5. 8.〉

1. 사업의 명칭과 규모에 관한 서류
2. 사업비 명세서
3. 시설물 배치와 시설 현황도
4. 주요시설물 유지·관리계획서

4의2. 주요시설물 이관계획서

5. 준공도서(준공사진을 포함한다)
6. 시행 전후의 면적조서
7. 농어촌정비사업 중 사업시행자가 취득할 매립지등과 국가 또는 지방자치단체에 귀속될 매립지등의 명세서

② 농어촌정비사업의 시행·사업계획 승인권자는 제3항에 따른 전문 검사기술을 가진 자가 해당 사업의 공사감리자와 같은 경우에는 그 준공검사를 위탁해서는 아니 된다.

③ 법 제114조제6항에서 "대통령령으로 정하는 전문 검사기술을 가진 자"란 한국농어촌공사와 「건설기술 진흥법」 제26조에 따라 시·도지사에게 등록한 건설엔지니어링사업자를 말한다. 〈개정 2014.

5. 22., 2017. 5. 8., 2020. 1. 7., 2021. 9. 14.〉

[제목개정 2017. 5. 8.]

제91조(측량 · 설계 · 공사감리 등의 위탁 대상자) ① 법 제115조제1항에서 “대통령령으로 정하는 자”란 다음 각 호의 어느 하나에 해당하는 자를 말한다. 〈개정 2011. 1. 17., 2012. 5. 7., 2014. 5. 22., 2020. 1. 7., 2021. 9. 14.〉

1. 한국농어촌공사
2. 「엔지니어링산업 진흥법」 제21조에 따라 신고한 엔지니어링사업자
3. 「기술사법」 제6조에 따라 등록을 한 기술사사무소
4. 「건설기술 진흥법」 제26조에 따라 등록을 한 건설엔지니어링사업자
5. 농어촌지역개발 관련 연구를 목적으로 설립된 연구기관(법 제58조에 따른 생활환경정비사업 기본계획의 수립을 위한 기술적 · 경제적 타당성 조사에 관한 설계업무의 경우만 해당한다)

② 법 제115조제2항에서 “한국농어촌공사 등 대통령령으로 정하는 자”란 다음 각 호의 어느 하나에 해당하는 자를 말한다. 〈개정 2018. 1. 16.〉

1. 한국농어촌공사
2. 「시설물의 안전 및 유지관리에 관한 특별법」에 따라 등록된 안전진단전문기관

제92조(허가 취소 등) 법 제116조제2항에 따라 공사 중지 등의 조치를 명하거나 허가 취소 등의 처분을 한 경우에 고시하여야 할 사항은 다음 각 호와 같다.

1. 사업의 명칭
2. 위치와 규모
3. 사업의 종류
4. 해당 조치명령 또는 처분의 사유와 내용
5. 해당 조치명령 또는 처분의 연월일

제93조(수리계의 경비 징수 의뢰 등) ① 수리계는 법 제126조제4항 전단에 따라 농업생산기반시설의 유지 · 관리를 위한 경비를 체납한 자에 대한 경비의 징수를 시장 · 군수 · 구청장에게 의뢰하려면 납부의무자의 주소, 성명, 납부금액 및 납부기한 등을 적은 경비 부과

명세서를 해당 시장·군수·구청장에게 보내고, 그 취지를 납부의무자에게 알려야 한다.

② 시장·군수·구청장은 수리계가 의뢰한 경비를 징수하면 지체 없이 수리계에 납부하여야 한다.

③ 수리계가 법 제126조제4항 후단에 따라 시장·군수·구청장에게 주는 수수료는 그 징수한 금액의 100분의 3으로 한다.

제94조(무단점용료의 징수 등) ① 법 제127조에 따른 무단점용료는 제32조제1항에 따라 산정한 사용료의 100분의 120 상당액에 해당 농업생산기반시설을 무단으로 점용한 기간을 곱한 금액으로 한다. 이 경우 점유한 기간이 회계연도를 초과할 때에는 각 회계연도별로 산출한 무단점용료를 합산한 금액으로 한다. 〈개정 2017. 5. 8.〉

② 농업생산기반시설관리자가 무단점용료를 받으려면 농업생산기반시설의 사용허가를 받지 아니하고 농업생산기반시설을 점유하거나 사용한 자(이하 "무단점용자"라 한다)에게 농림축산식품부령으로 정하는 바에 따라 무단점용료 사전통지서를 보내야 한다. 이 경우 무단점용자는 통지받은 내용에 대하여 이의가 있으면 농림축산식품부령으로 정하는 바에 따라 의견서를 제출할 수 있다. 〈개정 2013. 3. 23., 2017. 5. 8.〉

③ 농업생산기반시설관리자가 무단점용료를 징수하려면 납부금액, 납부기한, 납부방법, 산출 근거를 분명하게 밝혀 무단점용자에게 알려야 한다. 이 경우 납부기한은 고지일부터 60일 이내로 한다.

④ 농업생산기반시설관리자는 무단점용자가 제3항에 따른 무단점용료를 납부하지 않으면 납부하여야 할 무단점용료에 연체이자를 붙여 15일 이내의 기한을 정하여 납부를 고지하여야 한다.

⑤ 제4항에 따른 기한 내에 무단점용료를 납부하지 아니하면 2회 이내로 다시 납부를 고지하여야 한다. 다만, 마지막 납부기한은 제4항에 따른 납부고지일부터 3개월 이내로 한다.

⑥ 제4항에 따른 연체이자는 무단점용료에 다음 각 호의 이율을 곱하여 산정한다.

1. 연체기간이 1개월 미만인 경우: 연이율 12퍼센트
2. 연체기간이 1개월 이상 3개월 미만인 경우: 연이율 13퍼센트
3. 연체기간이 3개월 이상 6개월 미만인 경우: 연이율 14퍼센트
4. 연체기간이 6개월 이상인 경우: 연이율 15퍼센트

⑦ 제4항에 따라 고지한 무단점용료를 기한까지 납부하는 경우에는 제3항 후단에 따른 납부기한 다음날부터 납부한 날까지의 연체 이자는 징수하지 아니한다.

제95조(무단점용료의 분할납부) ① 무단점용료가 100만원을 초과하는 경우에는 무단점용료를 분할납부할 수 있다.

② 무단점용자가 무단점용료를 분할납부하려면 농림축산식품부령으로 정하는 바에 따라 분할납부를 신청하여야 한다. 〈개정 2013. 3. 23.〉

③ 농업생산기반시설관리자는 제2항에 따라 무단점용자가 무단점용료의 분할납부를 희망하는 경우에는 남은 무단점용료 금액에 「국유재산법 시행령」 제30조제5항 후단에 따른 이자를 붙여 3년 이내의 기간에 걸쳐 분할납부하게 할 수 있다. 이 경우 최초로 무단점용료의 부과를 고지하는 경우에는 분할납부할 무단점용료의 납부일과 납부금액을 함께 알려야 한다. 〈개정 2020. 7. 31.〉

④ 분할납부하여야 할 무단점용료 및 이자의 고지 등에 관하여는 제94조제3항부터 제7항까지의 규정을 준용한다.

제96조(무단점용료의 사용 범위) 법 제127조제3항에 따른 무단점용료의 사용 범위는 제32조제4항을 준용한다.

제96조의2(고유식별정보의 처리) ① 농림축산식품부장관(제86조제5항에 따라 농림축산식품부장관의 권한을 위탁받은 자를 포함한다)은 다음 각 호의 사무를 수행하기 위하여 불가피한 경우 「개인정보 보호법 시행령」 제19조에 따른 주민등록번호, 여권번호 또는 외국인등록번호(이하 이 조에서 "주민등록번호등"이라 한다)가 포함된 자료를 처리할 수 있다. 〈개정 2013. 3. 23., 2017. 3. 27.〉

1. 법 제28조에 따른 환지사 시험에 관한 사무
2. 법 제31조에 환지 업무 대행법인의 등록에 관한 사무
3. 법 제32조에 따른 환지 업무 대행법인의 등록 취소 등에 관한 사무
4. 제39조에 따른 환지사 자격증 발급 및 재발급에 관한 사무

② 농림축산식품부장관, 해양수산부장관, 시 · 도지사, 시장 · 군수 · 구청장(해당 권한이 위임 · 위탁된 경우에는 그 권한을 위임 · 위탁받은 자를 포함한다), 한국농어촌공사 또는 법 제27조에 따라 농업생산기반 정비사업 시행자의 환지 업무를 대행하는 자는 다음 각

호의 사무를 수행하기 위하여 불가피한 경우 주민등록번호등이 포함된 자료를 처리할 수 있다. 〈개정 2013. 3. 23., 2017. 3. 27.〉

1. 농어촌정비사업 시행에 따른 토지 등에 대한 권리를 가지고 있는 자의 확인 또는 동의 여부의 확인에 관한 사무

2. 법 제14조에 따른 매립지등의 관리 · 처분에 관한 사무

3. 법 제23조에 따른 농업생산기반시설의 목적 외 사용에 관한 사무

4. 법 제37조에 따른 환지 처분, 청산금 지급 · 징수 및 법 제42조에 따른 등기의 촉탁에 관한 사무

5. 법 제38조에 따른 일시 이용지 지정에 관한 사무

6. 법 제110조에 따른 토지 등의 수용에 관한 사무

6의2. 법 제110조의2에 따른 저수지 축조 등에 따른 피해주민 지원에 관한 사무

7. 법 제127조에 따른 무단점용료 징수에 관한 사무

③ 농림축산식품부장관, 해양수산부장관, 시 · 도지사 또는 시장 · 군수 · 구청장(해당 권한이 위임 · 위탁된 경우에는 그 권한을 위임 · 위탁받은 자를 포함한다)이 다음 각 호의 사무를 수행하기 위하여 불가피한 경우 주민등록번호등이 포함된 자료를 처리할 수 있다. 〈개정 2013. 3. 23., 2017. 3. 27.〉

1. 농어촌정비사업의 인가 · 허가 · 승인 · 신고 및 취소 등에 관한 사무

2. 법 제67조제3항에 따른 농어촌주택개량자금의 사용에 관한 사무

3. 법 제112조에 따른 국공유지의 양여 등에 관한 사무

④ 시 · 도지사 또는 시장 · 군수 · 구청장(해당 권한이 위임 · 위탁된 경우에는 그 권한을 위임 · 위탁받은 자를 포함한다)은 법 제56조에 따른 생활환경정비사업 시행자의 지정 · 변경에 관한 사무를 수행하기 위하여 불가피한 경우 「개인정보 보호법 시행령」 제19조제1호에 따른 주민등록번호가 포함된 자료를 처리할 수 있다. 〈신설 2014. 8. 6.〉

⑤ 시장 · 군수 · 구청장(해당 권한이 위임 · 위탁된 경우에는 그 권한을 위임 · 위탁받은 자를 포함한다)이 다음 각 호의 사무를 수행하기 위하여 불가피한 경우 주민등록번호등이 포함된 자료를 처리할 수 있다. 〈개정 2014. 8. 6., 2020. 8. 11.〉

1. 법 제65조의5제4항ㆍ제5항에 따른 보상비의 지급 및 말소등기 촉탁 등에 관한 사무

2. 법 제85조 및 제86조에 따른 농어촌관광휴양지사업자 및 농어촌민박사업자의 신고 등에 관한 사무

3. 법 제101조제3항제18호에 따른 수용 또는 사용할 토지ㆍ물권ㆍ권리의 확인에 관한 사무

4. 법 제126조에 따른 농어촌생산기반시설 유지ㆍ관리 경비 징수에 관한 업무

⑥ 시장ㆍ군수ㆍ구청장(해당 권한이 위임ㆍ위탁된 경우에는 그 권한을 위임ㆍ위탁받은 자를 포함한다) 또는 한국농어촌공사는 다음 각 호의 사무를 수행하기 위하여 불가피한 경우 주민등록번호등이 포함된 자료를 처리할 수 있다. 〈개정 2014. 8. 6.〉

1. 법 제43조에 따른 농지의 교환ㆍ분할ㆍ합병의 시행에 따른 토지 등에 대한 권리를 가지고 있는 자의 확인 또는 동의 여부의 확인에 관한 사무

2. 법 제47조에 따른 청산금의 지급ㆍ징수 및 등기의 촉탁에 관한 사무

3. 법 제68조에 따른 농어촌 주택 등의 분양ㆍ임대 및 법 제70조에 따른 전매행위 제한 등에 관한 사무

4. 법 제84조 및 제98조에 따른 토지 및 시설의 분양ㆍ임대에 관한 사무

5. 법 제100조에 따른 한계농지등의 매매 등에 관한 사무

⑦ 한국농어촌공사는 법 제16조제3항에 따른 농업생산기반시설에 대한 권리ㆍ의무의 승계 및 같은 조 제4항에 따른 용지의 등기에 관한 사무를 수행하기 위하여 불가피한 경우 주민등록번호등이 포함된 자료를 처리할 수 있다. 〈개정 2014. 8. 6.〉

⑧ 법 제120조제1항 각 호에 해당하는 자는 같은 조에 따른 측량검사 또는 서류 등 열람에 관한 사무를 수행하기 위하여 불가피한 경우 주민등록번호등이 포함된 자료를 처리할 수 있다. 〈개정 2014. 8. 6.〉

[본조신설 2012. 1. 6.]

제96조의3 삭제 〈2020. 3. 3.〉

제9장 벌칙

제97조(과태료의 부과기준) 법 제132조제1항에 따른 과태료의 부과기준은 별표 4와 같다.

제98조(이행강제금) 법 제133조제1항에서 "대통령령으로 정하는 금액"이란 다음 각 호의 구분에 따른 금액을 말한다. 다만, 시장·군수·구청장은 이행강제금의 효율적 부과·징수를 위해 필요하다고 인정하는 경우에는 해당 지방자치단체의 조례로 정하는 바에 따라 100분의 50의 범위에서 그 금액을 줄일 수 있다.

1. 법 제65조의5제1항에 따른 특정빈집에 대한 철거 명령을 이행하지 않은 경우: 500만원
2. 법 제65조의5제1항에 따른 특정빈집에 대한 개축·수리 등 철거 외 필요한 조치 명령을 이행하지 않은 경우: 200만원

[본조신설 2024. 7. 2.]

부칙 〈제21887호, 2009. 12. 15.〉

제1조(시행일) 이 영은 공포한 날부터 시행한다. 다만, 제94조부터 제96조까지의 개정규정은 2010년 6월 10일부터 시행한다.

제2조(비상대처계획의 수립기한) 법률 제9758호 농어촌정비법 전부개정법률 부칙 제14조에서 "대통령령으로 정하는 기간"이란 다음 각 호의 어느 하나에 해당하는 기간을 말한다.

1. 제27조제1항제1호의 시설: 다음 각 목의 구분에 따른 기간
   가. 총저수용량 300만세제곱미터 이상인 저수지: 7년
   나. 총저수용량 100만세제곱미터 이상 300만세제곱미터 미만인 저수지: 10년
2. 제27조제1항제2호의 시설: 10년
3. 제27조제1항제3호의 시설: 10년

제3조(목적 외 사용에 따른 경비 징수에 관한 특례) 농업기반시설 또는 용수의 목적 외 사용에 따른 경비의 징수 범위는 제32조제1항제3호의 개정규정에도 불구하고 2009년도에는 토지의 공시지가 등의 100분의 6에 해당하는 금액으로 한다.

제4조(농어촌 주택 등의 분양 또는 임대에 관한 적용례) 제63조제1항의 개정규정은 이 영 시행 이후 최초로 분양 또는 임대계획서를 공고하는 생활환경정비사업부터 적용한다.

제5조(매립지등의 분양 또는 매각에 관한 경과조치) 대통령령 제20579호 농어촌정비법 시행령 전부개정령 시행 당시 종전의 규정에 따라 분양 또는 매각이 진행 중인 매립지등에 관하여는 제12조부터 제19조까지의 개정규정에도 불구하고 종전의 규정에 따른다.
제6조(매립지등의 임대 대상자에 관한 경과조치) 이 영 시행 당시 종전의 규정에 따라 매립지등을 임대하여 임대차기간 중에 있는 자에 대해서는 제13조의 개정규정에도 불구하고 그 기간이 끝날 때까지 종전의 규정에 따른다.
제7조(매립지등의 분배 대상자에 관한 경과조치) 대통령령 제14679호 농어촌정비법시행령의 시행 당시 매립지등의 분배 대상자를 정하여 이미 분배 대상자에게 매립지등의 일시 이용을 지정하는 등의 행정행위나 처분을 한 경우 그 분배 대상자의 우선순위 등 분배에 관한 사항은 제15조의 개정규정에도 불구하고 농림수산식품부령으로 정한다.
제8조(매립지등의 일시 사용자에 관한 경과조치) 대통령령 제20579호 농어촌정비법 시행령 전부개정령 시행 당시 종전의 규정에 따라 매립지등의 일시 사용자로 선정되어 일시 사용기간 중에 있는 자에 대해서는 제21조의 개정규정에도 불구하고 그 기간이 끝날 때까지 종전의 규정에 따른다.
제9조(조례에 관한 경과조치) 대통령령 제16919호 농어촌정비법시행령중개정령의 시행 당시 종전의 농어촌발전특별조치법시행령(대통령령 제16919호로 개정되기 전의 것을 말한다) 제56조에 따라 제정된 농어촌용수구역의 관리에 관한 시·군 또는 자치구의 조례는 제24조제3항의 개정규정에 따라 제정된 것으로 본다.
제10조(농어촌 주택 등의 공급에 관한 경과조치) 대통령령 제20579호 농어촌정비법 시행령 전부개정령 시행 당시 종전의 규정에 따라 분양 또는 임대 절차가 진행 중인 조성용지, 농어촌 주택 및 그 밖의 시설물에 관하여는 제63조 및 제64조의 개정규정에도 불구하고 종전의 규정에 따른다.
제11조(다른 법령의 개정) ① 개발제한구역의 지정 및 관리에 관한 특별조치법 시행령 일부를 다음과 같이 개정한다.
별표 1 제5호나목5)가)③ 중 "「농어촌정비법」 제2조제9호다목"을 "「농어촌정비법」 제2조제16호다목"으로 한다.

② 건설기술관리법 시행령 일부를 다음과 같이 개정한다.

제50조제2항제2호 중 "농어촌생활환경정비사업"을 "생활환경정비사업"으로 한다.

③ 골재채취법 시행령 일부를 다음과 같이 개정한다.

제27조제1항제4호 본문 중 "「농어촌정비법」 제2조제4호의 규정에 의한"을 "「농어촌정비법」 제2조제6호에 따른"으로 하고, 같은 호 단서 중 "농업기반시설"을 "농업생산기반시설"로 한다.

④ 공공기관 지방이전에 따른 혁신도시 건설 및 지원에 관한 특별법 시행령 일부를 다음과 같이 개정한다.

제5조 각 호 외의 부분 단서 중 "「농어촌정비법」 제14조"를 "「농어촌정비법」 제13조"로 한다.

⑤ 공유재산 및 물품 관리법 시행령 일부를 다음과 같이 개정한다.

제38조제1항제7호 중 "「농어촌주택개량 촉진법」에 따른 농어촌주거환경개선사업과 「농어촌정비법」에 따른 농어촌생활환경정비사업"을 "「농어촌정비법」에 따른 생활환경정비사업"으로 하고, 같은 항 제18호 중 "「농어촌 정비법」 제68조"를 "「농어촌정비법」 제82조"로 하며, 같은 항 제19호 중 "「농어촌 정비법」 제88조제1항"을 "「농어촌정비법」 제78조제1항"으로 한다.

⑥ 공중위생관리법 시행령 일부를 다음과 같이 개정한다.

제2조제1항제1호를 다음과 같이 한다.

1. 「농어촌정비법」에 따른 농어촌민박사업용 시설

⑦ 관광진흥법 시행령 일부를 다음과 같이 개정한다.

별표 1 제4호가목(2)(차)1) 중 "관광농원 또는 농어촌관광휴양단지"를 "농어촌 관광휴양단지 또는 관광농원"으로 한다.

⑧ 국토의 계획 및 이용에 관한 법률 시행령 일부를 다음과 같이 개정한다.

제121조제9호를 다음과 같이 한다.

9. 「농어촌정비법」 제25조 · 제26조 · 제42조 및 제43조에 따른 환지계획에 따른 환지 교부와 농지 등의 교환 · 분할 · 합병의 경우

별표 1 제7호나목 중 "「농어촌정비법」 제5조에 따른 농업생산기반정비사업"을 "「농어촌정비법」 제6조에 따른 농업생산기반 정비사업"으로 하고, 같은 표 제13호를 다음과 같이 한다.

13. 「농어촌정비법」 제101조에 따른 마을정비구역에 같은 법 제2조제10호에 따른 생활환경정비사업으로 건축하는 건축물

⑨ 기업도시개발 특별법 시행령 일부를 다음과 같이 개정한다.

제3조 각 호외 부분 단서 중 "「농어촌정비법」 제14조"를 "「농어촌정비법」 제13조"로 한다.

⑩ 농림수산식품부와 그 소속기관 직제 일부를 다음과 같이 개정한다.

제13조제3항제11호 중 "농촌생활환경개선사업"을 "생활환경정비사업"으로 하고, 같은 항 제35호 중 "농업기반시설"을 "농업생산기반시설"로 한다.

⑪ 농어촌특별세법 시행령 일부를 다음과 같이 개정한다.

제4조제6항제5호 중 "농업생산기반정비계획"을 "농업생산기반 정비계획"으로, "농업기반시설용"을 "농업생산기반시설용"으로 한다.

⑫ 농어업·농어촌 및 식품산업 기본법 시행령 일부를 다음과 같이 개정한다.

제3조제1항제1호 중 "「농어촌정비법」 제84조"를 "「농어촌정비법」 제98조"로 한다.

⑬ 농지법 시행령 일부를 다음과 같이 개정한다.

제23조제4호 중 "농업생산기반정비사업"을 "농업생산기반 정비사업"으로 하고, 같은 조 제5호 중 "「농어촌정비법」 제56조"를 "「농어촌정비법」 제43조"로 한다.

제30조제1호제1호 중 "「농어촌정비법」 제2조제9호나목"을 "「농어촌정비법」 제2조제16호나목"으로 하고, 같은 항 제2호 중 "「농어촌정비법」 제2조제9호다목"을 "「농어촌정비법」 제2조제16호다목"으로 한다.

제44조제3항제4호 중 "「농어촌정비법」 제2조제9호나목"을 "「농어촌정비법」 제2조제16호나목"으로 하고, 같은 항 제5호 중 "「농어촌정비법」 제29조"를 "「농어촌정비법」 제101조"로 한다.

별표 2 제9호란, 제12호란, 제15호란 및 제27호란을 각각 다음과 같이 한다.

9. 국가 또는 지방자치단체가 「농어촌정비법」 제78조에 따라 조성하는 농공단지(「수도권정비계획법」 제2조제1호에 따른 수도권에 있는 농공단지에 한정한다)	0	100
12. 「농어촌정비법」 제59조에 따른 생활환경정비사업용지	100	100
15. 「농어촌정비법」 제94조에 따라 지정·고시된 한계농지등 정비지구에 설치하는 같은 법 제92조 각 호의 어느 하나에 따른 시설용지(「수도권정비계획법」 제2조제1호 또는 「지방자치법」 제2조제1항제1호에 따른 수도권 또는 광역시에 속하지 아니하는 읍·면지역에 설치하는 시설에 한정한다)	0	100
27. 「농어촌정비법」 제2조제16호에 따른 농어촌 관광휴양사업의 시설	50	100

⑭ 도로법 시행령 일부를 다음과 같이 개정한다.

제46조제3항제7호 중 "농업생산기반정비사업"을 "농업생산기반정비사업"으로 한다.

⑮ 동·서·남해안권발전 특별법 시행령 일부를 다음과 같이 개정한다.

제6조제2호가목 중 "「농어촌정비법」 제14조제4항"을 "「농어촌정비법」 제13조제4항"으로 한다.

⑯ 부동산 가격공시 및 감정평가에 관한 법률 시행령 일부를 다음과 같이 개정한다.

제13조제2호 중 "「농어촌정비법」에 의한 농업생산기반정비사업"을 "「농어촌정비법」에 따른 농업생산기반 정비사업"으로 한다.

⑰ 사방사업법 시행령 일부를 다음과 같이 개정한다.

제19조제3항제1호를 다음과 같이 한다.

1. 「농어촌정비법」에 따른 농어촌 생활환경 정비 및 농어촌관광휴양지 개발

⑱ 산림자원의 조성 및 관리에 관한 법률 시행령 일부를 다음과 같이 개정한다.

제6조제1항제1호 중 "「농어촌정비법」 제2조제10호"를 "「농어촌정비법」 제2조제17호"로 한다.

⑲ 산업입지 및 개발에 관한 법률 시행령 일부를 다음과 같이 개정한다.

제3조제1항 중 “「농어촌정비법」 제87조부터 제90조까지”를 “「농어촌정비법」 제77조부터 제80조까지”로 한다.

⑳ 산지관리법 시행령 일부를 다음과 같이 개정한다.

제11조제2호 중 “「농어촌정비법」 제2조제7호에 따른 농어촌생활환경정비사업”을 “「농어촌정비법」 제2조제10호에 따른 생활환경정비사업”으로 한다.

제12조제5항제2호 중 “「농어촌정비법」 제68조 및 같은 법 제69조”를 “「농어촌정비법」 제82조 및 같은 법 제83조”로, “농어촌관광휴양단지”를 “농어촌 관광휴양단지”로 한다.

별표 1 제3호의 협의대상지역등란 중 “「농어촌정비법」 제80조에 따른 한계농지정비지구”를 “「농어촌정비법」 제94조에 따른 한계농지등 정비지구”로 한다.

별표 5 제2호가목의 대상시설란 중 “「농어촌정비법」 제2조제4호의 규정에 의한”을 “「농어촌정비법」 제2조제4호에 따른”으로, “「농어촌정비법」 제80조의 규정에 의한 한계농지정비지구에 같은 법 제78조 각호의 1의 규정에 의한”을 “「농어촌정비법」 제94조에 따른 한계농지등 정비지구에 같은 법 제92조 각 호의 어느 하나에 따른”으로 한다.

㉑ 새만금사업 촉진을 위한 특별법 시행령 일부를 다음과 같이 개정한다.

제13조 중 “「농어촌정비법 시행령」 제23조제1항”을 “「농어촌정비법 시행령」 제25조제1항”으로 한다.

㉒ 소득세법 시행령 일부를 다음과 같이 개정한다.

제152조제1항 중 “농업생산기반정비사업”을 “농업생산기반 정비사업”으로 한다.

㉓ 자연공원법 시행령 일부를 다음과 같이 개정한다.

제14조의4제2항제4호 중 “「농어촌정비법」 제2조제9호라목”을 “「농어촌정비법」 제2조제16호라목”으로 한다.

㉔ 자연재해대책법시행령 일부를 다음과 같이 개정한다.

제15조제1호마목 중 “「농어촌정비법」 제2조제4호의 규정에 의한”을 “「농어촌정비법」 제2조제6호에 따른”으로 한다.

제16조제1항제23호를 다음과 같이 한다.

23. 「농어촌정비법」 제2조제10호에 따른 생활환경정비사업

제55조제5호 중 “「농어촌정비법」 제2조제4호의 규정에 의한”을 “「농어촌정비법」 제2조제6호에 따른”으로, “용 · 배수로”를 “용수로, 배수로”로 한다.

별표 1 제1호가목9)란 및 10)란을 각각 다음과 같이 한다.

9)「농어촌정비법」 제7조에 따른 농업생산기반 정비계획	정비계획 수립 전
10)「농어촌정비법」 제54조에 따른 생활환경정비계획	정비계획 수립 전

별표 1 제2호가목의 대상 개발사업란의 10) 중 “「농어촌정비법」 제8조에 따른 농업기반정비사업시행계획”을 “「농어촌정비법」 제9조에 따른 농업생산기반 정비사업 시행계획”으로 하고, 같은 목의 대상 개발사업란의 11) 중 “「농어촌정비법」 제31조에 따른 농어촌생활환경정비사업시행계획”을 “「농어촌정비법」 제59조에 따른 생활환경정비사업 시행계획”으로 한다.

㉕ 자연환경보전법 시행령 일부를 다음과 같이 개정한다.

별표 2 제2호바목의 개발사업등의 세부범위란의 (2) 중 “「농어촌정비법」 제2조제4호”를 “「농어촌정비법」 제2조제6호”로 하고, 같은 호 아목의 개발사업등의 세부범위란의 (2) 중 “「농어촌정비법」 제2조제3호”를 “「농어촌정비법」 제2조제5호”로 한다.

㉖ 재난 및 안전관리 기본법 시행령 일부를 다음과 같이 개정한다.

제43조제1항제5호 중 “「농어촌정비법」 제2조제4호의 규정에 의한”을 “「농어촌정비법」 제2조제6호에 따른”으로, “용 · 배수로”를 “용수로, 배수로”로 한다.

㉗ 접경지역지원법 시행령 일부를 다음과 같이 개정한다.

제2조제1항제2호가목 중 “농업생산기반정비사업”을 “농업생산기반 정비사업”으로 하고, 같은 호 나목 중 “「농어촌정비법」 제2조제7호에 따른 농어촌생활환경정비사업”을 “「농어촌정비법」 제2조제10호에 따른 생활환경정비사업”으로 한다.

㉘ 지방세법 시행령 일부를 다음과 같이 개정한다.

제216조제2호다목 단서 중 “「농어촌정비법」 제2조제1호의3의 규정에 의한 농어촌용수”를 “「농어촌정비법」 제2조제3호에 따른 농어촌용수”로 한다.

㉙ 지속가능발전 기본법 시행령 일부를 다음과 같이 개정한다.

별표 제8호 중 "농어촌정비종합계획"을 "농어촌 정비 종합계획"으로 하고, 같은 표 제9호를 다음과 같이 한다.

9. 「농어촌정비법」 제15조제1항에 따른 농어촌용수 이용 합리화계획

㉚ 지역특화발전특구에 대한 규제특례법 시행령 일부를 다음과 같이 개정한다.

제11조의2 중 "농어촌관광휴양사업"을 "농어촌 관광휴양사업"으로, "「농어촌정비법」 제67조제2항"을 "「농어촌정비법」 제81조제2항"으로 한다.

㉛ 지하수법 시행령 일부를 다음과 같이 개정한다.

제27조제1항 단서 중 "「농어촌정비법」 제18조의2의 규정에 의한"을 "「농어촌정비법」 제15조에 따른"으로 한다.

㉜ 택지개발촉진법 시행령 일부를 다음과 같이 개정한다.

제3조 각 호 외의 부분 단서 중 "「농어촌정비법」 제14조의 규정에 의하여"를 "「농어촌정비법」 제13조에 따라"로 한다.

㉝ 풍수해보험법 시행령 일부를 다음과 같이 개정한다.

제16조제2항제6호를 다음과 같이 하고, 같은 항 제7호 중 "농어촌생활환경정비사업"을 "생활환경정비사업"으로 한다.

6. 「농어촌정비법」 제67조에 따라 조성된 농어촌주택개량자금에서 주택개량을 위하여 받는 자금의 대출

㉞ 하천법 시행령 일부를 다음과 같이 개정한다.

제58조제2항제3호 중 "「농어촌정비법」 제22조"를 "「농어촌정비법」 제23조"로 한다.

㉟ 한국농어촌공사 및 농지관리기금법 시행령 일부를 다음과 같이 개정한다.

제14조제3호 중 "농업생산기반정비사업"을 "농업생산기반 정비사업"으로 한다.

제16조제1항 중 "「농어촌정비법」 제58조"를 "「농어촌정비법」 제43조"로 하고, 같은 조 제4항 중 "농업생산기반정비사업"을 "농업생산기반 정비사업"으로 한다.

제18조제1항 중 "농업생산기반정비사업"을 "농업생산기반 정비사업"으로, 같은 조 제3항 본문 중 "자격자"를 "토지등 소유자"로 하

고, 같은 조 제5항 중 "농업생산기반정비사업"을 "농업생산기반 정비사업"으로 한다.

제31조제5호 중 "「농어촌정비법」 제15조"를 "「농어촌정비법」 제14조"로 한다.

㊱ 행정권한의 위임 및 위탁에 관한 규정 일부를 다음과 같이 개정한다.

제29조제1항제4호 중 "농업기반시설용"을 "농업생산기반시설용"으로 한다.

제29조제2항제41호 중 "「농어촌정비법」 제87조제3항의 규정에 의한 농업 및 수산업기반정비사업시행계획의 수립"을 "「농어촌정비법」 제106조제4항에 따른 농어촌정비사업 시행계획의 수립"으로, "한계농지정비지구"를 "한계농지등 정비지구"로 한다.

㊲ 환경영향평가법 시행령 일부를 다음과 같이 개정한다.

카. 「농어촌정비법」 제2조제10호에 따른 생활환경정비사업 중 같은 법 제101조에 따른 마을정비구역의 면적이 20만제곱미터 이상인 사업	「농어촌정비법」 제59조제2항 및 제3항에 따른 시장 · 군수 · 구청장 또는 시 · 도지사의 승인 전
다. 「농어촌정비법」 제2조제6호에 따른 농업생산기반시설 중 만수면적이 200만제곱미터 이상이거나 총저수용량이 2천만제곱미터 이상인 저수지 · 보(洑) 또는 유지(유지 : 웅덩이)의 조성	「농어촌정비법」 제9조에 따른 농업생산기반 정비사업 시행계획의 수립 전

나. 「농어촌정비법」 제2조제5호다목에 따른 간척사업 또는 개간사업 중 사업면적이 100만제곱미터 이상인 것	「농어촌정비법」 제9조에 따른 농업생산기반 정비사업 시행계획의 수립 전

별표 1 제1호카목란, 제6호다목란 및 제10호나목란을 각각 다음과 같이 한다.

㊳ 환경정책기본법 시행령 일부를 다음과 같이 개정한다.

(3) 「농어촌정비법」 제4조에 따른 농어촌 정비 종합계획	「농어촌정비법」 제4조제1항에 따라 농림수산식품부장관이 관계부처의 장과 협의하는 때
(4) 「농어촌정비법」 제7조에 따른 농업생산기반 정비계획	계획의 확정 전
(5) 「농어촌정비법」 제8조에 따른 농업생산기반 정비사업 기본계획	계획의 확정 전

별표 2 제1호바목(3)란 · (4)란 및 (5)란을 각각 다음과 같이 한다.

(9) 「농어촌정비법」 제54조에 따른 생활환경정비계획	「농어촌정비법」 제54조제1항에 따라 시 · 도지사가 승인하기 전
(10) 「농어촌정비법」 제101조에 따른 마을정비구역의 지정	「농어촌정비법」 제101조제1항에 따라 시 · 도지사가 지정하기 전

별표 2 제1호타목(9)란 및 (10)란을 각각 다음과 같이 한다.

별표 2 제2호 비고의 제2호 중 "「농어촌정비법」 제2조제3호 나목"을 "「농어촌정비법」 제2조제5호나목"으로 하고, 같은 호 비고의 제3호 중 "「농어촌정비법」 제2조제2호"를 "「농어촌정비법」 제2조제4호"로 한다.

별표 3 다목(2) 중 "농어촌정비종합계획"을 "농어촌 정비 종합계획"으로 하고, 같은 목 (3) 중 "「농어촌정비법」 제6조에 따른 농업생산기반정비계획"을 "「농어촌정비법」

사. 특정지역의 개발	「농어촌정비법」 제54조에 따른 생활환경정비계획

제7조에 따른 농업생산기반 정비계획"으로 하며, 같은 표 사목란을 다음과 같이 한다.

제12조(다른 법령과의 관계) 이 영 시행 당시 다른 법령에서 종전의 「농어촌정비법 시행령」의 규정을 인용한 경우 이 영 가운데 그에 해당하는 규정이 있으면 종전의 규정을 갈음하여 이 영의 해당 조항

을 인용한 것으로 본다.

부칙 〈제22493호, 2010. 11. 15.〉 (은행법 시행령)

제1조(시행일) 이 영은 2010년 11월 18일부터 시행한다.

제2조 및 제3조 생략

제4조(다른 법령의 개정) ①부터 ㊳까지 생략

㊴ 농어촌정비법 시행령 일부를 다음과 같이 개정한다.

제65조제6호가목 중 "금융기관"을 "은행"으로 한다.

㊵부터 〈115〉까지 생략

제5조 생략

부칙 〈제22626호, 2011. 1. 17.〉 (엔지니어링산업 진흥법 시행령)

제1조(시행일) 이 영은 공포한 날부터 시행한다.

제2조 부터 제4조까지 생략

제5조(다른 법령의 개정) ①부터 ⑦까지 생략

⑧ 농어촌정비법 시행령 일부를 다음과 같이 개정한다.

제86조제4항 중 "「엔지니어링기술 진흥법」 제4조에 따라 신고를 한 엔지니어링활동주체"를 "「엔지니어링산업 진흥법」 제21조에 따라 신고한 엔지니어링사업자"로 한다.

제91조제1항제2호를 다음과 같이 한다.

2. 「엔지니어링산업 진흥법」 제21조에 따라 신고한 언지니어링 사업자

⑨부터 ㊴까지 생략

제6조 생략

부칙 〈제22729호, 2011. 3. 29.〉

제1조(시행일) 이 영은 공포한 날부터 시행한다.

제2조(과태료에 관한 경과조치) ① 이 영 시행 전의 위반행위에 대하여 과태료의 부과기준을 적용할 때에는 별표 4의 개정규정에도 불구하고 종전의 규정에 따른다.

② 이 영 시행 전의 위반행위로 받은 과태료 부과처분은 별표 4의 개정규정에 따른 위반행위의 횟수 산정에 포함하지 아니한다.

부칙 〈제23353호, 2011. 12. 6.〉

이 영은 공포한 날부터 시행한다.

부칙 〈제23488호, 2012. 1. 6.〉 (민감정보 및 고유식별정보 처리 근거 마련을 위한 과세자료의 제출 및 관리에 관한 법률 시행령 등 일부개정령)

제1조(시행일) 이 영은 공포한 날부터 시행한다. 〈단서 생략〉

제2조 생략

부칙 〈제23621호, 2012. 2. 14.〉

제1조(시행일) 이 영은 2012년 2월 15일부터 시행한다.

제2조(이주완료자의 지원금 신청에 대한 특례) 법률 제11072호 농어촌정비법 일부개정법률 부칙 제2조에 따른 농업생산기반정비사업으로 인한 지원대상자 중 이 영 시행 당시 이주를 완료한 자는 제86조의2제4항의 개정규정에도 불구하고 이 영 시행일부터 6개월 이내에 지원금 신청을 할 수 있다.

부칙 〈제23774호, 2012. 5. 7.〉

제1조(시행일) 이 영은 2012년 5월 18일부터 시행한다.

제2조(농업생산기반시설에 대한 비상대처계획에 관한 경과조치) 이 영 시행 당시 총저수용량 30만세제곱미터 이상 100만세제곱미터 미만인 저수지를 설치·운영하고 있는 자는 제27조제1항제1호의 개정규정에 따라 2017년 5월 18일까지 비상대처계획을 수립하여야 한다.

부칙 〈제24455호, 2013. 3. 23.〉 (농림축산식품부와 그 소속기관 직제)

제1조(시행일) 이 영은 공포한 날부터 시행한다. 〈단서 생략〉

제2조 부터 제5조까지 생략

제6조(다른 법령의 개정) ①부터 ㉑까지 생략

㉒ 농어촌정비법 시행령 일부를 다음과 같이 개정한다.

제6조제2항, 제8조제2항, 제12조제2항 각 호 외의 부분 본문, 같은 조 제3항, 제19조제5호, 제22조제2항, 제23조제2항·제3항, 같은 조 제4항 각 호 외의 부분, 제24조제1항 각 호 외의 부분, 같은

조 제2항 각 호 외의 부분, 제26조제7항, 제27조제1항제3호, 같은 조 제4항, 제28조제2항, 제36조제2항 · 제3항, 제37조제2항 · 제3항, 제39조제1항 · 제2항, 제40조제1항제6호, 같은 조 제2항제1호, 제44조제6항, 제46조제4항, 제66조제2항, 같은 조 제3항제1호 · 제2호, 같은 조 제4항 · 제6항, 제79조의 제목, 제86조제3항부터 제5항까지 및 제96조의2제1항 각 호 외의 부분 중 "농림수산식품부장관"을 각각 "농림축산식품부장관"으로 한다.

제14조제1항 · 제3항 · 제4항, 제16조제1항 · 제2항 · 제4항, 제21조제3항, 제23조제1항제5호, 제25조제3항, 제28조제2항, 제32조제1항제3호나목, 제35조, 제38조, 제39조제1항, 제47조, 제54조제1항 각 호 외의 부분, 제63조제5항, 제65조제6호마목, 제86조제1항제3호, 제86조의2제4항, 제87조제3항제1호, 제94조제2항 전단 · 후단 및 제95조제2항 중 "농림수산식품부령"을 각각 "농림축산식품부령"으로 한다.

제23조제2항 중 "국토해양부장관"을 "국토교통부장관"으로 한다.

제67조제2항 · 제3항 및 제71조제1항 중 "농어업 · 농어촌및식품산업정책심의회"를 각각 "농업 · 농촌및식품산업정책심의회 또는 시 · 군 · 구 어업 · 어촌정책심의회"로 한다.

제67조제3항 · 제4항, 제68조제2항 · 제3항, 제69조제1항부터 제3항까지, 제70조 각 호 외의 부분, 제82조제3항제1호가목, 제86조제1항 각 호 외의 부분 본문, 같은 조 제2항 각 호 외의 부분 및 제88조제1항 중 "농림수산식품부장관"을 각각 "농림축산식품부장관 또는 해양수산부장관"으로 한다.

제66조제1항 · 제2항 및 같은 조 제3항제1호 중 "농림수산식품부"를 각각 "농림축산식품부"로 한다.

제68조제2항 및 제88조제1항 · 제2항 중 "농림수산식품부령"을 각각 "농림축산식품부령 또는 해양수산부령"으로 한다.

제88조제2항, 제96조의2제2항 각 호 외의 부분 및 같은 조 제3항 각 호 외의 부분 중 "농림수산식품부장관"을 각각 "농림축산식품부장관, 해양수산부장관"으로 한다.

㉓부터 〈76〉까지 생략

부칙 〈제24989호, 2013. 12. 11.〉

제1조(시행일) 이 영은 공포한 날부터 시행한다.
제2조(정밀안전진단에 관한 경과조치) 이 영 시행 당시 총저수용량이 30만톤 이상 50만톤 미만인 저수지 중 준공 후 10년 이상된 저수지에 대한 정밀안전진단은 이 영 시행일부터 5년 이내에 실시하여야 한다.

부칙 〈제25358호, 2014. 5. 22.〉 (건설기술 진흥법 시행령)
제1조(시행일) 이 영은 2014년 5월 23일부터 시행한다.
제2조 부터 제12조까지 생략
제13조(다른 법령의 개정) ①부터 ⑭까지 생략
⑮ 농어촌정비법 시행령 일부를 다음과 같이 개정한다.
제90조제3항 중 "「건설기술관리법」 제28조에 따라 시ㆍ도지사에게 등록한 감리전문회사"를 "「건설기술 진흥법」 제26조에 따라 시ㆍ도지사에게 등록한 건설기술용역업자"로 한다.
제91조제1항제4호를 다음과 같이 한다.
4. 「건설기술 진흥법」 제26조에 따라 등록을 한 건설기술용역업자
⑯부터 ㊲까지 생략
제13조 생략

부칙 〈제25532호, 2014. 8. 6.〉 (민감정보 및 고유식별정보 처리 근거 마련을 위한 공공기관의 운영에 관한 법률 시행령 등 일부개정령)
이 영은 2014년 8월 7일부터 시행한다.

부칙 〈제25771호, 2014. 11. 24.〉
제1조(시행일) 이 영은 공포한 날부터 시행한다.
제2조(공장 등 설립 제한 지역의 예외로 협의한 지역에 관한 경과조치) 이 영 시행 전에 종전의 제30조제3호에 따라 시장ㆍ군수ㆍ구청장이 관할 유역환경청장 또는 지방환경청장과 협의한 지역은 제30조제3호의 개정규정에 따라 협의한 지역으로 본다.
제3조(유해화학물질에 관한 경과조치) 제30조제3호나목의 개정규정 중 "「화학물질관리법」 제2조제7호에 따른 유해화학물질"은 2014년

12월 31일까지 “「유해화학물질 관리법」 제2조제8호에 따른 유해화학물질”로 본다.

부칙 〈제25840호, 2014. 12. 9.〉 (규제 재검토기한 설정 등 규제정비를 위한 건축법 시행령 등 일부개정령)
제1조(시행일) 이 영은 2015년 1월 1일부터 시행한다.
제2조 부터 제16조까지 생략

부칙 〈제25919호, 2014. 12. 30.〉 (규저 재검토기한 설정을 위한가축전염병 예방법 시행령 등 일부개정령)
이 영은 2015년 1월 1일부터 시행한다.

부칙 〈제26302호, 2015. 6. 1.〉 (공간정보의 구축 및 관리 등에 관한 법률 시행령)
제1조(시행일) 이 영은 2015년 6월 4일부터 시행한다.
제2조(다른 법령의 개정) ①부터 ⑱까지 생략
⑲ 농어촌정비법 시행령 일부를 다음과 같이 개정한다.
별표 3 필기시험의 시험과목란 중 “「측량·수로조사 및 지적에 관한 법률」”을 “「공간정보의 구축 및 관리 등에 관한 법률」”로 한다.
⑳부터 〈54〉까지 생략
제3조 생략

부칙 〈제26369호, 2015. 6. 30.〉 (주택도시기금법 시행령)
제1조(시행일) 이 영은 2015년 7월 1일부터 시행한다.
제2조 생략
제3조(다른 법령의 개정) ①부터 ⑧까지 생략
⑨ 농어촌정비법 시행령 일부를 다음과 같이 개정한다.
제62조제2호 중 “「주택법」 제60조에 따라 설치된 국민주택기금”을 “「주택도시기금법」에 따른 주택도시기금”으로 한다.
⑩부터 ㉜까지 생략
제4조 생략

부칙 〈제26377호, 2015. 7. 6.〉

이 영은 2015년 7월 7일부터 시행한다.

부칙 〈제26492호, 2015. 8. 19.〉

제1조(시행일) 이 영은 공포한 날부터 시행한다.

제2조(공장 등 설립 제한 지역의 예외로 협의한 지역 등에 관한 경과조치 등) ① 저수지 만수위로부터 수계상 상류방향으로 유하거리 500미터 이내의 지역에 이 영 시행 당시 대통령령 제21887호 농어촌정비법 시행령 전부개정령의 시행일인 2009년 12월 15일 전에 설립된 공장 또는 산업단지는 제30조제3호나목의 개정규정에 따라 협의한 지역에 설립된 것으로 본다.

② 저수지 만수위로부터 수계상 상류방향으로 유하거리 500미터 이내의 지역에 이 영 시행 당시 대통령령 제25771호 농어촌정비법 시행령 일부개정령의 시행일인 2014년 11월 24일 전에 공장 또는 산업단지의 설립 제한 지역의 예외로 협의된 지역은 제30조제3호나목의 개정규정에 따라 협의한 지역으로 본다.

③ 제1항 및 제2항에도 불구하고 이 영 시행 이후 제1항에 따른 공장 또는 산업단지 및 제2항에 따라 협의된 지역으로 인정받은 지역에 설립된 공장 또는 산업단지를 증축, 개축 또는 업종변경하려는 경우 시장·군수·구청장은 제30조제3호 각 목 외의 부분의 개정규정에 따라 저수지의 수질을 공장 또는 산업단지의 설립 이전과 같은 수준으로 유지할 수 있도록 하는 수질오염 방지계획을 세워 관할 유역환경청장 또는 지방환경청장과 협의하여야 한다.

부칙 〈제26754호, 2015. 12. 22.〉 (수산업·어촌 발전 기본법 시행령)

제1조(시행일) 이 영은 2015년 12월 23일부터 시행한다.

제2조(다른 법령의 개정) ①부터 ⑯까지 생략

⑰ 농어촌정비법 시행령 일부를 다음과 같이 개정한다.

제12조제1항제1호 중 "「농어업·농어촌 및 식품산업 기본법」"을 "「농업·농촌 및 식품산업 기본법」"으로 한다.

제67조제2항 및 제3항 중 "「농어업·농어촌 및 식품산업 기본법」 제15조에 따른 시·군·구 농업·농촌및식품산업정책심의회 또는 시·군·구 어업·어촌정책심의회"를 각각 "「농업·농촌 및 식품산업

기본법」 제15조에 따른 시·군·구 농업·농촌및식품산업정책심의회 또는 「수산업·어촌 발전 기본법」 제8조에 따른 시·군·구 수산업·어촌정책심의회"로 한다.

제71조제1항 중 "「농어업·농어촌 및 식품산업 기본법」 제15조에 따른 시·군·구 농업·농촌및식품산업정책심의회 또는 시·군·구 어업·어촌정책심의회"를 "「농업·농촌 및 식품산업 기본법」 제15조에 따른 시·군·구 농업·농촌및식품산업정책심의회 또는 「수산업·어촌 발전 기본법」 제8조에 따른 시·군·구 수산업·어촌정책심의회"로 한다.

⑱부터 ㊷까지 생략

제3조 생략

부칙 〈제26930호, 2016. 1. 22.〉 (수상에서의 수색·구조 등에 관한 법률 시행령)

제1조(시행일) 이 영은 2016년 1월 25일부터 시행한다.

제2조(다른 법령의 개정) ① 농어촌정비법 시행령 일부를 다음과 같이 개정한다.

제26조제8항제2호 중 "「수난구호법」"을 "「수상에서의 수색·구조 등에 관한 법률」"로 한다.

②부터 ⑤까지 생략

제3조 생략

부칙 〈제27213호, 2016. 6. 8.〉

제1조(시행일) 이 영은 공포한 날부터 시행한다.

제2조(농업생산기반시설의 목적 외 사용 경비에 관한 적용례) 제32조제1항제1호 단서의 개정규정은 이 영 시행 이후 신·재생에너지 설비의 설치·운영을 목적으로 하는 농업생산기반시설의 목적 외 사용에 따른 경비를 부과하는 경우부터 적용한다.

제3조(농업생산기반시설이나 용수의 목적 외 사용 기간에 관한 경과조치) 이 영 시행 당시 종전의 규정에 따라 농업생산기반시설이나 용수를 목적 외로 사용하는 경우 그 사용 기간의 범위에 대해서는 제31조제5항 각 호 외의 부분 단서 및 같은 항 제1호가목의 개정규정에도 불구하고 그 사용 기간 동안에는 종전의 규정에 따른다.

부칙 〈제27471호, 2016. 8. 31.〉 (부동산 가격공시에 관한 법률 시행령)

제1조(시행일) 이 영은 2016년 9월 1일부터 시행한다.

제2조(다른 법령의 개정) ①부터 ⑮까지 생략

⑯ 농어촌정비법 시행령 일부를 다음과 같이 개정한다.

제32조제1항제3호 각 목 외의 부분 전단 중 "「부동산 가격공시 및 감정평가에 관한 법률」 제9조제2항"을 "「부동산 가격공시에 관한 법률」 제3조제7항"으로 한다.

⑰부터 ㊲까지 생략

제3조 생략

부칙 〈제27472호, 2016. 8. 31.〉 (감정평가 및 감정평가사에 관한 법률 시행령)

제1조(시행일) 이 영은 2016년 9월 1일부터 시행한다.

제2조 부터 제5조까지 생략

제6조(다른 법령의 개정) ①부터 ㉞까지 생략

㉟ 농어촌정비법 시행령 일부를 다음과 같이 개정한다.

제18조제1항 중 "「부동산 가격공시 및 감정평가에 관한 법률」"을 "「감정평가 및 감정평가사에 관한 법률」"로 한다.

제32조제1항제3호 각 목 외의 부분 전단 중 "같은 법 제21조"를 "「감정평가 및 감정평가사에 관한 법률」 제3조"로 한다.

제61조 및 제64조 본문 중 "「부동산 가격공시 및 감정평가에 관한 법률」"을 각각 "「감정평가 및 감정평가사에 관한 법률」"로 한다.

㊱부터 〈92〉까지 생략

제7조 생략

부칙 〈제27721호, 2016. 12. 30.〉

이 영은 공포한 날부터 시행한다.

부칙 〈제27751호, 2016. 12. 30.〉 (규제 재검토기한 설정 등을 위한 가맹사업거래의 공정화에 관한 법률 시행령 등 일부개정령)

제1조(시행일) 이 영은 2017년 1월 1일부터 시행한다. 〈단서 생략〉

제2조 부터 제12조까지 생략

부칙 〈제27792호, 2017. 1. 17.〉 (수질 및 수생태계 보전에 관한 법률 시행령)

제1조(시행일) 이 영은 2017년 1월 28일부터 시행한다.

제2조 부터 제6조까지 생략

제7조(다른 법령의 개정) ①부터 ⑨까지 생략

⑩ 농어촌정비법 시행령 일부를 다음과 같이 개정한다.

제30조제3호나목 중 "「수질 및 수생태계 보전에 관한 법률」 제48조제1항에 따른 폐수종말처리시설"을 "「수질 및 수생태계 보전에 관한 법률」 제2조제17호에 따른 공공폐수처리시설"로 한다.

⑪부터 ㉙까지 생략

부칙 〈제27960호, 2017. 3. 27.〉 (주민등록번호 등의 처리 제한을 위한 세무사법 시행령 등 일부개정령)

이 영은 2017년 3월 30일부터 시행한다. 〈단서 생략〉

부칙 〈제28028호, 2017. 5. 8.〉

제1조(시행일) 이 영은 2017년 6월 28일부터 시행한다. 다만, 제90조의 개정규정은 공포한 날부터 시행한다.

제2조(제출서류에 관한 적용례) 제90조제1항제4호의2의 개정구정은 부칙 제1조 단서에 따른 시행일 이후 농어촌정비사업 시행자가 법 제114조제1항에 따라 준공인가를 신청하는 경우부터 적용한다.

부칙 〈제28152호, 2017. 6. 27.〉 (농업협동조합법 시행령)

제1조(시행일) 이 영은 공포한 날부터 시행한다.

제2조(다른 법령의 개정) ①부터 ③까지 생략

④ 농어촌정비법 시행령 일부를 다음과 같이 개정한다.

제13조제4호 중 "조합 및 중앙회"를 "조합, 중앙회 및 농협경제지주회사"로 한다.

⑤부터 ⑰까지 생략

부칙 〈제28583호, 2018. 1. 16.〉 (물환경보전법 시행령)

제1조(시행일) 이 영은 2018년 1월 18일부터 시행한다.
제2조(다른 법령의 개정) ①부터 ⑨까지 생략
⑩ 농어촌정비법 시행령 일부를 다음과 같이 개정한다.
제30조제3호 각 목 외의 부분 중 "「수질 및 수생태계 보전에 관한 법률 시행령」"을 "「물환경보전법 시행령」"으로 하고, 같은 호 나목 중 "「수질 및 수생태계 보전에 관한 법률」"을 "「물환경보전법」"으로 한다.
⑪부터 ㊻까지 생략

부칙 〈제28586호, 2018. 1. 16.〉 (시설물의 안전 및 유지관리에 관한 특별법 시행령)
제1조(시행일) 이 영은 2018년 1월 18일부터 시행한다. 〈단서 생략〉
제2조 부터 제6조까지 생략
제7조(다른 법령의 개정) ①부터 ⑦까지 생략
⑧ 농어촌정비법 시행령 일부를 다음과 같이 개정한다.
제91조제2항제2호 중 "「시설물의 안전관리에 관한 특별법」"을 "「시설물의 안전 및 유지관리에 관한 특별법」"으로 한다.
⑨부터 ㉔까지 생략
제8조 생략

부칙 〈제29092호, 2018. 8. 14.〉
이 영은 2018년 8월 22일부터 시행한다.

부칙 〈제29705호, 2019. 4. 23.〉
이 영은 2019년 4월 25일부터 시행한다.

부칙 〈제29950호, 2019. 7. 2.〉 (어려운 법령용어 정비를 위한 210개 법령의 일부개정에 관한 대통령령)
이 영은 공포한 날부터 시행한다. 〈단서 생략〉

부칙 〈제29980호, 2019. 7. 16.〉
이 영은 2019년 7월 16일부터 시행한다.

부칙 〈제30337호, 2020. 1. 7.〉 (건설기술 진흥법 시행령)

제1조(시행일) 이 영은 공포한 날부터 시행한다.

제2조(다른 법령의 개정) ①부터 ⑤까지 생략

⑥ 농어촌정비법 시행령 일부를 다음과 같이 개정한다.

제90조제3항 중 "건설기술용역업자"를 "건설기술용역사업자"로 한다.

제91조제1항제4호 중 "건설기술용역업자"를 "건설기술용역사업자"로 한다.

⑦부터 ⑯까지 생략

부칙 〈제30509호, 2020. 3. 3.〉 (규제 재검토기한 해제 등을 위한 144개 대통령령의 일부개정에 관한 대통령령)

이 영은 공포한 날부터 시행한다.

부칙 〈제30886호, 2020. 7. 31.〉 (국유재산법 시행령)

제1조(시행일) 이 영은 공포한 날부터 시행한다.

제2조 생략

제3조(다른 법령의 개정) ①부터 ③까지 생략

④ 농어촌정비법 시행령 일부를 다음과 같이 개정한다.

제95조제3항 전단 중 "「국유재산법 시행령」 제30조제3항 후단"을 "「국유재산법 시행령」 제30조제5항 후단"으로 한다.

⑤부터 ⑦까지 생략

부칙 〈제30928호, 2020. 8. 11.〉

이 영은 2020년 8월 12일부터 시행한다.

부칙 〈제31101호, 2020. 10. 8.〉 (부동산 가격공시에 관한 법률 시행령)

제1조(시행일) 이 영은 2020년 10월 8일부터 시행한다.

제2조(다른 법령의 개정) ① 및 ② 생략

③ 농어촌정비법 시행령 일부를 다음과 같이 개정한다.

제32조제1항제3호 각 목 외의 부분 전단 중 "「부동산 가격공시에 관한 법률」 제3조제7항"을 "「부동산 가격공시에 관한 법률」 제3조제8항"으로 한다.

④ 및 ⑤ 생략

부칙 〈제31131호, 2020. 10. 27.〉 (부동산 거래신고 등에 관한 법률 시행령)
제1조(시행일) 이 영은 공포한 날부터 시행한다. 〈단서 생략〉
제2조 생략
제3조(다른 법령의 개정) ① 농어촌정비법 시행령 일부를 다음과 같이 개정한다.
제59조의6제1항제6호를 다음과 같이 한다.
6. 「부동산 거래신고 등에 관한 법률 시행령」 별표 1 제1호마목의 실제 거래가격
② 생략

부칙 〈제31243호, 2020. 12. 8.〉 (한국부동산원법 시행령)
제1조(시행일) 이 영은 2020년 12월 10일부터 시행한다.
제2조(다른 법령의 개정) ①부터 ⑨까지 생략
⑩ 농어촌정비법 시행령 일부를 다음과 같이 개정한다.
제59조의5제3호를 다음과 같이 한다.
3.「한국부동산원법」에 따른 한국부동산원(이하 "한국부동산원"이라 한다)
제59조의6제2항제3호를 다음과 같이 한다.
3. 한국부동산원
⑪부터 ㉝까지 생략

부칙 〈제31379호, 2021. 1. 5.〉 (지정ㆍ위탁의 실적 요건 정비를 위한 27개 법령의 일부개정에 관한 대통령령)
제1조(시행일) 이 영은 공포한 날부터 시행한다.
제2조(지정 또는 위탁 요건에 관한 일반적 적용례) 이 영은 이 영 시행 이후 이 영에 의하여 개정되는 법령에 따른 지정 또는 위탁을 하기 위하여 그 지정 또는 위탁의 절차를 시작하는 경우부터 적용한다.

부칙 〈제31380호, 2021. 1. 5.〉 (어려운 법령용어 정비를

위한 473개 법령의 일부개정에 관한 대통령령)
이 영은 공포한 날부터 시행한다. 〈단서 생략〉

부칙 〈제31986호, 2021. 9. 14.〉 (건설기술 진흥법 시행령)
제1조(시행일) 이 영은 공포한 날부터 시행한다. 〈단서 생략〉
제2조 생략
제3조(다른 법령의 개정) ①부터 ⑨까지 생략
⑩ 농어촌정비법 시행령 일부를 다음과 같이 개정한다.
제90조제3항 및 제91조제1항제4호 중 "건설기술용역사업자"를 각각 "건설엔지니어링사업자"로 한다.
⑪부터 ㉖까지 생략

부칙 〈제32018호, 2021. 9. 29.〉 (어려운 법령용어 정비를 위한 15개 법령의 일부개정에 관한 대통령령)
이 영은 공포한 날부터 시행한다.

부칙 〈제32046호, 2021. 10. 14.〉
제1조(시행일) 이 영은 2021년 10월 14일부터 시행한다. 다만, 별표 1 제2호의 개정규정은 2022년 1월 1일부터 시행한다.
제2조(비상대처계획 수립에 관한 경과조치) 제27조제1항제1호의 개정규정에도 불구하고 이 영 시행 당시 총저수용량 20만세제곱미터 이상 30만세제곱미터 미만인 저수지를 관리하고 있는 자는 2025년 12월 31일까지 해당 저수지에 대한 비상대처계획을 수립해야 한다.
제3조(정밀안전진단 실시에 관한 경과조치) 이 영 시행 전에 준공된 농업생산기반시설은 별표 1 제2호의 개정규정에도 불구하고 다음 각 호의 구분에 따라 정밀안전진단을 실시해야 한다.
1. 1종 시설로서 준공일로부터 15년 이상 경과한 농업생산기반시설: 종전의 규정에 따라 정기적으로 정밀안전진단 실시
2. 1종 시설로서 준공일로부터 13년 이상 15년 미만 경과한 농업생산기반시설: 종전의 규정에 따라 정밀안전진단을 실시하고 그 이후에는 정밀안전진단이 완료된 날부터 5년 이내에 1회 이상 정기적으로 정밀안전진단 실시

3. 1종 시설로서 준공일로부터 11년 이상 13년 미만 경과한 농업생산기반시설: 2023년 12월 31일까지 정밀안전진단을 실시하고 그 이후에는 정밀안전진단이 완료된 날부터 5년 이내에 1회 이상 정기적으로 정밀안전진단 실시

4. 1종 시설로서 준공일로부터 9년 이상 11년 미만 경과한 농업생산기반시설: 2024년 12월 31일까지 정밀안전진단을 실시하고 그 이후에는 정밀안전진단이 완료된 날부터 5년 이내에 1회 이상 정기적으로 정밀안전진단 실시

5. 2종 시설로서 총저수용량 5만세제곱미터 이상 30만세제곱미터 미만인 저수지: 2031년 12월 31일까지 정밀안전진단을 실시하고 그 이후에는 정밀안전진단이 완료된 날부터 10년 이내에 1회 이상 정기적으로 정밀안전진단 실시

부칙 〈제32127호, 2021. 11. 19.〉

이 영은 2021년 11월 19일부터 시행한다.

부칙 〈제32352호, 2022. 1. 21.〉 (감정평가 및 감정평가사에 관한 법률 시행령)

제1조(시행일) 이 영은 2022년 1월 21일부터 시행한다.

제2조 부터 제4조까지 생략

제5조(다른 법령의 개정) ①부터 ⑳까지 생략

㉑ 농어촌정비법 시행령 일부를 다음과 같이 개정한다.

제18조제1항 중 “감정평가업자가”를 “감정평가법인등이”로 한다.

제32조제1항제3호 전단 중 “감정평가업자가”를 “감정평가법인등이”로 한다.

제64조 본문 중 “감정평가업자가”를 “감정평가법인등이”로 한다.

㉒부터 〈64〉까지 생략

부칙 〈제32637호, 2022. 5. 9.〉

이 영은 2022년 6월 1일부터 시행한다. 다만, 제32조제2항의 개정규정은 2022년 5월 19일부터 시행한다.

부칙 〈제34313호, 2024. 3. 19.〉

이 영은 2024년 3월 29일부터 시행한다.

부칙 〈제34550호, 2024. 6. 4.〉 (강원특별자치도 설치 및 미래산업글로벌도시 조성을 위한 특별법 시행령)
제1조(시행일) 이 영은 2024년 6월 8일부터 시행한다.
제2조 부터 제4조까지 생략
제5조(다른 법령의 개정) ①부터 ⑥까지 생략
⑦ 농어촌정비법 시행령 일부를 다음과 같이 개정한다.
제3조제2항 중 "강원도"를 "강원특별자치도"로 한다.
⑧부터 ㊹까지 생략

부칙 〈제34633호, 2024. 7. 2.〉
이 영은 2024년 7월 3일부터 시행한다.

부칙 〈제35246호, 2025. 2. 7.〉 (한국국토정보공사법 시행령)
제1조(시행일) 이 영은 2025년 2월 21일부터 시행한다.
제2조 생략
제3조(다른 법령의 개정) ①부터 ⑦까지 생략
⑧ 농어촌정비법 시행령 일부를 다음과 같이 개정한다.
제59조의5제2호를 다음과 같이 한다.
2. 「한국국토정보공사법」에 따른 한국국토정보공사(이하 "한국국토정보공사"라 한다)
⑨부터 ⑳까지 생략

별표 / 서식
[별표 1] 안전점검과 정밀안전진단의 대상시설 및 실시시기(제26조제3항 관련)
[별표 1의2] 공장 및 산업단지 설립 제한 예외 지역에서의 공장 및 산업단지 설립 요건(제30조의2 관련)
[별표 2] 권리면적률의 산출방법(제34조제2항 관련)
[별표 3] 환지사 자격시험의 과목과 배점기준표(제37조제1항 관련)
[별표 4] 과태료의 부과기준(제97조 관련)

농어촌정비법 시행규칙

[시행 2025. 1. 4.] [해양수산부령 제680호, 2024. 7. 3., 일부개정]

제54조(한계농지등 정비지구 지정 신청서)
제55조(한계농지등의 정비사업계획변경 승인대상)
제56조(마을정비사업 제안서)
제57조(농림축산식품부장관 승인 대상인 시행계획 변경의 범위)
제57조의2(이주정착지원금 및 생활안정지원금 신청서)
제58조(간이 인공구조물)
제59조(국공유지의 양여 등)
제60조(측량 · 설계 및 공사감리 등의 요율 등)
제61조(허가 취소 등의 처분)
제62조(타인 토지 등의 출입 공고)
제63조(수리계의 조직 및 운영기준)
제64조(무단점용료)
제65조(규제의 재검토)

**개정 예정 법률 밑줄 별도 표시.

농어촌정비법 시행규칙

[시행 2025. 1. 4.] [해양수산부령 제680호, 2024. 7. 3., 일부개정]
[시행 2025. 1. 4.] [농림축산식품부령 제669호, 2024. 7. 3., 일부개정]

제1조(목적) 이 규칙은 「농어촌정비법」 및 같은 법 시행령에서 위임된 사항과 그 시행에 필요한 사항을 규정하는 것을 목적으로 한다.

제2조(농업생산기반 정비사업 시행계획의 공고 등) ① 「농어촌정비법」(이하 "법"이라 한다) 제9조제3항에서 "저수지의 개수·보수 등 농림축산식품부령으로 정하는 농업생산기반 개량사업"이란 다음 각 호의 어느 하나에 해당하는 사업으로서 토지의 매수나 수용을 수반하지 않는 사업을 말한다. 〈개정 2013. 3. 24., 2019. 8. 26., 2021. 10. 8.〉

1. 저수지, 양수장, 배수장, 관정(管井: 우물), 취입보(取入洑: 하천에서 관개용수를 수로에 끌어 들이기 위하여 만든 저수시설), 용수로, 배수로 등 수리시설(水利施設)의 개수·보수사업
2. 농로(農路)의 포장(鋪裝: 길바닥에 돌과 모래 따위를 깔고 그 위에 시멘트나 아스팔트 따위로 덮어 길을 단단하게 다져 꾸미는 일)사업
3. 방조제 및 제방의 개수·보수사업
4. 제1호부터 제3호까지의 시설에 부대되는 시설의 개수·보수사업

② 법 제9조제3항에 따른 농업생산기반 정비사업 시행계획의 공고는 별지 제1호서식에 따르고, 사업시행에 대한 동의는 별지 제2호서식에 따른다.

제3조(수혜면적 기준으로 토지 소유자 동의를 받아야 하는 특수한 사유) 법 제9조제4항에서 "농림축산식품부령으로 정하는 특수한 사유"란 다음 각 호의 어느 하나에 해당하는 경우를 말한다. 〈개정

2013. 3. 24.〉

1. 법 제11조에 따른 토지에 대한 권리를 가지고 있는 자(이하 "토지등 소유자"라 한다) 중 행방이 분명하지 아니한 자가 3분의 1을 초과한 경우

2. 농업생산기반 정비사업의 시행을 반대하는 토지등 소유자의 수혜면적 합계가 해당 사업의 총수혜면적의 100분의 20 미만인 경우

제4조(농업생산기반 정비사업 시행계획 승인 신청서류) 법 제9조제6항에서 "농림축산식품부령으로 정하는 서류"란 다음 각 호의 서류를 말한다. 〈개정 2013. 3. 24.〉

1. 공사 종류별 공정계획서

2. 법 제9조제3항에 따른 토지등 소유자의 동의를 증명할 수 있는 서류

3. 법 제9조제3항에 따른 농업생산기반 정비사업 시행계획 공고문의 사본

4. 법 제9조제5항에 따른 이의신청이 있는 경우에는 이의신청의 내용과 반영 결과를 알 수 있는 서류

제5조(매립지등의 임차신청서 등) 「농어촌정비법 시행령」(이하 "영"이라 한다) 제14조제3항에 따른 매립지등 임차신청서는 별지 제3호서식에 따르고, 영 제14조제5항에 따른 매립지등 임대통지서는 별지 제4호서식에 따른다. 〈개정 2020. 8. 20.〉

제6조(임대료의 납부방법 등) ① 삭제 〈2019. 7. 16.〉

② 삭제 〈2019. 7. 16.〉

③ 매립지등의 임차인은 영 제14조제2항에 따른 임대료를 계약일부터 90일 이내에 전액을 내야 한다. 다만, 농업생산기반 정비사업 시행자는 임차인과 협의하여 납부시기를 조정할 수 있다. 〈개정 2019. 7. 16., 2019. 11. 14., 2023. 10. 25.〉

④ 농업생산기반 정비사업 시행자는 매립지등의 임차인이 제3항에 따른 납부기한까지 임대료를 내지 아니하면 농림축산식품부장관이 정하는 연체이자율로 산정한 연체이자를 부과할 수 있다. 〈개정 2013. 3. 24.〉

⑤ 삭제 〈2019. 7. 16.〉

[제목개정 2019. 7. 16.]

제7조(매립지등의 매입신청서 등) 영 제16조제1항에 따른 매립지등

매입신청서는 별지 제5호서식에 따르고, 영 제16조제2항에 따른 매립지등 매각통지서는 별지 제6호서식에 따른다.

제8조(매립지등의 매각 대금 납부 방법) ① 영 제16조제4항에 따른 매립지등의 매각 대금은 매입자로 하여금 별지 제6호서식의 매립지등 매각통지서에 적힌 납부기한까지 매각 대금 전액을 한꺼번에 내게 하거나, 매입자가 분할납부를 원하면 매각 대금의 100분의 10 이상의 금액을 한꺼번에 낸 후 남은 금액을 농림축산식품부장관이 정하는 바에 따라 분할하여 내게 할 수 있다. 〈개정 2023. 10. 25.〉

② 매입자가 납부기한까지 매각 대금이나 이자를 내지 아니한 경우의 연체이자에 관하여는 제6조제4항을 준용한다.

③ 농업생산기반 정비사업 시행자는 경작 목적으로 매각한 매립지등에서 「자연재해대책법」 또는 「농어업재해대책법」에 따른 재해로 농작물의 피해율이 30퍼센트 이상인 경우에는 해당 매립지등의 매각 대금 및 이자의 상환을 연기할 수 있다. 〈개정 2011. 10. 31., 2017. 1. 2.〉

제9조(매립지등 일시 사용자 선정 방법 등) ① 영 제21조에 따른 일시 사용자는 다음 각 호의 방법에 따라 선정한다. 〈개정 2019. 7. 16.〉

1. 일시 사용 신청인이 1인인 경우: 매립지등의 조성목적을 고려하여 선정
2. 같은 구획에 대하여 일시 사용 신청인이 2인 이상인 경우: 공개 추첨하여 선정. 다만, 농업생산기반 정비사업 시행자가 「한국농어촌공사 및 농지관리기금법」에 따른 한국농어촌공사(이하 “한국농어촌공사”라 한다)이고, 매립지등을 경작 목적으로 영 제13조제1호에 해당하는 자에게 일시 사용하게 하려는 경우에는 한국농어촌공사가 시장(특별자치시의 경우에는 특별자치시장을 말하고, 특별자치도의 경우에는 특별자치도지사를 말한다. 이하 같다) · 군수 · 구청장(광역시 자치구의 구청장을 말한다. 이하 같다)에게 의뢰하여 선정할 수 있다.

② 시장 · 군수 · 구청장은 제1항제2호 단서에 따라 일시 사용 대상자 선정을 의뢰받으면 해당 매립지등의 관할 읍 · 면 · 동장의 추천을 받아 대상자를 결정한 후 그 결과를 한국농어촌공사에게 알려야

한다.

③ 영 제21조제2항에 따른 매립지등의 일시 사용료의 산정 기준은 해당 시(특별자치시의 경우에는 특별자치시를 말하고, 특별자치도의 경우에는 특별자치도를 말한다. 이하 같다)·군·구(광역시 자치구를 말한다. 이하 같다)의 쌀 수확량, 경작면적 및 「농업소득의 보전에 관한 법률 시행령」 제4조에 따라 산정한 쌀의 수확기 평균가격 등을 고려하여 농림축산식품부장관이 정한다. 〈개정 2013. 3. 24., 2015. 2. 2., 2019. 7. 16.〉

④ 영 제21조제2항에 따른 매립지등의 일시 사용료의 납부방법에 관하여는 제6조제3항 및 제4항을 준용한다. 〈개정 2020. 8. 20.〉

제10조(매각 대금의 운용) 법 제14조제3항제4호에서 "농림축산식품부령으로 정하는 용도"란 매각 대금의 운용과 관리에 필요한 비용을 말한다. 〈개정 2013. 3. 24.〉

제11조(농어촌용수 이용 합리화계획에 포함되어야 할 사항) 영 제23조제1항제5호에서 "농림축산식품부령으로 정하는 사항"이란 별표 1에서 정하는 사항을 말한다. 〈개정 2013. 3. 24.〉

제11조의2(농어촌용수 실태조사의 범위와 방법 등) ① 법 제15조의2제1항에 따른 농어촌용수의 공급 현황에 관한 실태조사(이하 "실태조사"라 한다)에는 다음 각 호의 사항이 포함되어야 한다.

1. 농어촌용수의 수요 현황
2. 농어촌용수의 공급시설 현황
3. 농어촌용수의 공급 부족 발생 원인 및 조치 현황
4. 그 밖에 농어촌용수의 공급 향상을 위해 필요한 사항

② 농림축산식품부장관은 실태조사의 결과를 반영하여 법 제15조의2제2항에 따른 농어촌용수의 공급이 현저하게 부족한 지역에 대한 조치 및 지원 계획을 수립해야 한다.

③ 농림축산식품부장관은 제2항에 따른 조치 및 지원 계획을 수립한 때에는 그 내용을 해당 지역을 관할하는 광역시장·특별자치시장·도지사·특별자치도지사(이하 "시·도지사"라 한다)에게 통보해야 한다.

[본조신설 2020. 8. 20.]

제12조(농업생산기반시설의 등록 절차) ① 법 제17조, 영 제25조제1항 및 제2항에 따라 농업생산기반시설관리자가 농업생산기반시설

을 등록 또는 변경등록하려면 별지 제7호서식의 농업생산기반시설 등록 또는 변경등록 신청서에 다음 각 호의 서류를 첨부하여 시·도지사 또는 시장·군수·구청장에게 제출해야 한다. 다만, 변경등록의 경우에는 다음 각 호의 서류 중 해당되는 서류만 첨부하여 제출한다. 〈개정 2012. 5. 18., 2019. 7. 16., 2020. 8. 20.〉

1. 별지 제8호서식부터 별지 제14호서식의 농업생산기반시설 등록부 2부

2. 삭제 〈2023. 1. 6.〉

3. 수혜구역도(축척 1천분의 1부터 5만분의 1까지의 지적도 또는 지형도) 1부. 다만, 용수로, 배수로 및 농로인 경우에는 제외한다.

② 제1항에 따른 농업생산기반시설 등록 또는 변경등록 신청서를 제출받은 시·도지사 또는 시장·군수·구청장은 「전자정부법」 제36조제1항에 따른 행정정보의 공동이용을 통하여 농업생산기반시설부지(용수로, 배수로 및 농로의 경우는 제외한다)의 토지(건물)등기사항증명서, 토지(임야)대장 및 지적도를 확인해야 한다. 〈개정 2011. 10. 31., 2012. 5. 18., 2023. 1. 6.〉

③ 시·도지사 또는 시장·군수·구청장은 제1항에 따른 농업생산기반시설 등록 또는 변경등록의 신청을 받으면 그 서류를 심사하여 별지 제15호서식의 농업생산기반시설 등록대장에 기재하고, 제1항 각 호의 서류 중 농업생산기반시설 등록부는 1부를 등록기관에 보관하며, 1부는 별지 제16호서식의 농업생산기반시설 등록증명서에 첨부하여 신청인에게 주어야 한다. 〈개정 2012. 5. 18.〉

제12조의2(농업생산기반시설의 구조·시설 기준 등) ① 법 제18조의2에 따른 농업생산기반시설의 구조·시설, 유지·보수 및 안전관리는 다음 각 호의 기준을 따른다.

1. 시설관리자는 시설의 기능을 보전하고, 시설 이용자의 편의와 안전을 높이도록 상시적으로 시설을 점검·정비할 것

2. 시설관리자는 긴급 조치가 필요한 때에는 신속한 조치를 하고 각종 재해 및 사고 등을 예방할 것

3. 시설관리자는 시설물마다 시설관리 담당자를 지정할 것

4. 시설관리자는 자연생태계의 훼손 및 인근 주민 등의 환경피해를 최소화하도록 할 것

② 제1항에서 규정한 사항 외에 농업생산기반시설의 구조·시설,

유지·보수 및 안전관리의 기준에 관한 세부사항은 농림축산식품부장관이 정하여 고시한다.

[본조신설 2019. 7. 16.]

제13조(농어촌용수 전문검사기관) 영 제28조제2항에서 "농림축산식품부령으로 정하는 전문검사기관"이란 다음 각 호의 기관을 말한다. 〈개정 2013. 3. 24.〉

1. 국립농업과학원
2. 특별시·광역시·도 또는 특별자치도의 보건환경연구원
3. 한국농어촌공사
4. 「먹는물관리법」 등 환경관련법령에 따른 수질검사기관

제14조(농업생산기반시설이나 용수의 사용허가신청서 등) 영 제31조제1항에 따른 사용허가신청서와 같은 조 제2항에 따른 사용신청서는 별지 제17호서식에 따른다. 〈개정 2017. 6. 22.〉

[전문개정 2012. 5. 18.]

[제목개정 2017. 6. 22.]

제15조(인근토지의 공시지가를 사용료의 징수기준으로 하는 농업생산기반시설의 사용) 영 제32조제1항제3호나목에서 "농림축산식품부령으로 정하는 경우"란 다음 각 호의 어느 하나에 해당하는 경우를 말한다. 〈개정 2013. 3. 24., 2017. 6. 22.〉

1. 가로등이나 전주 등을 설치하는 용도로 사용하는 경우
2. 물건을 쌓아두거나 입간판 등 가설물을 설치하는 용도로 사용하는 경우
3. 수도관, 배수관, 도시가스관 또는 송유관 등 지하매설물을 설치하는 용도로 사용하는 경우
4. 「신에너지 및 재생에너지 개발·이용·보급 촉진법」 제2조제3호에 따른 신·재생에너지설비를 설치하는 경우

[제목개정 2017. 6. 22.]

제16조(농업생산기반시설의 폐지) 농업생산기반시설관리자가 법 제24조제1항에 따라 농업생산기반시설의 폐지 승인을 받으려면 별지 제18호서식의 농업생산기반시설 폐지 승인신청서에 농업생산기반시설등록부와 폐지 사유를 증명할 수 있는 서류를 첨부하여 시·도지사 또는 시장·군수·구청장에게 제출하여야 한다. 〈개정 2012. 5. 18.〉

제17조(환지계획) ① 법 제25조제1항에 따른 환지계획은 다음 각

호의 서식에 따라 작성한다. 〈개정 2019. 8. 26.〉

1. 별지 제19호서식의 환지 총계표
2. 별지 제20호서식의 환지계획 일람표
3. 별지 제21호서식의 환지계획서
4. 별지 제22호서식의 평정가격표
5. 별지 제23호서식의 실경작지 조서
6. 별지 제24호서식의 종전 토지원부
7. 별지 제25호서식의 환지 토지원부
8. 별지 제26호서식의 환지계획 동의서
9. 농업생산기반정비 확정도(축척 1천분의 1)
10. 농업생산기반정비 종전도(축척 1천200분의 1 또는 1천분의 1)
11. 국공유지 무상 양여 증서 사본과 국공유지를 대신할 토지의 무상 증여 증서 사본(국공유지등의 무상 양여와 무상 증여가 결정되지 아니한 경우에는 국공유지 무상 양여 조서와 국공유지를 대신할 토지의 무상 증여 조서)
12. 농업생산기반 정비사업의 시행으로 행정구역이 변경되는 경우에는 행정구역 변경 조서와 도면(축척 1천200분의 1 또는 1천분의 1)
13. 별지 제27호서식의 비농경지 환지지정 조서(법 제25조제5항 단서와 법 제34조제5항의 경우만 해당한다)
14. 별지 제28호서식의 창설환지 토지 조서(법 제34조제2항 본문의 경우만 해당한다)
15. 별지 제29호서식의 입체환지 토지 조서(법 제34조제6항의 경우만 해당한다)
16. 별지 제30호서식의 환지 부지정 특례 토지 조서(법 제35조제1항 전단의 경우만 해당한다)
17. 별지 제31호서식의 증환지(增換地: 당초 권리면적보다 많은 면적으로 환지받는 것을 말한다. 이하 같다) 지정 조서(법 제35조제3항제2호 본문의 경우만 해당 한다)
18. 제2항에서 정하는 사항에 관한 서류

② 법 제25조제4항제4호에서 "농림축산식품부령으로 정하는 사항"이란 환지청산금의 징수 및 지급의 절차 및 방법, 그 밖에 농림축산식품부장관이 정하는 사항을 말한다. 〈개정 2013. 3. 24.〉

제18조(비농경지의 지정신청) 법 제25조제5항 단서에 따라 비농경지를 환지로 지정받으려는 자는 별지 제32호서식의 비농경지 환지 지정 신청(동의)서를 농업생산기반 정비사업 시행자에게 제출하여야 한다.

제19조(실경작지 확인) ① 영 제35조에 따라 실경작지 확인을 받으려는 토지 소유자는 별지 제33호서식의 실경작지 확인신청서를 토지 소재지를 관할하는 동장·이장을 거쳐 시장(제주특별자치도의 동지역, 도·농 복합형태인 시의 동지역 및 광역시 자치구가 아닌 구를 둔 시의 동지역만 해당한다. 이하 이 조에서 같다), 구청장 또는 읍·면장에게 제출하여야 한다.

② 시장, 구청장 또는 읍·면장은 제1항에 따른 실경작지 확인 신청을 받으면 신청일부터 5일 이내에 사실 여부를 조사하여 신청인에게 실경작지 확인서를 발급하여야 한다.

③ 토지 소유자는 제2항에 따라 실경작지 확인서를 발급받으면 발급일부터 10일 이내에 농업생산기반 정비사업 시행자에게 이를 제출하여야 한다.

제20조(환지계획의 공고) 법 제26조제2항에 따른 공고는 별지 제34호서식에 따른다.

제21조(환지계획 인가 신청) 법 제26조제5항에 따라 환지계획을 인가받으려는 농업생산기반 정비사업 시행자는 별지 제35호서식의 환지계획 인가신청서에 제17조제1항제1호부터 제13호까지의 서류를 첨부하여 농림축산식품부장관 또는 시·도지사에게 제출하여야 한다. 〈개정 2013. 3. 24.〉

제22조(환지계획 인가 고시 및 통지) ① 법 제26조제6항에 따른 고시는 별지 제36호서식에 따른다.

② 법 제26조제6항에 따라 농림축산식품부장관 또는 시·도지사가 환지계획의 인가 사실을 고시하였을 때에는 지체 없이 다음 각 호의 서류를 첨부하여 시장·군수·구청장과 관할 등기소에 알려야 한다. 〈개정 2013. 3. 24.〉

1. 환지계획 인가서 사본
2. 제17조제1항제1호·제3호·제6호·제7호·제9호 및 제10호. 다만, 관할 등기소에 알릴 경우에는 제17조제1항제6호·제7호 및 제10호의 서류를 생략할 수 있다.

③ 법 제26조제7항 각 호 외의 부분 단서에 따라 인가받은 환지계획의 정정 또는 변경 사실을 인가권자에게 알릴 때에는 별지 제37호서식의 환지계획 정정(변경) 통지서에 정정 또는 변경 전·후의 상황을 기록한 제17조제1항제1호·제2호·제3호·제6호 및 제7호의 서류를 첨부하여야 한다.

제23조(환지사 시험 응시원서 등) ① 영 제37조제3항에 따른 환지사(換地士) 시험의 응시원서는 별지 제38호서식에 따른다.

② 영 제38조에 따른 환지사 시험 수수료는 1만원으로 한다.

제24조(합격자 결정과 자격증의 발급 등) ① 환지사 시험의 합격자는 영 제37조제1항에 따른 시험의 종류별로 각각 40점 이상을 득점하고 전 시험 평균 60점 이상을 득점한 사람으로 한다.

② 농림축산식품부장관은 환지사의 수급(需給)상 필요하다고 인정하여 미리 선발 예정 인원을 공고한 경우에는 제1항에 해당하는 사람 중에서 총 득점이 높은 순서로 합격자를 결정한다. 이 경우 동점자로 인하여 선발 예정 인원을 초과할 때에는 해당 동점자 모두를 합격자로 한다. 〈개정 2013. 3. 24.〉

③ 농림축산식품부장관은 영 제39조제1항에 따라 환지사 시험에 합격한 사람에게 별지 제39호서식의 환지사자격증을 발급하고, 별지 제40호서식의 환지사 등록부에 기재하여야 한다. 〈개정 2013. 3. 24.〉

④ 영 제39조제2항에 따라 환지사자격증을 재발급받으려는 사람은 별지 제41호서식의 환지사자격증 재발급신청서에 다음 각 호의 서류를 첨부하여 농림축산식품부장관에게 제출하여야 한다. 〈개정 2013. 3. 24.〉

1. 분실 사유서(잃어버려 재발급을 신청하는 경우만 해당한다)
2. 환지사자격증(못 쓰게 되어 재발급을 신청하는 경우만 해당한다)

⑤ 제4항에 따라 환지사자격증 재발급신청서를 제출받은 농림축산식품부장관은 「전자정부법」 제36조제1항에 따른 행정정보의 공동이용을 통하여 주민등록표 초본을 확인하여야 한다. 다만, 신청인이 확인에 동의하지 아니하면 주민등록표 초본을 첨부하게 하여야 한다. 〈개정 2011. 10. 31., 2013. 3. 24., 2017. 12. 29.〉

제25조(환지 업무 대행법인의 등록) ① 법 제31조에 따라 환지 업무 대행법인으로 등록하려는 자는 별지 제42호서식의 환지 업무 대행법인 등록신청서에 다음 각 호의 서류를 첨부하여 농림축산식품부

장관에게 제출(전자문서에 의한 제출을 포함한다)해야 한다. 〈개정 2013. 3. 24., 2019. 11. 14.〉

1. 정관
2. 소속 환지사의 자격증 사본

② 제1항에 따른 환지 업무 대행법인 등록신청서를 제출받은 농림축산식품부장관은 「전자정부법」 제36조제1항에 따라 행정정보의 공동이용을 통하여 법인등기사항증명서를 확인하여야 한다. 〈개정 2011. 10. 31., 2013. 3. 24.〉

③ 농림축산식품부장관은 제1항에 따른 환지 업무 대행법인 등록 신청을 받으면 그 신청내용을 확인한 후 별지 제43호서식의 환지 업무 대행법인 등록부에 등록을 하고, 별지 제44호서식의 환지 업무 대행법인 등록증을 신청인에게 내주어야 한다. 〈개정 2013. 3. 24.〉

④ 농림축산식품부장관은 제3항에 따라 환지 업무 대행법인의 등록을 하면 그 사실을 고시하여야 한다. 〈개정 2013. 3. 24.〉

제26조(환지 업무 대행법인의 등록사항 변경 등) ① 환지 업무 대행법인은 등록사항(대표자, 법인명칭, 사무실 소재지가 변경되는 경우로 한정한다)이 변경되면 변경된 날부터 15일 이내에 환지 업무 대행법인 등록증과 함께 별지 제42호서식의 환지 업무 대행법인 변경등록신청서를 농림축산식품부장관에게 제출(전자문서에 의한 제출을 포함한다)해야 한다. 〈개정 2013. 3. 24., 2019. 11. 14.〉

② 제1항에 따른 환지 업무 대행법인의 등록사항 변경에 관하여는 제25조제3항 및 제4항을 준용한다.

③ 환지 업무 대행법인은 그 업을 폐지하였을 때에는 지체 없이 환지 업무 대행법인 등록증을 농림축산식품부장관에게 반납하여야 한다. 〈개정 2013. 3. 24.〉

제27조(환지 업무 대행법인의 등록 취소 등의 기준) 법 제32조제2항에 따른 환지 업무 대행법인의 등록 취소와 업무정지의 세부 기준은 별표 2와 같다.

제28조(권리 변동의 신고) ① 법 제33조에 따라 농업생산기반 정비사업 시행지역에 있는 토지에 대한 권리의 이전, 설정, 변경 및 소멸 또는 처분의 제한에 관한 신고를 하려는 자는 별지 제45호서식의 권리 변동 신고서에 다음 각 호의 서류를 첨부하여 농업생산기

반 정비사업 시행자에게 제출하여야 한다. 〈개정 2011. 10. 31., 2012. 5. 18.〉

1. 토지대장(토지 위에 건축물이 있는 경우에는 건축물대장을 포함한다) 또는 임야대장 및 토지(건물)등기사항증명서(한국농어촌공사 또는 토지 소유자가 시행하는 경우만 해당한다)

2. 처분의 제한 내용(처분의 제한이 있는 경우만 해당한다)

② 농업생산기반 정비사업 시행자가 한국농어촌공사 또는 토지 소유자가 아닌 경우 제1항에 따른 권리 변동 신고서를 제출받으면 「전자정부법」 제36조제1항에 따른 행정정보의 공동이용을 통하여 토지대장(토지 위에 건축물이 있는 경우에는 건축물대장을 포함한다) 또는 임야대장 및 토지(건물)등기사항증명서를 확인하여야 한다. 〈개정 2011. 10. 31., 2012. 5. 18.〉

제29조(창설환지의 취득자격) ① 법 제34조제2항 본문에서 "농림축산식품부령으로 정하는 자"란 다음 각 호의 어느 하나에 해당하는 자를 말한다. 〈개정 2013. 3. 24., 2015. 12. 23.〉

1. 「농어업경영체 육성 및 지원에 관한 법률」에 따라 설립된 농업법인 또는 「농업·농촌 및 식품산업 기본법」 및 「수산업·어촌 발전 기본법」에 따라 설립된 생산자단체

2. 해당 사업구역의 토지 소유자로 구성된 창설환지 지정목적에 적합한 단체

3. 한국농어촌공사

4. 그 밖에 농업·수산업·축산업과 관련된 법인 또는 단체로서 농림축산식품부장관이 창설환지의 취득이 필요하다고 인정하는 법인 또는 단체

② 제1항 각 호에 해당하는 자가 법 제34조제1항에 따른 특정용도의 창설환지 등을 취득하려는 경우에는 별지 제46호서식의 창설환지 취득신청(동의)서에 사용계획서를 첨부하여 농업생산기반 정비사업 시행자에게 제출하여야 한다.

제30조(특정 용도의 창설환지의 무상 취득) ① 법 제34조제3항에서 "농림축산식품부령으로 정하는 것"이란 영 제40조제1항 및 제2항 각 호의 시설 중 수혜자가 주로 이용하는 시설을 설치하기 위하여 창설환지를 무상으로 취득하는 것을 말한다. 〈개정 2013. 3. 24.〉

② 제1항에 따른 창설환지의 무상 취득은 법 제40조에 따라 해당

농업생산기반 정비사업을 시행하는 지역의 수혜자총회 또는 대의원회의 의결을 거쳐야 한다.

제31조(비농경지 환지지정에 대한 신청) 법 제34조제5항에 따라 종전의 토지 용도와 다른 용도의 환지를 지정받으려는 자는 별지 제32호서식의 비농경지 환지지정신청(동의)서를 농업생산기반 정비사업 시행자에게 제출하여야 한다.

제32조(환지 부지정 등의 신청 등) 법 제35조제1항에 따른 환지 부지정 등의 신청이나 동의는 별지 제47호서식에 따른다.

제33조(증환지의 대상 등) ① 법 제35조제3항제2호 본문에서 "농림축산식품부령으로 정하는 자"란 다음 각 호의 어느 하나에 해당하는 자를 말한다. 〈개정 2013. 3. 24.〉

1. 해당 사업구역의 토지를 소유하고 있는 「농어업경영체 육성 및 지원에 관한 법률」에 따라 설립된 농업법인
2. 해당 사업구역에서 영농에 종사하는 토지 소유자

② 제1항 각 호의 대상자 중 증환지를 받으려는 자의 우선순위는 수혜자총회 또는 대의원회에서 미리 결정하여야 한다.

③ 법 제35조제3항제2호에 따라 영농 규모 확대를 위하여 증환지를 희망하는 자는 별지 제48호서식의 증환지 지정 신청(동의)서를 농업생산기반 정비사업 시행자에게 제출하여야 한다.

제34조(일시 이용지의 지정) ① 농업생산기반 정비사업 시행자가 법 제38조제1항에 따라 일시 이용지를 지정하려면 다음 각 호의 서류를 작성하여 공고하여야 한다.

1. 별지 제49호서식의 일시 이용지 지정 총계표
2. 별지 제50호서식의 일시 이용지 지정 일람표
3. 별지 제51호서식의 일시 이용지 지정계획서
4. 별지 제52호서식의 일시 이용지 지정 전 토지 조서
5. 별지 제53호서식의 일시 이용지 지정 조서
6. 일시 이용지 지정도(축척 1천200분의 1 또는 1천분의 1)

② 농업생산기반 정비사업 시행자가 법 제38조제2항에 따라 일시 이용지의 지정 내용을 알릴 때에는 별지 제54호서식의 일시 이용지 지정 통지서에 따른다.

제35조(동·리 경계선의 변경) 영 제47조에 따라 동·리 경계선의 변경을 신청하려는 농업생산기반 정비사업 시행자는 별지 제55호서

식의 동·리 경계선 변경신청서에 다음 각 호의 서류를 첨부하여 관할 지방자치단체의 장에게 제출하여야 한다.

1. 별지 제56호서식의 행정구역 변경 조서
2. 별지 제57호서식의 행정구역 변경 지번별 조서
3. 행정구역 변경도(축척 1천200분의 1 또는 1천분의 1)

제36조(교환·분할·합병계획의 인가 신청) 법 제43조제2항에 따라 교환·분할·합병계획의 인가를 받으려는 자는 별지 제58호서식의 교환·분할·합병계획 인가신청서에 다음 각 호의 서류를 첨부하여 시·도지사에게 제출하여야 한다.

1. 별지 제59호서식의 교환·분할·합병계획서
2. 별지 제60호서식의 교환·분할·합병계획 동의서
3. 교환·분할·합병계획도면
4. 별지 제61호서식의 교환·분할·합병계획 협의 완료 증명서(둘 이상의 시·군·구의 경계에 걸치는 경우만 해당한다). 다만, 농업생산기반 정비사업 시행자가 한국농어촌공사인 경우에는 제출하지 아니한다.
5. 별지 제62호서식의 교환·분할·합병 토지평정 가격표
6. 별지 제63호서식의 교환·분할·합병계획 일람표
7. 별지 제64호서식의 교환·분할·합병계획 총계표
8. 별지 제65호서식의 교환·분할·합병계획 대상(예정)토지 일람표

제37조(교환·분할·합병계획의 인가) 법 제43조제2항에 따른 시·도지사의 교환·분할·합병계획의 인가는 별지 제66호서식에 따른다.

제38조(교환·분할·합병계획의 인가 통지) 법 제43조제2항에 따라 시장·군수·구청장 또는 한국농어촌공사가 교환·분할·합병계획의 인가 내용을 시장·군수·구청장과 등기소에 알릴 때에는 별지 제66호서식의 교환·분할·합병계획 인가서 사본에 제36조제1호·제3호·제7호 및 제8호의 서류를 첨부하여야 한다.

제39조(처분에 제한이 있는 농지) 법 제44조제2항에서 "처분에 제한이 있는 농지로서 농림축산식품부령으로 정하는 것"이란 「민사소송법」 및 「국세징수법」과 그 밖의 다른 법률에 따라 처분의 제한이 있는 농지를 말한다. 〈개정 2013. 3. 24.〉

제40조(추진위원회의 설립승인 신청 등) 법 제57조제2항에 따라 마을정비조합 설립 추진위원회(이하 "추진위원회"라 한다)의 설립 승인을 받고자 하는 자는 위원장을 포함한 5명 이상의 위원으로 추진위원회를 구성하고 별지 제67호서식의 추진위원회 승인신청서에 다음 각 호의 서류를 첨부하여 시장·군수·구청장에게 제출(전자문서에 의한 제출을 포함한다)하여야 한다.

1. 사업 대상 지역의 토지 및 건축물 소유자와 지상권자의 명부 및 동의서

2. 위원장 및 위원의 주소 및 성명

제41조(마을정비조합 설립 등 인가신청) 영 제54조제1항에 따른 마을정비조합의 설립·변경 또는 해산 인가신청서는 별지 제68호서식에 따른다.

제42조(생활환경정비사업 기본계획의 경미한 사항 변경) 법 제58조제2항 단서에서 "농림축산식품부령으로 정하는 경미한 사항"이란 다음 각 호의 어느 하나에 해당하는 경우를 말한다. 〈개정 2013. 3. 24.〉

1. 사업면적의 100분의 10 범위에서의 변경

2. 사업비(물가변동에 따른 변동금액은 포함하지 아니한다)의 100분의 10 범위에서의 변경

3. 물가변동에 따른 사업비의 변경

4. 다른 법률에 따라 사업계획이 확정되어 생활환경정비사업 기본계획에 반영된 후 해당 사업계획이 변경·폐지됨에 따라 그 내용을 반영하는 경우

5. 그 밖에 단순한 착오·누락 등으로 인한 사항의 변경

제43조(생활환경정비사업 시행계획의 경미한 사항 변경) 법 제61조 단서에서 "농림축산식품부령으로 정하는 경미한 사항"이란 다음 각 호의 어느 하나에 해당하는 경우를 말한다. 〈개정 2013. 3. 24.〉

1. 생활환경정비사업 시행계획 승인 시 승인권자가 부여한 조건의 이행에 따른 변경

2. 사업면적의 100분의 10 범위에서의 변경

3. 사업비(물가변동에 따른 변동금액은 포함하지 아니한다)의 100분의 10 범위에서의 변경

4. 물가변동에 따른 사업비 변경

5. 다른 법률에 따라 사업계획이 확정되어 생활환경정비사업 기본

계획에 반영된 후 해당 사업계획이 변경·폐지됨에 따라 그 내용을 반영하는 경우

6. 그 밖에 단순한 착오·누락 등으로 인한 사항의 변경

제43조의2(빈집에의 출입) ① 법 제64조의3제2항 본문에 따라 빈집의 소유자·점유자 또는 관리인(이하 “소유자등”이라 한다)에게 알려야 하는 사항은 다음 각 호와 같다.

1. 출입하려는 사람의 소속 기관·직급·성명 등 인적사항
2. 출입장소 및 출입기간
3. 출입목적

② 법 제64조의3제2항에 따른 통지서는 별지 제68호의2서식에 따른다.

③ 법 제64조의3제3항에 따른 증표는 별지 제68호의3서식에 따른다.

[본조신설 2020. 8. 20.]

제43조의3(빈집정비사업에 대한 특례) 영 제59조의9제5호에서 “농림축산식품부령 또는 해양수산부령으로 정하는 사유”란 다음 각 호의 어느 하나에 해당하는 경우를 말한다.

1. 법률 제3259호 「준공미필건축물 정리에 관한 특별조치법」, 법률 제3533호 「특정건축물 정리에 관한 특별조치법」, 법률 제6253호 「특정건축물 정리에 관한 특별조치법」, 법률 제7698호 「특정건축물 정리에 관한 특별조치법」 및 법률 제11930호 「특정건축물 정리에 관한 특별조치법」에 따라 준공검사필증 또는 사용승인서를 교부받은 사실이 건축물대장에 기재된 경우
2. 법률 제3811호 「공유토지분할에 관한 특례법」, 법률 제4875호 「공유토지분할에 관한 특례법」, 법률 제7037호 「공유토지분할에 관한 특례법」 및 법률 제11363호 「공유토지분할에 관한 특례법」에 따라 공유토지가 분할된 경우
3. 대지의 일부 토지소유권에 대하여 「민법」 제245조에 따라 소유권이전등기가 완료된 경우
4. 「지적재조사에 관한 특별법」에 따른 지적재조사사업으로 새로운 지적공부가 작성된 경우

[본조신설 2024. 7. 3.]

[종전 제43조의3은 제43조의4로 이동 〈2024. 7. 3.〉]

제43조의4(특정빈집에 대한 신고서) 법 제65조의3제1항 각 호의 어느 하나 이상에 해당하는 빈집(이하 "특정빈집"이라 한다)에 대한 신고서는 별지 제68호의4서식에 따른다.

[본조신설 2020. 8. 20.]

[제43조의3에서 이동, 종전 제43조의4는 제43조의5로 이동 〈2024. 7. 3.〉]

제43조의5(특정빈집에 대한 행정지도) 시장·군수·구청장은 법 제65조의4제1항에 따라 특정빈집의 소유자등에 대해 지도를 하려는 경우에는 별지 제68호의5서식에 따른 행정지도서에 다음 각 호의 사항을 적어 특정빈집의 소유자등에게 알려야 한다.

1. 행정지도의 취지
2. 해당 특정빈집 및 주변 생활환경에 관한 조치 사항
3. 조치 사항의 이행 방법·절차 및 이행 기간
4. 그 밖에 조치 사항의 이행을 위해 필요한 사항

[본조신설 2020. 8. 20.]

[제43조의4에서 이동, 종전 제43조의5는 제43조의6으로 이동 〈2024. 7. 3.〉]

제43조의6(특정빈집에 대한 조치명령의 통지 등) ① 법 제65조의5제1항 본문에 따른 조치명령서는 별지 제68호의6서식에 따른다.

② 영 제61조제1항에 따른 철거등 통지서는 별지 제68호의7서식에 따른다. 〈개정 2024. 7. 3.〉

[본조신설 2020. 8. 20.]

[제43조의5에서 이동 〈2024. 7. 3.〉]

제43조의7(비용납부명령서) 영 제61조제2항 및 제61조의2제4항에 따른 비용납부명령서는 별지 제68호의8서식에 따른다.

[본조신설 2024. 7. 3.]

제44조(농어촌 주택의 임대보증금과 임대료 등) ① 영 제63조제1항에 따라 생활환경정비사업 시행자가 농어촌 주택을 임대하는 경우에는 임대보증금과 임대료는 농림축산식품부장관이 정하여 고시하는 상한을 초과할 수 없다. 〈개정 2013. 3. 24.〉

② 농림축산식품부장관은 제1항에 따라 농어촌 주택의 임대보증금과 임대료를 산정할 때에는 임대주택과 그 부대시설에 대한 감가상각비, 수선유지비, 화재보험료, 융자금에 대한 지급 이자 및 대손

충당금을 고려하여야 한다. 〈개정 2013. 3. 24.〉

③ 임대주택에 대한 임대차계약을 체결하려는 경우에는 농림축산식품부장관이 정하는 표준임대차계약서에 따른다. 〈개정 2013. 3. 24.〉

④ 생활환경정비사업 시행자가 임대주택을 매각하는 경우에는 입주일 이후부터 매각 당시까지 무주택자인 임차인 또는 농림축산식품부장관이 정하는 임차인에게 우선적으로 매각할 수 있다. 〈개정 2013. 3. 24.〉

⑤ 임대주택의 임대기간, 관리비 징수, 관리방법 및 그 밖에 관리에 필요한 사항은 농림축산식품부장관이 정한다. 〈개정 2013. 3. 24.〉

제45조(금융업무를 행하는 기관의 범위) 영 제65조제6호마목에서 "농림축산식품부령으로 정하는 기관"이란 다음 각 호의 어느 하나에 해당하는 기관을 말한다. 〈개정 2013. 3. 24., 2024. 7. 3.〉

1. 「농업협동조합법」에 따른 조합 및 중앙회
2. 「수산업협동조합법」에 따른 조합 및 중앙회
3. 「신용협동조합법」에 따른 조합 및 중앙회
4. 「새마을금고법」에 따른 새마을금고 및 새마을금고중앙회
5. 「산림조합법」에 따른 조합 및 중앙회
6. 「한국주택금융공사법」에 따른 한국주택금융공사

제46조(농어촌산업 육성 지원기구 지정 신청서) 영 제68조제2항에 따른 농어촌산업 육성 지원기구 지정 신청서는 별지 제69호서식에 따른다.

제47조(농어촌 관광휴양사업의 규모 및 시설기준) 법 제81조제2항에 따른 농어촌 관광휴양사업의 규모 및 시설기준은 별표 3과 같다.

제48조(농어촌관광휴양지사업자 신고 등) ① 법 제85조제2항 전단에 따라 농어촌 관광휴양단지와 관광농원(이하 "농어촌관광휴양지"라 한다) 사업을 경영하려는 자는 별지 제70호서식의 농어촌관광휴양지사업자 신고서에 다음 각 호의 서류를 첨부하여 시장·군수·구청장에게 제출(전자문서에 의한 제출을 포함한다. 이하 이 조에서 같다)해야 한다. 〈개정 2019. 11. 14., 2023. 1. 6.〉

1. 다음 각 목의 사항이 포함된 농어촌관광휴양지 운영계획서

가. 작목별·시설별 이용계획

나. 생산품 판매계획(지역 특산물 판매시설을 설치한 경우만 해당한다)

다. 운영자금 조달계획

2. 영업시설의 평면도

3. 별지 제71호서식의 농어촌관광휴양지시설 내용

4. 교육증명서(농어촌관광휴양지 사업에 「식품위생법」에 따른 식품접객업이 포함된 경우로서 「식품위생법」 제41조제1항에 따른 교육을 받은 경우만 해당한다)

② 법 제85조제2항 후단에 따라 신고 내용을 변경하려는 자는 별지 제70호서식의 농어촌관광휴양지사업자 변경신고서에 제1항 각 호의 서류 중 변경 내용을 증명할 수 있는 서류를 첨부하여 시장·군수·구청장에게 제출하여야 한다.

③ 제1항 및 제2항에 따른 신고서를 제출받은 시장·군수·구청장은 「전자정부법」 제36조제1항에 따라 행정정보의 공동이용을 통하여 토지(건물)등기사항증명서를 확인하여야 한다. 〈개정 2011. 10. 31., 2012. 5. 18.〉

④ 법 제85조제2항 후단에 따라 폐업신고를 하려는 자는 별지 제72호서식의 농어촌관광휴양지사업 폐업신고서를 작성하여 시장·군수·구청장에게 제출하여야 한다.

⑤ 제1항 및 제2항에 따른 신고서를 제출받은 시장·군수·구청장은 그 신고 내용을 확인한 후 별지 제73호서식의 농어촌관광휴양지사업자 신고확인증을 신고인에게 내주고, 별지 제74호서식의 농어촌관광휴양지사업자 신고확인증 발급대장을 작성해야 한다. 〈개정 2020. 8. 20.〉

제49조(농어촌민박사업자의 신고 등) ① 법 제86조제1항 전단에 따라 농어촌민박사업을 경영하려는 자는 별지 제75호서식의 농어촌민박사업자 신고서(전자문서로 된 것을 포함한다)에 다음 각 호의 서류를 첨부하여 시장·군수·구청장에게 제출해야 한다. 〈개정 2015. 7. 3., 2020. 8. 20.〉

1. 주택임대차계약서 사본 등 사용권을 증명할 수 있는 서류(신고인이 주택의 소유자가 아닌 경우로 한정하고, 전자문서로 된 것을 포함한다)

2. 「먹는물관리법」에 따른 먹는물 수질검사기관이 발행한 최근 2년 이내 먹는물 수질검사성적서 1부(조식을 제공하기 위해 수돗물이 아닌 지하수를 먹는물 또는 식품의 조리 등에 사용하는 경우로 한

정한다)

3. 상속인임을 증명하는 서류(농어촌민박사업에 이용되고 있는 주택을 상속받은 자가 농어촌민박사업자로 신고하려는 경우로 한정하며, 가족관계등록전산정보만으로 상속인임을 확인할 수 있는 경우는 제외한다)

② 법 제86조제1항 후단에 따른 변경신고를 하려는 자는 별지 제76호서식의 농어촌민박사업 변경신고서(전자문서로 된 것을 포함한다)에 다음 각 호의 서류를 첨부하여 시장·군수·구청장에게 제출하여야 한다. 〈개정 2015. 7. 3.〉

1. 변경 내용을 증명할 수 있는 서류(전자문서로 된 것을 포함한다)

2. 「먹는물관리법」에 따른 먹는물 수질검사기관이 발행한 최근 2년 이내 먹는물 수질검사성적서 1부(조식을 제공하기 위하여 수돗물이 아닌 지하수를 먹는물 또는 식품의 조리 등에 사용할 목적으로 변경하는 경우만 해당한다)

③ 제1항 및 제2항에 따른 신고서를 제출받은 시장·군수·구청장은 「전자정부법」 제36조제1항에 따른 행정정보의 공동이용을 통하여 다음 각 호의 사항을 확인해야 한다. 다만, 신고인이 확인에 동의하지 않으면 주민등록표 초본 및 가족관계증명서를 첨부하도록 해야 한다. 〈개정 2011. 10. 31., 2017. 12. 29., 2020. 8. 20.〉

1. 신고를 할 경우 다음 각 목의 서류
   가. 주민등록표 초본
   나. 가족관계증명서
   다. 건축물대장 및 건물등기사항증명서

2. 변경신고를 할 경우 신고인의 주민등록표 초본

④ 법 제86조제1항 후단에 따라 폐업신고를 하려는 자는 별지 제77호서식의 농어촌민박사업 폐업신고서에 농어촌민박사업자 신고확인증을 첨부하여 시장·군수·구청장에게 제출해야 한다. 다만, 신고확인증을 분실한 때에는 폐업신고서에 분실사유를 적으면 신고확인증을 첨부하지 않을 수 있다. 〈개정 2020. 8. 20.〉

⑤ 제1항 및 제2항에 따른 신고서를 제출받은 시장·군수·구청장은 그 신고 내용을 확인한 후 별지 제78호서식의 농어촌민박사업자 신고확인증을 신고인에게 내주고, 별지 제79호서식의 농어촌민박

사업자 신고확인증 발급대장과 별지 제80호서식의 농어촌민박사업자 관리대장을 작성해야 한다. 〈개정 2020. 8. 20.〉

제49조의2(서비스·안전기준 및 교육) ① 법 제86조의2제2호에 따른 농어촌민박사업의 서비스·안전기준은 별표 3의2와 같다

② 법 제86조의2제3호에 따른 교육은 매년 3시간 실시하되, 소방·안전 교육 2시간, 서비스·위생에 관한 교육을 1시간 실시해야 한다. 이 경우 교육은 교육과정의 성격, 교육여건 등을 고려하여 집합교육 또는 인터넷을 이용한 교육의 방법으로 실시할 수 있다. 〈개정 2019. 8. 16., 2020. 8. 20., 2021. 10. 15., 2024. 11. 12.〉

③ 시장·군수·구청장 또는 법 제86조의2제3호에 따른 농어촌민박사업자 단체의 장(이하 "농어촌민박사업자단체장"이라 한다)은 제2항에 따른 교육을 실시하기 1개월 전에 농어촌민박사업자에게 교육일을 통보하고, 연간 교육일정을 모두가 볼 수 있도록 공지해야 한다. 〈개정 2019. 8. 16., 2021. 10. 15.〉

④ 시장·군수·구청장 또는 농어촌민박사업자단체장은 농어촌민박사업자 중 질병 등 부득이한 사유로 제3항에 따른 교육일에 교육을 받을 수 없다고 인정되는 자에게는 통보된 교육일로부터 6개월 이내에 교육을 받게 할 수 있되, 해당 연도 내에 교육을 받도록 해야 한다. 〈개정 2021. 10. 15.〉

⑤ 농어촌민박사업자단체장은 제2항에 따라 교육을 실시한 후 그 결과를 교육일부터 1개월 이내에 시장·군수·구청장에게 보고해야 한다. 〈신설 2021. 10. 15.〉

⑥ 시장·군수·구청장은 제2항에 따라 교육을 실시한 후 교육기록(제5항에 따라 보고받은 교육 실시 결과를 포함한다)을 2년 이상 보관·관리해야 한다. 〈개정 2021. 10. 15.〉

⑦ 시장·군수·구청장 또는 농어촌민박사업자단체장은 제2항에 따라 교육을 받은 사람에게 수료증을 주어야 한다. 〈개정 2021. 10. 15.〉

⑧ 시장·군수·구청장은 교육 실시 결과(제5항에 따라 보고받은 교육 실시 결과를 포함한다)를 시·도지사에게 보고해야 하며, 시·도지사는 시장·군수·구청장이 보고한 교육 실시 결과를 농림축산식품부장관에게 보고하여야 한다. 〈개정 2021. 10. 15.〉

[본조신설 2015. 7. 3.]

제49조의3(농어촌민박사업장의 표시) 법 제86조의2제6호에 따른 농어촌민박사업장임을 나타내는 표시 사항 및 표시 방법은 별표 3의3에 따른다. 〈개정 2021. 10. 15.〉

[본조신설 2020. 8. 20.]

제50조(농어촌관광휴양지사업 승계 신고 등) ① 법 제87조제4항에 따라 농어촌관광휴양지사업자의 지위를 승계한 자는 별지 제81호서식의 농어촌관광휴양지사업자 지위승계 신고서에 다음 각 호의 서류를 첨부하여 시장 · 군수 · 구청장에게 제출해야 한다. 〈개정 2020. 8. 20.〉

1. 신고확인증(분실한 경우에는 분실사유서를 제출한다)
2. 지위승계를 증명하는 다음 각 목의 구분에 따른 서류

가. 사업 양도의 경우: 양도 · 양수를 증명하는 서류

나. 상속의 경우: 상속인임을 증명하는 서류(가족관계등록전산정보만으로 확인할 수 있는 경우는 제외한다)

다. 그 밖의 경우: 해당 사유별로 영업자의 지위를 승계하였음을 증명하는 서류

② 제1항에 따른 신고서를 제출받은 시장 · 군수 · 구청장은 「전자정부법」 제36조제1항에 따른 행정정보의 공동이용을 통해 신고인의 가족관계등록전산정보를 확인해야 한다. 다만, 신고인이 확인에 동의하지 않으면 가족관계증명서를 첨부하도록 해야 한다. 〈신설 2020. 8. 20.〉

③ 제1항에 따라 농어촌관광휴양지사업자 지위승계 신고서를 제출받은 시장 · 군수 · 구청장은 그 신고 내용을 확인한 후 승계한 자에게 별지 제73호서식의 농어촌관광휴양지사업자 신고확인증을 내주어야 한다. 〈개정 2020. 8. 20.〉

제51조(농어촌관광휴양지사업자 등에 대한 처분) 법 제89조제4항에 따른 농어촌관광휴양지사업자 또는 농어촌민박사업자에 대한 처분의 기준은 별표 4와 같다. 〈개정 2020. 8. 20.〉

제52조(농어촌지역의 개발 촉진 시설의 범위) 법 제92조제4호에서 “농어촌지역의 개발을 촉진하기 위하여 필요한 시설로서 농림축산식품부령으로 정하는 시설”이란 「건축법 시행령」 별표 1에 규정된 시설 중 다음 각 호의 어느 하나에 해당하는 시설을 말한다. 〈개정 2013. 3. 24.〉

1. 종교집회장
2. 아동 관련 시설
3. 업무시설

제53조(한계농지의 조사·고시 등) ① 법 제93조제1항에 따른 한계농지의 조사 대상 항목은 다음 각 호와 같다.
1. 한계농지의 소재지, 지번, 지목 및 면적
2. 한계농지의 이용 상황

② 법 제93조제2항에 따라 고시하여야 할 사항은 다음 각 호와 같다.
1. 고시 연월일
2. 한계농지의 소재지, 지번, 지목 및 면적을 표시한 토지 조서

③ 시장·군수·구청장이 법 제93조제2항에 따라 한계농지를 고시하였을 때에는 그 내용을 시·도지사를 거쳐 농림축산식품부장관에게 보고하여야 하고, 한계농지가 표시된 축척 5천분의 1 이상의 지형도(축척 5천분의 1 이상의 지형도가 작성되지 아니한 지역의 경우에는 축척 1천200분의 1 이상의 지적도)를 보관하여 일반인이 열람할 수 있도록 하여야 한다. 〈개정 2013. 3. 24.〉

제54조(한계농지등 정비지구 지정 신청서) 법 제95조제1항에 따른 한계농지등 정비지구 지정 신청서는 별지 제82호서식에 따른다.

제55조(한계농지등의 정비사업계획변경 승인대상) 법 제96조제2항 후단에 따라 한계농지등의 정비사업계획의 변경에 관하여 시장·군수·구청장의 승인을 받아야 할 사항은 다음 각 호와 같다.
1. 영 제77조제5호에 따른 토지 이용계획의 변경
2. 한계농지등의 정비사업계획 면적의 증감

제56조(마을정비사업 제안서) 법 제103조제1항에 따른 마을정비사업 제안서에는 다음 각 호의 사항을 포함하여야 한다.
1. 마을정비사업 대상지 위치도
2. 마을정비사업 대상지의 소유권 또는 사용권을 증명할 수 있는 서류
3. 농어촌정비사업 사업시행자 지정신청에 관한 서류

제57조(농림축산식품부장관 승인 대상인 시행계획 변경의 범위) 영 제86조제1항제3호에서 "농림축산식품부령으로 정하는 사항"이란 농업생산기반 정비사업[법 제2조제5호라목의 농업 주 생산단지 조성

및 영농시설 확충사업을 제외한다] 시행계획을 변경하려는 경우 농림축산식품부장관의 승인을 받아야 하는 다음 각 호의 사항을 말한다. 〈개정 2013. 3. 24., 2020. 8. 20.〉

1. 농업생산기반 정비사업 시행계획에서 정한 수혜면적의 100분의 10을 초과하는 수혜면적의 증감

2. 농업생산기반 정비사업 시행계획에서 정한 공사비(농업생산기반 정비사업 시행계획이 변경된 공사의 경우에는 변경된 공사비를 말한다)의 100분의 10을 초과하는 증감(국비의 지원이 수반되는 사업만 해당한다)

3. 농업생산기반시설의 안전에 영향을 미칠 수 있는 구조물 중 농림축산식품부장관이 정하는 구조물의 변경

[제목개정 2013. 3. 24.]

제57조의2(이주정착지원금 및 생활안정지원금 신청서) ① 영 제86조의2제4항에 따라 이주정착지원금 및 생활안정지원금을 받으려는 사람은 별지 제111호서식의 이주정착금 등 신청서에 다음 각 호의 서류를 첨부하여 농업생산기반 정비사업 시행자에게 제출해야 한다. 〈개정 2021. 11. 12.〉

1. 삭제 〈2017. 12. 29.〉

2. 농업생산기반 정비사업 시행계획의 최초 고시일이 속하는 달(세입자 및 무허가건축물 소유자의 경우에는 농업생산기반 정비사업 시행계획의 최초 고시일이 속하는 달을 기준으로 3년 전까지의 달)의 전기요금을 냈다는 사실을 증명하는 서류(전기요금납부영수증, 전기요금납입증명서 등을 말한다)

3. 이주정착지원금 및 생활안정지원금을 지원받을 사람이 해당 지역에 거주하였음을 증명하는 서류(주택임대차계약서 · 전세계약서 사본이나 관할 읍장 · 면장 · 동장이 발급한 거주사실확인서 등을 말한다)

4. 삭제 〈2021. 11. 12.〉

② 제1항에 따른 신청을 받은 농업생산기반 정비사업 시행자는 「전자정부법」 제36조제1항에 따른 행정정보의 공동이용을 통하여 다음 각 호의 서류를 확인해야 한다. 다만, 신청인이 확인에 동의하지 않는 경우에는 제1호의 서류를 제출하게 해야 한다. 〈개정 2021. 11. 12., 2022. 1. 20.〉

1. 주민등록표 등본, 세대원별 주민등록표 초본(주소지 변경사항을 포함한다)

2. 삭제 〈2021. 11. 12.〉

3. 건축물대장, 건물등기사항증명서

[본조신설 2012. 2. 14.]

제58조(간이 인공구조물) 영 제87조제3항제1호에서 "농림축산식품부령으로 정하는 간이 인공구조물"이란 다음 각 호의 인공구조물을 말한다. 〈개정 2013. 3. 24., 2018. 8. 31., 2020. 8. 20.〉

1. 비닐하우스

2. 양잠장

3. 고추, 잎담배, 김 등 농림수산물의 건조장

4. 버섯재배사

5. 종묘배양장

6. 퇴비장

7. 탈곡장

8. 그 밖에 제1호부터 제7호까지의 인공구조물과 유사한 것으로서 농림축산식품부장관이 정하여 관보에 고시하는 인공구조물

[제목개정 2020. 8. 20.]

제59조(국공유지의 양여 등) ① 영 제88조제1항에 따른 국공유지 무상양여 신청서는 별지 제83호서식에 따른다.

② 영 제88조제1항에 따라 제1항의 신청서에 첨부하여야 할 서류는 다음 각 호와 같다. 다만, 지적관서의 장이 제3호의 양여도에 지적도와 동일하다고 적은 경우에는 제4호의 지적도 등본은 제출하지 아니한다.

1. 별지 제84호서식의 국공유지 무상양여지 조서

2. 위치도(축척 5만분의 1)

3. 국공유지 무상 양여도 또는 신구대조도(양여지 표시: 축척 1천200분의 1 또는 1천분의 1)

4. 지적도 등본

③ 제1항에 따른 신청서를 제출받은 농림축산식품부장관 또는 해양수산부장관은 「전자정부법」 제36조제1항에 따른 행정정보의 공동이용을 통하여 토지(임야)대장을 확인하여야 한다. 〈개정 2011. 10. 31., 2013. 3. 24.〉

④ 영 제88조제2항에 따른 국공유지를 대신할 토지 증여서는 별지 제85호서식에 따른다.

⑤ 영 제88조제2항에 따라 제4항의 토지 증여서에 첨부하여야 할 서류는 다음 각 호와 같다.

1. 별지 제86호서식의 국공유지를 대신할 토지 증여지 조서

2. 국공유지 무상 편입도(축척 1천분의 1) 또는 확정도(경지 정리의 경우에는 축척 1천분의 1, 설치사업의 경우에는 축척 3천분의 1)

⑥ 법 제112조제1항에 따라 농림축산식품부장관 또는 해양수산부장관이 국공유지를 무상으로 양여하기로 결정한 경우에는 별지 제87호서식의 국공유지 무상 양여 증서를 영 제88조제1항에 따른 신청인에게 주고, 그 사실을 시장·군수·구청장과 관할 등기소에 알려야 한다. 〈개정 2013. 3. 24.〉

⑦ 농림축산식품부장관 또는 해양수산부장관, 해당 지방자치단체의 장은 법 제112조제2항에 따라 무상으로 양여한 국공유지의 용도를 대신할 시설의 토지를 무상으로 증여받기로 결정한 때에는 별지 제88호서식의 국공유지를 대신할 토지 수증서에 무상편입도 또는 확정도를 첨부하여 무상으로 증여하기로 한 자에게 내주고, 그 사실을 시장·군수·구청장과 관할 등기소에 알려야 한다. 〈개정 2013. 3. 24.〉

제60조(측량·설계 및 공사감리 등의 요율 등) ① 법 제115조제1항에 따른 농어촌정비사업의 측량·설계, 공사감리의 위탁 요율 및 대가기준은 「국가재정법」 제29조에 따른 예산안편성지침에서 정하는 기준을 고려하여 농림축산식품부장관이 정하여 고시한다. 〈개정 2024. 7. 3.〉

② 농어촌정비사업의 측량·설계 및 공사감리의 위탁에 따른 측량·설계 및 공사감리에 관한 기준은 농림축산식품부장관이 정하여 고시한다. 〈개정 2013. 3. 24.〉

③ 법 제115조제2항에 따른 농업생산기반시설의 안전점검 및 정밀안전진단의 대가기준은 농림축산식품부장관이 기획재정부장관과 협의하여 정하고, 이를 고시한다. 〈개정 2013. 3. 24.〉

제61조(허가 취소 등의 처분) 법 제116조제3항에 따른 허가 취소 등의 세부 기준은 별표 6과 같다.

第62조(타인 토지 등의 출입 공고) 법 제120조제2항에 따른 타인 토지 등의 출입 공고는 다음 각 호의 사항을 적은 공고문을 해당 토지를 관할하는 시·군·구 및 읍·면의 사무소 또는 농어촌정비사업 사업시행자의 사무소 게시판에 7일 이상 게시하는 방법으로 한다.

1. 해당 토지의 소재지 표시
2. 출입의 일시
3. 출입의 목적
4. 출입하려는 사람의 주소와 성명

제63조(수리계의 조직 및 운영기준) 법 제126조제2항에 따른 수리계의 조직 및 운영에 관한 기준은 다음 각 호와 같다. 다만, 제1호의 조직 기준은 시장·군수·구청장이 농업생산기반시설을 유지·관리하기 위하여 부득이하다고 인정하는 경우에는 그 기준을 달리할 수 있다.

1. 수리계의 조직 기준
   가. 수혜자의 수가 5명 이상일 것
   나. 수혜지역의 면적이 5만제곱미터 이상일 것
2. 수리계의 경비부과 기준
   가. 운영경비: 농업생산기반시설의 유지비·관리비 전액
   나. 손괴된 농업생산기반시설의 복구비: 필요한 비용 중 지방자치단체 등의 보조 또는 지원으로 충당한 금액을 제외한 금액
   다. 농업생산기반시설의 감가상각비: 농업생산기반시설의 설치 사업비를 내용연수(耐用年數)로 나눈 금액
3. 수리계의 해산 기준
   가. 수혜지역이 「한국농어촌공사 및 농지관리기금법」 제2조제2호에 따른 공사관리지역으로 편입된 때
   나. 수혜지역이 「국토의 계획 및 이용에 관한 법률」에 다른 용도지역·용도지구의 지정 또는 「산업입지 및 개발에 관한 법률」에 따른 산업단지의 조성 등의 사유로 감소되어 제1호나목에 따른 기준에 미달된 때
   다. 천재지변이나 그 밖의 불가항력적인 사유로 농업생산기반시설이 손괴되어 그 개수·보수에 경제성이 없을 대

제64조(무단점용료) ① 영 제94조제2항 전단에 따른 무단점용료 사전통지서는 별지 제89호서식에 따르고, 같은 항 후단에 따른 무단

점용료 사전통지에 대한 의견서는 별지 제90호서식에 따른다.

② 영 제95조제2항에 따른 무단점용료 분할납부신청서는 별지 제91호서식에 따른다.

제65조(규제의 재검토) ① 농림축산식품부장관 또는 해양수산부장관은 다음 각 호의 사항에 대하여 다음 각 호의 기준일을 기준으로 3년마다(매 3년이 되는 해의 기준일과 같은 날 전까지를 말한다) 그 타당성을 검토하여 개선 등의 조치를 해야 한다. 〈개정 2017. 1. 2., 2019. 11. 14., 2023. 8. 7.〉

1. 제6조에 따른 매립지등의 임대기간 및 임대료: 2017년 1월 1일
2. 제8조에 따른 매립지등의 매각 대금 납부 방법: 2017년 1월 1일
3. 삭제 〈2017. 1. 2.〉
4. 삭제 〈2019. 11. 14.〉
5. 삭제 〈2019. 11. 14.〉
6. 제24조에 따른 환지사 시험의 합격자 결정과 자격증의 발급 등: 2017년 1월 1일
7. 제25조에 따른 환지 업무 대행법인의 등록 절차: 2017년 1월 1일
8. 제26조에 따른 환지 업무 대행법인의 등록사항 변경 및 폐지 절차: 2017년 1월 1일
9. 제27조 및 별표 2에 따른 환지 업무 대행법인의 등록 취소 등의 기준: 2017년 1월 1일
10. 제28조에 따른 권리 변동의 신고 절차: 2017년 1월 1일
11. 제40조에 따른 추진위원회의 설립승인 신청 절차: 2017년 1월 1일
12. 제44조에 따른 농어촌 주택의 임대보증금과 임대료 등: 2017년 1월 1일
13. 제48조에 따른 농어촌관광휴양지사업자의 신고·변경신고·폐업신고 절차: 2017년 1월 1일
14. 제49조에 따른 농어촌민박사업자의 신고·변경신고·폐업신고 절차: 2017년 1월 1일
15. 제50조에 따른 농어촌관광휴양지사업 승계신고 절차: 2017년 1월 1일

16. 제51조 및 별표 4에 따른 농어촌관광휴양지사업자 등에 대한 처분 기준: 2023년 1월 1일

17. 제61조 및 별표 6에 따른 허가 취소 등의 세부기준: 2017년 1월 1일

② 농림축산식품부장관 또는 해양수산부장관은 제55조에 따른 한계농지등의 정비사업계획변경 승인대상에 대하여 2020년 1월 1일을 기준으로 5년마다(매 5년이 되는 해의 기준일과 같은 날 전까지를 말한다) 그 타당성을 검토하여 개선 등의 조치를 해야 한다. 〈신설 2019. 11. 14.〉

[본조신설 2015. 1. 6.]

부칙 〈제103호, 2009. 12. 15.〉

제1조(시행일) 이 규칙은 공포한 날부터 시행한다. 다만, 제64조의 개정규정은 2010년 6월 10일부터 시행한다.

제2조(매립지등의 분배대상자에 관한 경과조치) 대통령령 제20579호 농어촌정비법 시행령 전부개정령 부칙 제5조에 따른 분배대상자의 우선순위 등 분배에 관한 사항은 종전의 「농촌근대화촉진법시행규칙」의 규정에 따른다.

제3조(매각 대금 분할납부 중인 자에 관한 경과조치) 농림부령 제1583호 농어촌정비법 시행규칙 시행일인 2008년 2월 4일 당시 종전의 규정에 따라 매립지등의 매각 대금을 분할납부 중인 자에 관하여는 종전의 규정에 따른다.

제4조(다른 법령의 개정) ① 농산물의 생산자를 위한 직접지불제도 시행규칙 일부를 다음과 같이 개정한다.

제4조제2항제1호 중 "「농어촌정비법」 제15조에 따라 농업기반정비사업"을 "「농어촌정비법」 제14조에 따라 농업생산기반 정비사업"으로 한다.

제4조제2항제2호나목 중 "농업기반시설"을 "농업생산기반시설"로 한다.

② 농지법 시행규칙 일부를 다음과 같이 개정한다.

제12조제2항 중 "「농어촌정비법」에 따른 농업기반정비사업기본계획"을 "「농어촌정비법」에 따른 농업생산기반 정비사업 기본계획"으로 한다.

③ 방조제관리법 시행규칙 일부를 다음과 같이 개정한다.
제6조 중 "「농어촌정비법 시행규칙」 제54조"를 "「농어촌정비법 시행규칙」 제60조"로 한다.
④ 산지관리법 시행규칙 일부를 다음과 같이 한다.
제18조제3항제4호 중 "농수산업 생산기반"을 "농업생산기반"으로, "농어촌생활환경정비사업"을 "생활환경정비사업"으로 한다.
제5조(다른 법령과의 관계) 이 규칙 시행 당시 다른 법령에서 종전의 「농어촌정비법 시행규칙」의 규정을 인용한 경우 이 규칙 가운데 그에 해당하는 규정이 있으면 종전의 규정을 갈음하여 이 규칙의 해당 조항을 인용한 것으로 본다.

부칙 〈제220호, 2011. 10. 31.〉
이 규칙은 공포한 날부터 시행한다.

부칙 〈제260호, 2012. 2. 14.〉
이 규칙은 2012년 2월 15일부터 시행한다.

부칙 〈제273호, 2012. 5. 18.〉
이 규칙은 2012년 5월 18일부터 시행한다.

부칙 〈제326호, 2012. 12. 11.〉 (법령서식 개선을 위한 가축분뇨의 자원화 및 이용 촉진에 관한 규칙 등 일부개정령)
이 규칙은 공포한 날부터 시행한다.

부칙 〈제13호, 2013. 3. 24.〉
이 규칙은 공포한 날부터 시행한다.

부칙 〈제119호, 2014. 12. 31.〉
제1조(시행일) 이 규칙은 공포한 날부터 시행한다.
제2조(농어촌민박사업의 시설기준에 관한 경과조치) 이 규칙 시행 전에 농어촌민박사업자 신고를 한 자는 별표 3 제2호의 개정규정에 따른 농어촌민박사업의 시설기준을 갖춘 것으로 본다. 다만, 단독경보형감지기 대신 스프링클러설비 등 단독경보형감지기를 대체할 시설

을 설치하고 있는 경우에는 2015년 12월 31일까지 별표 3 제2호의 개정규정에 따라 객실마다 단독경보형감지기를 설치하여야 한다.

부칙 〈제129호, 2015. 1. 6.〉 (규제 재검토기한 설정 등을 위한 가축전염병 예방법 시행규칙 등 일부개정령)

제1조(시행일) 이 규칙은 공포한 날부터 시행한다.

제2조 생략

부칙 〈제133호, 2015. 2. 2.〉 (농업소득의 보전에 관한 법률 시행규칙)

제1조(시행일) 이 규칙은 공포한 날부터 시행한다.

제2조 및 제3조 생략

제4조(다른 법령의 개정) ① 생략

② 농어촌정비법 시행규칙 일부를 다음과 같이 개정한다.

제9조제3항 중 "「쌀소득 등의 보전에 관한 법률 시행령」"을 "「농업소득의 보전에 관한 법률 시행령」"으로 한다.

③ 생략

제5조 생략

부칙 〈제148호, 2015. 7. 3.〉

이 규칙은 2015년 7월 7일부터 시행한다.

부칙 〈제180호, 2015. 12. 23.〉 (농업·농촌 및 식품산업 기본법 시행규칙)

제1조(시행일) 이 규칙은 2015년 12월 23일부터 시행한다.

제2조(다른 법령의 개정) ① 및 ② 생략

③ 농어촌정비법 시행규칙 일부를 다음과 같이 개정한다.

제29조제1항제1호 중 "「농어업·농어촌 및 식품산업 기본법」"을 "「농업·농촌 및 식품산업 기본법」 및 「수산업·어촌 발전 기본법」"으로 한다.

④부터 ⑨까지 생략

부칙 〈제237호, 2017. 1. 2.〉 (일몰도래 규제 정비를 위한

가축 및 축산물 이력관리에 관한 법률 시행규칙 등 일부개정령)
제1조(시행일) 이 규칙은 공포한 날부터 시행한다.
제2조 생략

부칙 〈제272호, 2017. 6. 22.〉
이 규칙은 2017년 6월 28일부터 시행한다.

부칙 〈제301호, 2017. 12. 29.〉
이 규칙은 공포한 날부터 시행한다.

부칙 〈제326호, 2018. 7. 19.〉
이 규칙은 공포한 날부터 시행한다.

부칙 〈제332호, 2018. 8. 31.〉 (일본식 용어 정비를 위한 농어촌정비법 시행규칙 등 2개 농림축산식품부령 일부개정령)
이 규칙은 공포한 날부터 시행한다.

부칙 〈제385호, 2019. 7. 16.〉
이 규칙은 2019년 7월 16일부터 시행한다.

부칙 〈제389호, 2019. 8. 16.〉
제1조(시행일) 이 규칙은 2019년 12월 31일부터 시행한다.
제2조(농어촌 관광휴양사업의 규모 및 시설기준 등에 관한 경과조치) 별표 3 및 별표 3의2의 개정규정에도 불구하고 연면적이 150제곱미터를 초과하는 농어촌민박사업 시설로서 2019년 12월 30일까지 착공한 경우에는 「화재예방, 소방시설 설치·유지 및 안전관리에 관한 법률」 별표 1에 따른 피난구유도등을 유도표지로 갈음할 수 있다.

부칙 〈제391호, 2019. 8. 26.〉 (어려운 법령용어 정비를 위한 37개 법령의 일부개정에 관한 농림축산식품부령)
이 규칙은 공포한 날부터 시행한다.

부칙 〈제461호, 2019. 11. 14.〉 (행정규제기본법에 따른 일몰규제 정비를 위한 13개 법령의 일부개정에 관한 농림축산식품부령)
이 규칙은 공포한 날부터 시행한다.

부칙 〈제441호, 2020. 8. 20.〉
이 규칙은 공포한 날부터 시행한다.

부칙 〈제495호, 2021. 10. 8.〉 (어려운 법령용어 정비를 위한 가축전염병 예방법 시행규칙 등 19개 농림축산식품부령 일부개정령)
이 규칙은 공포한 날부터 시행한다.

부칙 〈제499호, 2021. 10. 8.〉 (어려운 법령용어 정비를 위한 농수산물 유통 및 가격안정에 관한 법률 시행규칙 등 4개 법령의 일부개정에 관한 해양수산부령)
이 규칙은 공포한 날부터 시행한다.

부칙 〈제499호, 2021. 10. 15.〉
이 규칙은 공포한 날부터 시행한다.

부칙 〈제501호, 2021. 11. 12.〉
이 규칙은 공포한 날부터 시행한다.

부칙 〈제516호, 2022. 1. 20.〉 (국민 편의를 높이는 서식 정비를 위한 7개 법령의 일부개정에 관한 농림축산식품부령)
이 규칙은 공포한 날부터 시행한다.

부칙 〈제529호, 2022. 1. 20.〉 (국민 편의를 높이는 서식 정비를 위한 11개 법령의 일부개정에 관한 해양수산부령)
이 규칙은 공포한 날부터 시행한다.

부칙 〈제560호, 2023. 1. 6.〉
이 규칙은 공포한 날부터 시행한다.

부칙 〈제603호, 2023. 8. 7.〉 (규제 재검토기한 설정 등을 위한 10개 법령의 일부개정에 관한 농림축산식품부령)
이 규칙은 공포한 날부터 시행한다.

부칙 〈제608호, 2023. 10. 25.〉
이 규칙은 공포한 날부터 시행한다.

부칙 〈제680호, 2024. 7. 3.〉
제1조(시행일) 이 규칙은 공포한 날부터 시행한다. 다만, 제60조제1항 및 별표 5의 개정규정은 공포 후 6개월이 경과한 날부터 시행한다.
제2조(농어촌정비사업의 측량·설계 및 공사감리의 위탁 요율 기준에 관한 경과조치) 부칙 제1조 단서에 따른 시행일 당시 법 제8조제1항에 따른 기본조사 또는 법 제9조제2항에 따른 세부 설계가 진행 중이거나 법 제9조제7항에 따라 농업생산기반 정비사업 시행계획이 승인된 경우에 대해서는 제60조제1항 및 별표 5의 개정규정에도 불구하고 다음 각 호의 구분에 따른다.
1. 법 제8조제1항에 따른 기본조사가 진행 중인 경우
가. 기본조사의 위탁비용: 종전의 제60조제1항 및 별표 5를 적용하여 지급
나. 세부 설계, 공사감리 및 사업관리의 위탁비용: 제60조제1항의 개정규정을 적용하여 지급
2. 법 제9조제2항에 따른 세부 설계가 진행 중인 경우
가. 세부 설계의 위탁비용: 종전의 제60조제1항 및 별표 5를 적용하여 지급
나. 공사감리 및 사업관리의 위탁비용: 제60조제1항의 개정규정을 적용하여 지급
3. 법 제9조제7항에 따른 농업생산기반 정비사업 시행계획이 승인된 경우: 공사감리 및 사업관리의 위탁비용을 종전의 제60조제1항 및 별표 5를 적용하여 지급
제3조(다른 법령의 개정) 방조제 관리법 시행규칙 일부를 다음과 같이 개정한다.
"「농어촌정비법 시행규칙」 제60조 및 별표 5"를 "농어촌정비법 시행규칙」 제60조"로 한다.

부칙 〈제678호, 2024. 7. 31.〉
이 규칙은 공포한 날부터 시행한다.

부칙 〈제688호, 2024. 11. 12.〉
이 규칙은 공포한 날부터 시행한다.

별표 / 서식
[별표 1] 농어촌용수 이용 합리화계획에 포함되어야 할 사항(제11조 관련)
[별표 2] 환지 업무 대행법인의 등록 취소와 업무정지 기준(제27조 관련)
[별표 3] 농어촌 관광휴양사업의 규모 및 시설기준(제47조 관련)
[별표 3의2] 농어촌민박사업의 서비스 · 안전기준(제49조의2 관련)
[별표 3의3] 농어촌민박사업장임을 나타내는 표시 사항 및 표시 방법(제49조의3 관련)
[별표 4] 농어촌관광휴양지사업자 등에 대한 처분기준(제51조 관련)
[별표 5] 삭제 〈2024. 7. 3.〉
[별표 6] 허가 취소 등의 처분기준(제61조 관련)
[별지 제1호서식] 농업생산기반 정비사업 시행계획 공고
[별지 제2호서식] 농업생산기반 정비사업 시행동의서
[별지 제3호서식] 매립지등 임차신청서
[별지 제4호서식] 매립지등 임대통지서
[별지 제5호서식] 매립지등 매입신청서
[별지 제6호서식] 매립지등 매각통지서
[별지 제7호서식] 농업생산기반시설(등록, 변경등록) 신청서
[별지 제8호서식] 농업생산기반시설(저수지) 등록부
[별지 제9호서식] 농업생산기반시설(양수장 · 배수장) 등록부
[별지 제10호서식] 농업생산기반시설(취입보) 등록부
[별지 제11호서식] 농업생산기반시설(집수암거) 등록부
[별지 제12호서식] 관정카드
[별지 제13호서식] 농업생산기반시설(방조제) 등록부
[별지 제14호서식] 농업생산기반시설(　　　) 등록부
[별지 제15호서식] 농업생산기반시설 등록대장

[별지 제16호서식] 농업생산기반시설 등록증명서
[별지 제17호서식] 농업생산기반시설이나 용수의(사용허가신청서, 사용신청서)
[별지 제18호서식] 농업생산기반시설 폐지 승인신청서
[별지 제19호서식] 환지 총계표
[별지 제20호서식] 환지계획 일람표
[별지 제21호서식] 환지계획서
[별지 제22호서식] 평정가격표
[별지 제23호서식] 실경작지 조서
[별지 제24호서식] 종전 토지원부
[별지 제25호서식] 환지 토지원부
[별지 제26호서식] 환지계획 동의서
[별지 제27호서식] 비농경지 환지지정 조서
[별지 제28호서식] 창설환지 토지 조서(유상 · 무상)
[별지 제29호서식] 입체환지 토지 조서
[별지 제30호서식] 환지 부지정 특례 토지 조서
[별지 제31호서식] 증환지 지정 조서
[별지 제32호서식] 비농경지 환지지정(신청서, 동의서)
[별지 제33호서식] 실경작지 확인신청서
[별지 제34호서식] 환지계획 공고
[별지 제35호서식] 환지계획 인가신청서
[별지 제36호서식] 환지계획 인가 고시
[별지 제37호서식] 환지계획(정정, 변경)통지서
[별지 제38호서식] 환지사 자격시험 응시원서
[별지 제39호서식] 환지사자격증
[별지 제40호서식] 환지사 등록부
[별지 제41호서식] 환지사자격증 재발급신청서, 분실 사유서
[별지 제42호서식] 환지 업무 대행법인(등록, 변경등록)신청서
[별지 제43호서식] 환지 업무 대행법인 등록부
[별지 제44호서식] 환지 업무 대행법인 등록증
[별지 제45호서식] 권리 변동 신고서
[별지 제46호서식] 창설환지 취득(신청서, 동의서)
[별지 제47호서식] 환지 부지정(신청서, 동의서)

[별지 제48호서식] 증환지 지정(신청서, 동의서)
[별지 제49호서식] 일시 이용지 지정 총계표
[별지 제50호서식] 일시 이용지 지정 일람표
[별지 제51호서식] 일시 이용지 지정계획서
[별지 제52호서식] 일시 이용지 지정 전 토지 조서
[별지 제53호서식] 일시 이용지 지정 조서
[별지 제54호서식] 일시 이용지 지정 통지서
[별지 제55호서식] 동·리 경계선 변경신청서
[별지 제56호서식] 행정구역 변경 조서
[별지 제57호서식] 행정구역 변경 지번별 조서
[별지 제58호서식] 교환·분할·합병계획 인가신청서
[별지 제59호서식] 교환·분할·합병계획서
[별지 제60호서식] 교환·분할·합병계획 동의서
[별지 제61호서식] 교환·분할·합병계획 협의 완료 증명서
[별지 제62호서식] 교환·분할·합병 토지평정 가격표
[별지 제63호서식] 교환·분할·합병계획 일람도
[별지 제64호서식] 교환·분할·합병계획 총계표
[별지 제65호서식] 교환·분할·합병계획[□ 대상□ 예정]토지 일람표
[별지 제66호서식] 교환·분할·합병계획 인가서
[별지 제67호서식] 마을정비조합 설립 추진위원회 승인신청서
[별지 제68호서식] 마을정비조합(설립, 변경, 해산)인가신청서
[별지 제68호의2서식] 출입통지서
[별지 제68호의3서식] 출입증
[별지 제68호의4서식] 특정빈집 신고서
[별지 제68호의5서식] 행정지도서
[별지 제68호의6서식] 조치명령서
[별지 제68호의7서식] 철거등 통지서
[별지 제68호의8서식] 특정빈집 철거 등 필요한 조치에 소요된 비용 등 납부 명령
[별지 제69호서식] 농어촌산업 육성 지원기구 지정 신청서
[별지 제70호서식] 농어촌관광휴양지사업자(신고서, 변경신고서)
[별지 제71호서식] 농어촌관광휴양지시설 내용
[별지 제72호서식] 농어촌관광휴양지사업 폐업신고서(휴양단지, 관

광농원)
[별지 제73호서식] 농어촌관광휴양지사업자 신고확인증
[별지 제74호서식] 농어촌관광휴양지사업자 신고확인증 발급대장
[별지 제75호서식] 농어촌민박사업자 신고서
[별지 제76호서식] 농어촌민박사업 변경신고서
[별지 제77호서식] 농어촌민박사업 폐업신고서
[별지 제78호서식] 농어촌민박사업자 신고확인증
[별지 제79호서식] 농어촌민박사업자 신고확인증 발급대장
[별지 제80호서식] 농어촌민박사업자 관리대장
[별지 제81호서식] 농어촌관광휴양지사업자 지위승계 신고서(농어촌관광휴양단지, 관광농원)
[별지 제82호서식] 한계농지등 정비지구 지정 신청서
[별지 제83호서식] 국공유지 무상양여 신청서
[별지 제84호서식] 국공유지 무상양여지 조서
[별지 제85호서식] 국공유지를 대신할 토지 증여서
[별지 제86호서식] 국공유지를 대신할 토지 증여지 조서
[별지 제87호서식] 국공유지 무상양여 증서
[별지 제88호서식] 국공유지를 대신할 토지 수증서
[별지 제89호서식] 무단점용료 사전통지서
[별지 제90호서식] 무단점용료 사전통지에 대한 의견서
[별지 제91호서식] 무단점용료 분할납부신청서
[별지 제92호서식] 계획평면도
[별지 제93호서식] 사업계획 개요
[별지 제94호서식] 저수지 현황
[별지 제95호서식] 양수장 현황
[별지 제96호서식] 취입보 현황
[별지 제97호서식] 암반관정 및 방사상 집수정 현황
[별지 제98호서식] 상수도 시설 현황
[별지 제99호서식] 구역 내 주요 하천 현황
[별지 제100호서식] 인구 현황
[별지 제101호서식] 토지이용 현황
[별지 제102호서식] 축산 현황
[별지 제103호서식] 공업 현황

[별지 제104호서식] 수산 현황
[별지 제105호서식] 공공시설 현황
[별지 제106호서식] 마을 현황
[별지 제107호서식] 용수개발 및 공급계획
[별지 제108호서식] 사업비 수입지출 예산서
[별지 제109호서식] 용수개발 사업비
[별지 제110호서식] 주민 호응도 및 참여도
[별지 제111호서식] 이주정착지원금 등 신청서

대한민국 법령 시리즈 373

농어촌정비법

법령 / 시행령 / 시행규칙

2025년 4월 10일 인쇄　　　　　　　　　　정가 25,000원
2025년 4월 21일 발행

편　　저　편집부
디 자 인　송영미
발 행 인　조준형　　　　　http://www.hgbookpub.com
발 행 처　해광출판사　　　E-mail : munbookcokr@naver.com
주　　소　부산광역시 중구 해관로 41-1 (중앙동2가)
전화번호　(051) 253-0001　　　팩스 (051) 245-1187
등　　록　제 2012-000005호

해광출판사에서는 여러분의 소중한 원고와 함께 할 기회를 기다리고 있습니다. 책으로 엮을 원고나 아이디어가 있으신 분들은 이메일 munbookcokr@naver.com로 책에 대한 간단한 개요와 원고 전체 또는 일부를 연락처와 함께 보내주십시오.

ISBN 979-11-6881-810-1

※ 법령 출처 : 법제처 국가법령정보센터
※ 본 도서는 〈공공데이터 제공 및 이용 활성화에 관한 법률〉을 근거로 출판되었습니다.

해광출판사 대한민국 법령 시리즈

001. 선원법
002. 어선법
003. 선박직원법
004. 해사안전기본법
005. 해양환경관리법
006. 선박의 입항 및 출항등에 관한 법률
007. 학교안전사고예방 및 보상에 관한 법률
008. 종합부동산세법
009. 방위사업법
010. 행정규제기본법
011. 식품산업진흥법
012. 위험물안전관리법
013. 화재의 예방 및 안전관리에 관한 법률
014. 도시가스사업법
015. 실내공기질관리법
016. 지방세법
017. 소득세법
018. 법인세법
019. 도선법
020. 선박안전법
021. 선박법
022. 수산업법
023. 고압가스안전관리법
024. 국민연금법
025. 공동주택관리법
026. 화학물질관리법
027. 어선원 및 어선 재해보상보험법
028. 장기등 이식에 관한 법률
029. 자연재해대책법
030. 공유재산 및 물품 관리법
031. 산업입지 및 개발에 관한 법률
032. 부정경쟁방지 및 영업비밀보호에 관한 법률
033. 금융지주회사법
034. 온실가스 배출권의 할당 및 거래에 관한 법률
035. 건축사법
036. 산림문화휴양에 관한 법률
037. 전기사업법
038. 사립학교법
039. 고등교육법
040. 액화석유가스의 안전관리 및 사업법
041. 선박투자회사법
042. 수산자원관리법
043. 위험물선박운송및저장규칙
044. 선박평형수관리법
045. 주택임대차보호법
046. 상가건물임대차보호법
047. 지방공기업법
048. 승강기안전관리법
049. 수목원·정원의 조성 및 진흥에 관한 법률
050. 민법
051. 치료감호 등에 관한 법률
052. 대부업 등의 등록 및 금융이용자 보호에 관한 법률
053. 사료관리법
054. 무형문화재 보전 및 진흥에 관한 법률
055. 총포·도검·화약류 등의 안전관리에 관한 법률
056. 경찰관직무집행법
057. 시설물의 안전 및 유지관리에 관한 특별법
058. 수산생물질병 관리법
059. 소비자기본법
060. 국제선박등록법
061. 정보통신망 이용촉진 및 정보보호 등에 관한 법률
062. 해운법
063. 농수산물 품질관리법
064. 수산업협동조합법
065. 해외건설촉진법
066. 수상레저안전법
067. 공무원재해보상법
068. 수상에서의 수색·구조 등에 관한 법률
069. 어촌어항법
070. 항만법
071. 항만운송사업법
072. 해양경비법
073. 해양사고의 조사 및 심판에 관한 법률
074. 외국인근로자의 고용 등에 관한 법률
075. 중소기업기본법
076. 자유무역지역의 지정 및 운영에 관한 법률
077. 대기환경보전법
078. 소음진동관리법
079. 폐기물관리법
080. 하수도법
081. 물환경보전법
082. 토양환경보전법
083. 환경정책기본법
084. 산업재해보상보험법
085. 관세법
086. 노동조합 및 노동관계조정법
087. 근로기준법
088. 군인연금법
089. 먹는물관리법
090. 기술보증기금법
091. 관광진흥법
092. 감염병의 예방 및 관리에 관한 법률
093. 사법경찰관리의 직무를 수행할 자와 그 직무범위에 관한 법률
094. 수의사법
095. 가정폭력방지 및 피해자보호 등에 관한 법률
096. 환경영향평가법
097. 체육시설의 설치 · 이용에 관한 법률
098. 장사 등에 관한 법률
099. 상호저축은행법
100. 은행법
101. 보호관찰 등에 관한 법률
102. 형법
103. 자동차관리법
104. 형사소송법
105. 전자금융거래법
106. 마약류 불법거래 방지에 관한 특례법
107. 도로법
108. 주세법
109. 변리사법
110. 하천법
111. 중소기업진흥에 관한 법률
112. 발달장애인 권리보장 및 지원에 관한 법률
113. 주택법
114. 장애인복지법
115. 농어업경영체 육성 및 지원에 관한 법률
116. 공인중개사법
117. 건강기능식품에 관한 법률
118. 예비군법
119. 개발제한구역의 지정 및 관리에 관한 특별조치법
120. 국유재산법
121. 주차장법
122. 환경기술 및 환경산업 지원법
123. 대기관리권역의 대기환경개선에 관한 특별법
124. 악취방지법
125. 미세먼지 저감 및 관리에 관한 특별법
126. 가축분뇨의 관리 및 이용에 관한 법률
127. 물의 재이용 촉진 및 지원에 관한 법률
128. 물관리기본법
129. 물관리기술 발전 및 물산업 진흥에 관한 법률
130. 자원의 절약과 재활용촉진에 관한 법률
131. 전기 · 전자제품 및 자동차의 자원순환에 관한 법률
132. 건설폐기물의 재활용촉진에 관한 법률
133. 수도권매립지관리공사의 설립 및 운영 등에 관한 법률
134. 폐기물의 국가 간 이동 및 그 처리에 관한 법률
135. 폐기물처리시설 설치촉진 및 주변지역지원 등에 관한 법률
136. 자원순환기본법
137. 잔류성오염물질 관리법
138. 환경분쟁 조정법

해광출판사 대한민국 법령 시리즈

139. 화학물질의 등록 및 평가 등에 관한 법률
140. 환경오염시설의 통합관리에 관한 법률
141. 환경오염피해 배상책임 및 구제에 관한 법률
142. 중소기업제품 구매촉진 및 판로지원에 관한 법률
143. 환경개선비용 부담법
144. 환경분야 시험·검사 등에 관한 법률
145. 환경친화적 산업구조로의 전환촉진에 관한 법률
146. 환경친화적 자동차의 개발 및 보급 촉진에 관한 법률
147. 환경범죄 등의 단속 및 가중처벌에 관한 법률
148. 생명윤리 및 안전에 관한 법률
149. 장애인차별금지 및 권리구제 등에 관한 법률
150. 부동산투자회사법
151. 정치자금법
152. 과학기술기본법
153. 대리점거래의 공정화에 관한 법률
154. 상속세 및 증여세법
155. 학원의 설립 · 운영 및 과외교습에 관한 법률
156. 해양심층수의 개발 및 관리에 관한 법률
157. 전기용품 및 생활용품 안전관리법
158. 사회기반시설에 대한 민간투자법
159. 공직선거법
160. 정당법
161. 유류오염손해배상 보장법
162. 부정청탁 및 금품등 수수의 금지에 관한 법률
163. 항로표지법
164. 어장관리법
165. 민방위기본법
166. 공직자윤리법
167. 선거관리위원회법
168. 유선 및 도선 사업법
169. 전기공사업법
170. 사회복지사업법
171. 택지개발촉진법
172. 국가공무원법
173. 민간임대주택에 관한 특별법
174. 어음법·수표법
175. 민사집행법
176. 상법
177. 문화예술진흥법
178. 중소기업협동조합법
179. 농업협동조합법
180. 도로교통법
181. 의료사고 피해구제 및 의료분쟁 조정 등에 관한 법률
182. 산림보호법
183. 소년법
184. 동물보호법
185. 건축물관리법
186. 도시개발법
187. 화물자동차 운수사업법
188. 도시 및 주거환경정비법
189. 의료법
190. 국회법
191. 응급의료에 관한 법률
192. 출입국관리법
193. 노인복지법
194. 산림자원의 조성 및 관리에 관한 법률
195. 청소년 보호법
196. 초 · 중등교육법
197. 혁신도시 조성 및 발전에 관한 특별법
198. 경제자유구역의 지정 및 운영에 관한 특별법
199. 공공기관의 운영에 관한 법률
200. 대한민국헌법
201. 국민기초생활 보장법
202. 저작권법
203. 가사소송법
204. 국가유공자 등 예우 및 지원에 관한 법률
205. 국민체육진흥법
206. 전통주 등의 산업진흥에 관한 법률
207. 재난 및 안전관리 기본법
208. 정보통신공사업법
209. 주식회사 등의 외부감사에 관한 법률
210. 공익사업을 위한 토지 등의 취득 및 보상에 관한 법률
211. 개인정보 보호법
212. 국세기본법
213. 에너지이용 합리화법
214. 감정평가 및 감정평가사에 관한 법률
215. 국가인권위원회법
216. 가맹사업거래의 공정화에 관한 법률
217. 보건의료기본법
218. 산업안전보건법
219. 법무사법
220. 교육공무원법
221. 특허법
222. 민사소송법
223. 아동복지법
224. 전파법
225. 하도급거래 공정화에 관한 법률
226. 기초연금법
227. 사립학교교직원 연금법
228. 직업안정법
229. 장애아동 복지지원법
230. 부동산등기법
231. 자동차손해배상 보장법
232. 철도안전법
233. 항공안전법
234. 전자상거래 등에서의 소비자보호에 관한 법률
235. 독점규제 및 공정거래에 관한 법률
236. 상표법
237. 채무자 회생 및 파산에 관한 법률
238. 공무원연금법
239. 축산법
240. 근로복지기본법
241. 민원 처리에 관한 법률
242. 약사법
243. 방문판매 등에 관한 법률
244. 건축기본법
245. 지방세기본법
246. 지방세징수법
247. 지방자치법
248. 도시교통정비 촉진법
249. 공공주택 특별법
250. 국세징수법
251. 공인노무사법
252. 중대재해 처벌 등에 관한 법률
253. 외무공무원법
254. 소방시설공사업법
255. 검역법
256. 공중위생관리법
257. 할부거래에 관한 법률
258. 인터넷 멀티미디어 방송사업법
259. 전기통신사업법
260. 제품안전기본법
261. 철도사업법
262. 어린이제품 안전 특별법
263. 영유아보육법
264. 원자력안전법
265. 보험업법
266. 경비업법
267. 교통안전법
268. 세무사법
269. 관세사법
270. 공인회계사법
271. 지방공무원법
272. 고용정책 기본법
273. 국가경찰과 자치경찰의 조직 및 운영에 관한 법률
274. 협동조합 기본법
275. 재해구호법
276. 환경보건법

해광출판사 대한민국 법령 시리즈

277. 자살예방 및 생명존중문화 조성을 위한 법률
278. 소방산업의 진흥에 관한 법률
279. 소방기본법
280. 비송사건절차법
281. 자연환경보전법
282. 변호사법
283. 기업구조조정투자회사법
284. 전기통신기본법
285. 에너지법
286. 해양생태계의 보전 및 관리에 관한 법률
287. 사회보장기본법
288. 통신비밀보호법
289. 공증인법
290. 물류시설의 개발 및 운영에 관한 법률
291. 청소년활동 진흥법
292. 형의 집행 및 수용자의 처우에 관한 법률
293. 도시공원 및 녹지 등에 관한 법률
294. 태권도 진흥 및 태권도공원 조성 등에 관한 법률
295. 녹색건축물 조성 지원법
296. 우편법
297. 예금자보호법
298. 건설산업기본법
299. 금융회사의 지배구조에 관한 법률
300. 장애인활동 지원에 관한 법률
301. 언론중재 및 피해구제 등에 관한 법률
302. 국가재정법
303. 농지법
304. 게임산업진흥에 관한 법률
305. 정신건강증진 및 정신질환자 복지서비스 지원에 관한 법률
306. 디자인보호법
307. 의료기사 등에 관한 법률
308. 스마트도시 조성 및 산업진흥 등에 관한 법률
309. 내수면어업법
310. 한국주택금융공사법
311. 의료기기법
312. 유통산업발전법
313. 전통시장 및 상점가 육성을 위한 특별법
314. 여신전문금융업법
315. 해외자원개발 사업법
316. 산업교육진흥 및 산학연협력촉진에 관한 법률
317. 빈집 및 소규모주택 정비에 관한 특례법
318. 기업도시개발 특별법
319. 전력기술관리법
320. 국토기본법
321. 지하수법
322. 식품위생법
323. 광업법
324. 호스피스·완화의료 및 임종과정에 있는 환자의 연명의료결정에 관한 법률
325. 주식·사채 등의 전자등록에 관한 법률
326. 표시·광고의 공정화에 관한 법률
327. 골재채취법
328. 국민건강증진법
329. 새마을금고법
330. 여객자동차 운수사업법
331. 마리나항만의 조성 및 관리 등에 관한 법률
332. 한부모가족지원법
333. 국가를 당사자로 하는 계약에 관한 법률
334. 지방자치단체를 당사자로 하는 계약에 관한 법률
335. 축산물 위생관리법
336. 병역법
337. 음악산업진흥에 관한 법률
338. 국가균형발전 특별법
339. 첨단재생의료 및 첨단바이오의약품 안전 및 지원에 관한 법률
340. 공간정보의 구축 및 관리 등에 관한 법률
341. 공유수면 관리 및 매립에 관한 법률
342. 농수산물 유통 및 가격안정에 관한 법률
343. 아시아문화중심도시 조성에 관한 특별법
344. 신탁법
345. 자연공원법
346. 생활화학제품 및 살생물제의 안전관리에 관한 법률
347. 군인사법
348. 국제조세조정에 관한 법률
349. 낙동강수계 물관리 및 주민지원 등에 관한 법률
350. 주민등록법
351. 집합건물의 소유 및 관리에 관한 법률
352. 집단에너지사업법
353. 산림조합법
354. 반도체집적회로의 배치설계에 관한 법률
355. 자본시장과 금융투자업에 관한 법률
356. 담보부사채신탁법
357. 근로자퇴직급여 보장법
358. 국제과학비즈니스벨트 조성 및 지원에 관한 특별법
359. 수도법
360. 식품 등의 표시·광고에 관한 법률
361. 약관의 규제에 관한 법률
362. 인삼산업법
363. 종자산업법
364. 항공사업법
365. 건설기계관리법
366. 군형법
367. 궤도운송법
368. 기술의 이전 및 사업화 촉진에 관한 법률
369. 농수산물의 원산지 표시 등에 관한 법률
370. 담배사업법
371. 석유 및 석유대체연료 사업법
372. 가축전염병 예방법
373. 농어촌정비법
374. 식물신품종 보호법
375. 항공보안법
376. 중소기업창업 지원법
377. 군사법원법
378. 우주개발 진흥법
379. 해저광물자원 개발법
380. 산림복지 진흥에 관한 법률
381. 지능형 로봇 개발 및 보급 촉진법
382. 헌법재판소법
383. 옥외광고물 등의 관리와 옥외광고산업 진흥에 관한 법률
384. 혈액관리법
385. 국제항해선박 등에 대한 해적행위 피해예방에 관한 법률
386. 유료도로법
387. 독립유공자예우에 관한 법률
388. 신에너지 및 재생에너지 개발·이용·보급 촉진법
389. 신용정보의 이용 및 보호에 관한 법률
390. 출판문화산업 진흥법
391. 공항시설법
392. 국민 평생 직업능력 개발법
393. 아동·청소년의 성보호에 관한 법률
394. 방송법쉬
395. 신용보증기금법
396. 화장품법
397. 청소년 기본법
398. 인터넷주소자원에 관한 법률
399. 양곡관리법
400. 도로명주소법
401. 전자문서 및 전자거래 기본법
402. 산업기술의 유출방지 및 보호에 관한 법률
403. 국가기술자격법
404. 양식산업발전법
405. 산업기술혁신 촉진법
406. 새만금사업 추진 및 지원에 관한 특별법
407. 전자정부법
408. 지역 개발 및 지원에 관한 법률
409. 한국농어촌공사 및 농지관리기금법
410. 계량에 관한 법률
411. 기업활동 규제완화에 관한 특별조치법
412. 군에서의 형의 집행 및 군수용자의 처우에 관한 법률

해광출판사 대한민국 법령 시리즈

413. 규제자유특구 및 지역특화발전특구에 관한 규제특례법
414. 금융위원회의 설치 등에 관한 법률
415. 남녀고용평등과 일·가정 양립 지원에 관한 법률
416. 농어업인 삶의 질 향상 및 농어촌지역 개발촉진에 관한 특별법
417. 댐건설·관리 및 주변지역지원 등에 관한 법률
418. 국가유산수리 등에 관한 법률
419. 법원조직법
420. 보훈보상대상자 지원에 관한 법률
421. 부패방지 및 국민권익위원회의 설치와 운영에 관한 법률
422. 과학기술분야 정부출연연구기관 등의 설립·운영 및 육성에 관한 법률
423. 연구개발특구의 육성에 관한 특별법
424. 친환경농어업 육성 및 유기식품 등의 관리·지원에 관한 법률
425. 연안관리법
426. 영화 및 비디오물의 진흥에 관한 법률
427. 신용협동조합법
428. 방송통신발전 기본법
429. 범죄피해자 보호법
430. 가축 및 축산물 이력관리에 관한 법률
431. 국가표준기본법
432. 국가통합교통체계효율화법
433. 범죄인 인도법
434. 국가과학기술 경쟁력 강화를 위한 이공계지원 특별법
435. 국제경기대회 지원법
436. 금융혁신지원 특별법
437. 수자원의 조사·계획 및 관리에 관한 법률
438. 축산자조금의 조성 및 운용에 관한 법률
439. 소방시설 설치 및 관리에 관한 법률
440. 양성평등기본법
441. 축산계열화사업에 관한 법률
442. 수입식품안전관리 특별법
443. 대외무역법
444. 국가연구개발사업 등의 성과평가 및 성과관리에 관한 법률
445. 무역보험법
446. 기술사법
447. 광산안전법
448. 농약관리법
449. 농업·농촌 및 식품산업 기본법
450. 문화산업진흥 기본법
451. 부담금관리 기본법
452. 야생생물 보호 및 관리에 관한 법률
453. 한국은행법
454. 별정우체국법
455. 원양산업발전법
456. 콘텐츠산업 진흥법
457. 한국수출입은행법
458. 외국인투자 촉진법
459. 물류정책기본법
460. 전자서명법
461. 산업발전법
462. 산업표준화법
463. 소프트웨어 진흥법
464. 토지이용규제 기본법
465. 해수욕장의 이용 및 관리에 관한 법률
466. 정보통신 진흥 및 융합 활성화 등에 관한 특별법
467. 정보통신산업 진흥법
468. 지진·화산재해대책법
469. 소금산업진흥법
470. 위치정보의 보호 및 이용 등에 관한 법률
471. 외국법자문사법
472. 이러닝(전자학습)산업 발전 및 이러닝 활용 촉진에 관한 법률
473. 암관리법
474. 실용신안법
475. 가족관계의 등록 등에 관한 법률
476. 무인도서의 보전 및 관리에 관한 법률
477. 감사원법
478. 정보보호산업의 진흥에 관한 법률
479. 결혼중개업의 관리에 관한 법률
480. 공익신고자 보호법
481. 박물관 및 미술관 진흥법
482. 낚시 관리 및 육성법
483. 동산·채권 등의 담보에 관한 법률
484. 임금채권보장법
485. 국민투표법
486. 농림수산업자 신용보증법
487. 국가채권 관리법
488. 중소기업은행법
489. 식품안전기본법
490. 외국환거래법
491. 발명진흥법
492. 건설기술 진흥법
493. 기후위기 대응을 위한 탄소중립·녹색성장 기본법
494. 인체조직안전 및 관리 등에 관한 법률
495. 엔지니어링산업 진흥법
496. 신문 등의 진흥에 관한 법률
497. 식물방역법
498. 석탄산업법
499. 산업융합 촉진법
500. 비료관리법
501. 임업 및 산촌 진흥촉진에 관한 법률
502. 복권 및 복권기금법
503. 대규모유통업에서의 거래 공정화에 관한 법률
504. 뉴스통신 진흥에 관한 법률
505. 지능정보화 기본법
506. 자격기본법
507. 중소기업 기술혁신 촉진법
508. 국가공간정보 기본법
509. 농어업재해대책법
510. 방송광고판매대행 등에 관한 법률
511. 지식재산 기본법
512. 초고층 및 지하연계 복합건축물 재난관리에 관한 특별법
513. 해양 조사와 해양정보 활용에 관한 법률
514. 공간정보산업 진흥법
515. 공공기관의 정보공개에 관한 법률
516. 행정기본법
517. 해상교통안전법
518. 농어업재해보험법
519. 문화유산의 보존 및 활용에 관한 법률
520. 자연유산의 보존 및 활용에 관한 법률
521. 국토의 계획 및 이용에 관한 법률
522. 건축법
523. 국민건강보험법
524. 계엄법
525. 환경친화적 선박의 개발 및 보급 촉진에 관한 법률
526. 해양폐기물 및 해양오염퇴적물 관리법
527. 연안사고 예방에 관한 법률
528. 전기안전관리법

*** 해광출판사의 법령 시리즈는 계속 발행 됩니다.**
**** 각 도서의 개정판은 인쇄일을 기준으로 제작 되었습니다.**

과정을 거치신 신성한 삼일성의 믿는 이들 안에서의
분배와 변화와 건축

The Dispensing, Transformation, and Building of the Processed Divine Trinity in the Believers

by Witness Lee

Originally Published by
Living Stream Ministry, Anaheim, California, U. S. A.

Printed in Korea.

과정을 거치신
신성한 삼일성의
믿는 이들 안에서의

분배와 변화와 건축

위트니스 리

한국복음서원

차례

* 이 책에 인용된 성경 본문은 〈회복역 성경〉을 사용하였습니다.
* 이 책에 인용된 찬송가는 특별한 언급이 없는 경우 한국복음서원 찬송가입니다. 영어 찬송가는 리빙 스트림 미니스트리(Living Stream Ministry)에서 출간한 것입니다.

서문

이 책은 1994년 2월 19일과 20일에 캘리포니아주 애너하임에서 열린 국제 중국어 특별 집회에서 전해진 메시지들을 편집한 것입니다.

1

과정을 거치신 신성한 삼일성의 믿는 이들 안에서의 분배(1)

The Dispensing of the Processed Divine Trinity in the Believers (1)

제1장

과정을 거치신 신성한 삼일성의 믿는 이들 안에서의 분배 (1)

성경: 벧전 1:3, 딛 3:5, 요 3:16, 벧후 1:4하, 고후 5:17, 롬 5:10, 요 1:12-13, 고전 15:22, 롬 12:5, 고후 4:16하, 롬 12:2상, 8:2, 4-6

개요

Ⅰ. 거듭나게 하심을 통해서 — 벧전 1:3, 딛 3:5하.

A. 거듭나게 하심을 통해 아버지 하나님은 그분의 신성한 생명과 거룩한 본성을 믿는 이들 안에 분배하신다 — 요 3:16, 벧후 1:4하.

B. 이것은 신성한 분배의 시작이다.

C. 아담 안에 있는 타락한 옛 창조물을 그리스도 안에 있는 새 창조물이 되게 한다 — 고후 5:17.

D. 하나님의 원수인 죄인들을 하나님의 자녀가 되게 한다 — 롬 5:10, 요 1:12-13.

E. 아담 안에 있는 죽은 사람들을 그리스도의 유기적인 몸이 되게 한다 — 고전 15:22, 롬 12:5.

Ⅱ. 새롭게 하심을 통해서.

A. 새롭게 하심은 거듭나게 하심을 통한 분배에 이어서, 성령으로 말미암아 하나님의 생명 요소를 믿는 이들의 영 안으로 끊임없이 분배하는 것이다 — 딛 3:5하, 고후 4:16하.

B. 믿는 이들의 생각에서부터 시작하여 내적인 각 부분들이 신진대사적으로 새롭게 된다 — 롬 12:2상.

C. 믿는 이들은 내적인 각 부분을 그 영께 연결함으로써 그 영께서 분배하시는 신성한 요소를 흡수해야 한다 — 롬 8:5-6.

D. 믿는 이들은 또한 온 존재가 완전히 유기적인 새 창조물이 되기까지 그들의 내적 부분들이 그 영으로 적셔짐으로 새롭게 될 수 있도록 영을 따라 행해야 한다 — 롬 8:4.

E. 결과 — 믿는 이들의 온 존재가 생명의 영으로 충만해지고 적셔져서 하나님의 영적인 새 창조물이 된다 — 롬 8:2.

사람에 대한 하나님의 최고의 목적

이번 특별 집회에서 우리의 한 가지 분명한 부담은 성경 가운데서 유일하고 가장 높으며 가장 깊고 가장 비밀하며 가장 영광스러운 한 가지 주제에 초점을 맞추는 것이다. 이 주제는 사람에 대한 하나님의 최고의 목적이다. 하나님은 사람에 대해 하나의 목적을 갖고 계신다. 성경은 그 최고의 목적을 매우 분명하게 계시한다. 성경은 하나님에 관한 책, 특별히 하나님과 사람의 관계에 관한 책이다. 하나님과 사람의 관계와 관련해서 우리는 하나님께서 마음의 갈망과 목적을 갖고 계심을 볼 수 있는데, 그것은 바로 하나님께서 그분 자신을 사람이 되게 하시고 또한 사람을 하나님이 되게 하시어 하나님과 사람, 이 둘을 완전히 똑같이 되게 하시는 것이다. 하나님은 하나님이시지만 사람이 되시어, 인간의 본성과 생명을 가진 사람과 똑같이 인생을 사셨다. 또 다른 면에서 사람은 사람이지만, 하나님은 사람을 하나님과 똑같이 만드시기를 원하신다. 즉 사람을 하나님의 위격에 참여하게 하는 것이 아니라 생명과 본성에서 하나님과 똑같은 종류와 똑같은 모양으로 만드시기를 원하신다. 이렇게 하여 그분의 속성들은 우리의 인간 미덕들이 되고, 그분의 영광스러운 형상은 우리를 통해 표현되고 살아 나타나게 된다. 결국 이 우주 가운데서 하나님과 사람은 한 쌍의 부부가 된다. 이 한 쌍의 부부는 사람 같아 보이지만 사실상 하나님이다. 이것이 참으로 최고의 비밀이다. 이것이 사람에 대한 하나님의 궁극적이며 최고의 목적이다.

하나님께서 그분의 최고의 목적을 수행하시기 위해 취하신 단계들

이 목적을 성취하시기 위해 하나님은 이미 세 가지 큰일을 행하셨다. 첫

번째는 사람을 창조하신 것이다(창 1:26). 하나님은 그분의 형상대로 그분의 모양에 따라 사람을 창조하셨다. 하나님은 사람을 새의 형상대로나 짐승의 형상대로 창조하신 것이 아니라 하나님의 형상대로 창조하셨다. 하나님께서 창조하신 것은 사람이었지만, 창조되어 나온 것은 하나님이었다. 오늘 우리는 사람일 뿐 아니라 하나님이다. 우리는 사람이자 하나님이다. 마찬가지로 오늘 하나님은 하나님이실 뿐 아니라 사람이시다. 그분은 하나님이시자 사람이시다. 그러므로 결국 하나님과 사람, 사람과 하나님은 완전히 똑같이 되어서 한 쌍의 부부가 된다. 이 얼마나 기묘한가!

하나님은 사람을 창조하셨을 때 사람이 그분을 접촉하도록 사람에게 영을 창조해 주셨다. 하나님은 영(Spirit)이시기 때문에 그분께 경배하는 사람들은 반드시 그들의 영(spirit)을 사용해야 한다(요 4:24). 하나님은 외적으로는 그분의 형상대로 사람을 창조하셨고, 내적으로는 그분을 접촉하도록 사람에게 영을 창조해 주셨다(창 2:7, 슥 12:1). 하나님은 사람을 창조하신 후에 그를 생명나무 앞에 두시고 선과 악의 지식나무의 열매는 먹지 말라고 명령하셨다. 만일 사람이 다른 나무, 즉 선과 악의 지식나무의 열매를 먹는다면 결과는 죽음일 것이었다(창 2:16-17). 이것은 하나님의 의도가 사람이 생명나무를 먹고 하나님을 생명으로 영접하는 것이었음을 말해 준다. 사람은 하나님의 형상대로 창조되었고, 사람에게 생명이 되시는 하나님을 받아들이고 접촉할 수 있도록 영을 가진 존재로 창조되었다. 그러나 사람은 하나님을 접촉하지 않고 지식나무를 취함으로 타락해 버렸다.

하나님께서 사람을 위해 행하신 두 번째 큰일은 그분께서 친히 사람이 되신 것이다. 이 일은 사람이 창조되고 나서 사천 년 후에 일어났다. 그분은 어떻게 오셨는가? 그분은 처녀의 태 속에 들어오셔서 잉태되셨고, 그 후 한 아기로 태어나셨다. 성경은 태어나 구유에 뉘어진 그 아기가 전능하신 하나님이시라고 말한다(사 9:6). 그분은 이 땅에 오셔서 삼십여

년을 사시며 그분의 위임을 완성하셨고 하나님을 표현하셨다. 그러고 나서 그분은 십자가에서 죽으셨다. 그분은 죽음으로 말미암아 영원하고 완전하고 모든 것을 포함한 구속을 성취하시어 모든 문제를 해결하셨으며, 또한 사람이 영접할 수 있도록 그분 자신을 생명의 영으로서 해방하셨다.

하나님께서 행하신 세 번째 큰일은 그분께서 부활하신 후에 생명 주시는 영이 되신 것이다(고전 15:45). 그분은 하나님으로서 사람이 되시어 구속을 이루셨다. 더 나아가 부활 안에서 그분은 생명 주시는 영이 되셨다. 하나님은 사람이 되셨고 이 사람은 그 영이 되셨다. 바로 이러한 분이 우리의 구주이시고 우리의 하나님이시며 우리의 그리스도이시다. 그분은 오늘날 생명 주시는 영이 되셔서 사람이 영접하기를 기다리고 계신다. 사람이 그분을 받아들이기만 하면 그분은 즉시 그분 자신을 사람 안에 분배하기 시작하신다.

그러므로 첫째, 하나님은 사람을 창조하셨을 때 사람이 외적으로는 그분의 형상을 지니게 하셨고 내적으로는 그분을 접촉하고 영접하도록 영을 갖게 하셨다. 둘째, 하나님은 사람이 되셔서 구속을 성취하심으로 하나님과 사람 사이의 모든 문제를 해결하셨으며 신성한 생명을 해방하셨다. 셋째, 하나님은 또한 생명 주시는 영이 되셨다. 이분이 우리가 오늘날 믿는 삼일 하나님이시다. 이분은 자신을 믿는 사람들 안에 들어가시면 즉시 자신을 그들 안에 분배하신다. 어떻게 그분 자신을 우리에게 주시는가? 생명 주시는 영이신 그분께서 우리 안에 들어오실 때 그분은 우리 안에 태어나신다. 그분께서 우리 안에 태어나시면 우리는 거듭나서 더 이상 원래의 우리가 아닌 다른 사람이 된다. 이러한 사람은 하나님에게서 나서 하나님의 자녀가 되는 권위를 갖는다(요 1:12-13). 이제 우리는 하나님에 의해 창조되어 그분의 형상을 가지고 있을 뿐 아니라 하나님에게서 태어났다. 하나님 자신께서 우리 안으로 태어나시어 우리의 생명과 인격과 모든 것이 되셨다. 그분과 우리는 하나님이자 사람이며 사람이자 하나님인 한 실체가 되었다.

거듭나게 하심을 통한 삼일 하나님의 분배

불행하게도 많은 믿는 이들이 이 점을 분명히 보지 못하고 있다. 그들은 거듭남을 '마음을 고쳐먹는 것', 즉 과거의 것을 개선하고 새롭게 하는 것으로 생각한다. 그러나 그렇지 않다. 거듭남은 하나님께서 그분 자신을 우리 안으로 분배하시는 것이며, 또한 그분께서 우리 안에 태어나시는 것이다. 우리가 구원받은 이후에 우리 안에는 또 다른 분, 또 다른 인격이 계신다. 우리에게 또 다른 생명이 있을 뿐 아니라 또 다른 분, 또 다른 인격이 계시는데, 이분은 바로 하나님이시자 사람이시며 그 영과 생명과 모든 것이시다. 우리가 거듭난 때부터 시작하여 하나님은 그분 자신을 우리 안에 점점 더하신다. 우리가 갓 구원받고 거듭났을 때는 하나님께서 우리 안에 조금 들어오셨다. 그 이후로 그분은 기회만 있으면 그분 자신을 우리 안에 조금씩 계속 더하신다.

우리는 일상생활의 체험을 통해 이것을 증명할 수 있다. 구원받기 전에 우리는 우리의 기질과 개성이 있었으며, 모든 일을 우리의 선호와 기질과 개성에 따라 했다. 그러나 구원받은 후에 우리 안에는 또 다른 분께서 계시는데, 우리가 예전대로 무언가를 하려고 하면 우리 안에 계신 그분께서 찬성하지 않으신다. 그분은 이렇게 말씀하시는 것 같다. "네가 포기하는 편이 낫다! 너는 더 이상 남편이 되려 하지 말고, 아내가 되려 하지 말고, 부모가 되려 하지 말고, 자녀가 되려 하지 마라! 내가 네 안에서 너와 함께 그것을 하게 해라. 너는 어떻게 할지를 모른다. 설령 네가 할 줄 안다 해도 잘하지 못할 것이며, 잘한다 해도 나는 기쁘지 않을 것이다. 네가 무엇을 하든 나는 그것을 원하지 않는다. 나는 다만 내가 네 안에 있기를 원하고, 너와 함께 모든 것을 하기를 원한다."

나는 우리 모두에게 이러한 체험이 있으리라고 믿는다. 갓 구원받았을 때 우리는 하나님께서 우리 안에서 우리와 함께 모든 것을 하시도록 기꺼이 허락해 드리려고 하지 않았다. 그러나 오랜 시간이 지나면서 우리는 그것에 익숙하게 되었다. 이제 우리가 살 때 더 이상 우리가 사는 것이 아니라 우리 안에 그리스도께서 사신다(갈 2:20). 따라서 하나님께서 더 많이 우리 안으로 더해지셨고 우리는 하나님이자 사람, 곧 다만 새로운 사람이 아니라 하나님-사람이 되었다. 이것이 거듭남이다.

새롭게 하심을 통한 삼일 하나님의 분배

우리가 거듭난 후에 생명 주시는 영이신 그분은 계속해서 우리 안에서 우리를 새롭게 하신다. 새롭게 됨은 우리가 너무 나이가 들었기 때문에 필요한 것이 아니다. 결코 그런 것이 아니다. 새롭게 됨이란 다음과 같은 의미이다. 원래 우리는 창조된 옛사람이다. 비록 이 옛사람이 외적으로는 하나님의 형상을 지니고 있고 내적으로는 생명이신 하나님을 접촉하고 영접할 수 있는 영을 가지고 있을지라도 그의 안에는 하나님의 요소가 조금도 없다. 그러므로 하나님께서 사람이 되시어 구속을 이루셨고 생명 주시는 영이 되셨다. 이 생명 주시는 영은 오늘날 사람들이 그분을 영접하기를 기다리고 계신다. 우리가 그분을 믿기만 하면 그분은 우리 안에 들어오셔서 우리 안에 태어나시는데, 이로써 우리는 다른 사람 곧 하나님-사람이 된다.

그럴 뿐 아니라 우리는 여전히 새롭게 됨이 필요하다. 우리에게서 가장 새롭게 되기 어려운 것은 바로 우리의 습관이다. 우리의 습관은 주로 우리의 생각에 근거한다. 그러므로 성경은 하나님께서 우리를 새롭게 하시려고 오실 때 먼저 우리의 생각을 새롭게 하신다고 말한다(롬 12:2상). 우리가 자신의 생각으로 점유되어 있기 때문에 주님은 우리 안에서 그다지 지위를 얻지 못하신다. 우리가 자주 주님을 가까이하고 주님과 교통하는 동안 우리는 우리 안에 계신 주님께서 다소 불합리하시다는 느낌을 가질 수 있는데, 왜냐하면 그분께서 언제나 우리 안에 더 많은 자리를 차지하시기를 원하시기 때문이다. 그러나 우리는 다만 그분을 손님으로 영접하려고 하며 그분께서 우리 안에서 너무 많은 일에 관여하지 않으시기를 바란다. 나 자신도 그러했다. 나는 젊었을 때 구원을 받았는데, 내가 주님을 사랑하는 것은 사실이었지만 어떤 일에서는 주님께서 간섭하시는 것을 원하지 않았다. 나는 주님께서 너무도 사소한 일에까지 간섭하신다고 느꼈고, 그러한 일은 나 자신이 하도록 허락해 주셔도 된다고 생각했다. 그러나 주님은 안 된다고 말씀하셨다. 주님은 계속해서 그분의 생명의 요소를 성령을 통해 우리의 영 안으로 분배하심으로, 우리의 영에서부터 시작해서 우리의 모든 속부분들이 신진대사적으로 새로워지기를 갈망하신다.

로마서 12장은 여러분의 생각이 새롭게 되고 여러분의 온 존재가 변화되어야 한다고 매우 분명하게 말한다. 이 새롭게 됨은 단순한 새롭게 됨이 아니다. 그것은 우리 안에 주 예수님께서 더 많이 더해지시고 삼일 하나님께서 더 많이 더해지시는 것이다. 그리스도인은 어떤 사람인가? 그리스도인이 된다는 것은 우리의 옛사람이 하나님에 의해 거듭나 새 창조물에 속한 하나님-사람이 되는 것이다. 그날로부터 하나님은 계속 우리 안에서 증가하신다. 여러분은 무슨 일을 하든지 이전에는 스스로 그 일을 했지만, 이제는 더 이상 여러분 혼자 사는 것이 아니라 하나님께서 여러분과 함께 사신다는 것을 기억해야 한다. 이것은 마치 결혼을 하면 더 이상 혼자가 아니라 동반자가 있게 되는 것과 같다. 주님은 우리의 동반자 곧 우리의 남편이시다. 마땅히 주님께서 우리의 남편이 되셔야 하지 우리가 남편이 되어서는 안 된다. 우리는 그분께서 우리 안에서 매일매일 증가되시게 해야 한다. 그분께서 증가하시면 우리는 새롭게 되고 변화된다. 그분께서 계속 증가하시면 결국 우리는 완전히 변화되어 그분이 된다. 그분과 우리는 하나님이자 사람이며 사람이자 하나님인 한 실체가 된다. 그럴 때 우리의 옛사람은 소멸되고 없어지며 세상도 하나님에 의해 한쪽으로 제쳐질 것이다. 하나님은 우리의 옛사람을 변화시키시어 새사람이 되게 하시고, 우리를 변화시키시어 그분 자신이 되게 하신다.

신성한 삼일성의 분배의 결과는 우리가 하나님의 표현이 되는 것임

하나님은 이렇게 그분 자신을 우리 안에 분배하신다. 형제자매들이여, 여러분이 나이가 들었든 젊든 혹은 처음으로 내 말을 듣는 사람이든, 여러분 모두는 하나님 자신께서 여러분 안으로 분배되셨다는 것을 알아야 한다. 여러분 안에 또 다른 인격이 있다. 여러분은 더 이상 혼자가 아니다. 이제 하나님께서 여러분 안에 계시고, 하나님은 여러분 안에서 증가하시고 매일 여러분을 새롭게 하시기를 원하신다는 사실을 결코 잊지 말라. 고린도후서 4장 16절 하반절은 "우리의 겉사람은 썩어 가고 있지만, 우리의 속사람은 나날이 새로워지고 있습니다."라고 말한다. 하나님은 우리 안에서 우리를 새롭게 하시는 일을 매일 수행하고 계신다. 우리는 날마다 새로워지고 있다. 바꾸어 말하면, 하나님께서 날마다 우리 안에서 증가되고 계신다. 이번 특별 집회가 비록 이틀밖에 되지 않지만, 나는 여러분이 하나님을 한량없이 얻기를 바란다. 그러면 여러분은 돌아가서 사람들에게 여러분이 어떤 말씀을 들었다는 것을 보여 주는 것이 아니라, 그리스도께서 확실히 여러분 안에서 자라셨으며 하나님께서 여러분 안에서 증가하셨다는 것을 보여 줄 것이다.

이번 특별 집회에서 우리는 네 절로 된 새 찬송(내 마음의 노래, 54장)을 준비했는데, 이 찬송은 사람에 대한 하나님의 최고의 목적을 말해 준다. 나는 이 새 찬송이 우리 존재 안으로 들어올 때까지 모두가 이 찬송을 부르기를 바란다.

어떤 기적 어떤 비밀인가 하나님과 사람 하나 되다니
하나님이 사람 되시고 사람이 하나님이 된다네
천사도 사람도 측량 못 할 경륜
하나님 맘에 갈망하신 선한 뜻일세
이로 인해 이뤄지네 하나님의 최고의 목적

날 하나님 되게 하시려고 하나님 육신 돼 사람 되셨네
난 그 성품에 참여하나 그의 신격에는 참여 못 해
그분의 속성 내 미덕 되니
난 영광스런 그분 형상 나타낸다네
그의 속성 내 미덕 돼 그 영광의 형상 나타내

이제 나 홀로 살지 않네 하나님이 나와 함께 사시네
하나님 안의 성도들과 삼일 하나님의 집 건축해
그리스도의 유기적인 몸 되어
큰 단체적인 그릇으로 그를 나타내
유기적인 몸으로서 그리스도 나타내네

거룩한 성 새 예루살렘은 이상과 계시의 최종 집대성
삼일 하나님과 사람이 영원히 연합된 부부일세
신성과 인성이 서로 거쳐 되니
사람에게서 하나님의 영광 나타나
신성 인성 상호 거쳐 하나님의 영광 나타내

할렐루야, 이것이 사람에 대한 하나님의 최고의 목적이다!

2

과정을 거치신 신성한 삼일성의 믿는 이들 안에서의 분배(2)

The Dispensing of the Processed Divine Trinity in the Believers (2)

제2장

과정을 거치신 신성한 삼일성의 믿는 이들 안에서의 분배 (2)

성경: 엡 1:7, 10-11, 13-14, 4:30

개요

Ⅲ. 구속 안에서 — 엡 1:7.

A. 구속 안에서 아들 하나님은 그분의 풍성한 생명 요소를 믿는 이들의 내적인 각 부분에 분배하신다.

B. 아들 하나님의 분배하심은 아버지 하나님께서 거듭나게 하심 안에서 분배하시는 것에 이어지며, 아버지 하나님의 거듭나게 하심에 뒤따르는 영 하나님의 새롭게 하심과 함께 이루어진다.

C. 아들 하나님의 분배하심은 믿는 이들을 하나님의 보배로운 유업으로 조성되게 한다 — 엡 1:11.

D. 아들 하나님의 분배하심은 하나님의 창조물 가운데서 올바른 질서를 회복하기 위해 믿는 이들을 모든 것들 가운데 앞장서서 그리스도 안에서 머리이신 그리스도 아래 통일되게 한다 — 엡 1:10.

Ⅳ. 도장 찍으심을 통해서 — 엡 1:13-14.

A. 영 하나님은 도장 찍으심을 통해서 아버지 하나님과 아들 하나님의 분배를 강화하신다.

B. 영 하나님은 믿는 이들의 몸이 구속되기까지 삼일 하나님의 본질로 부드럽고 섬세한 방식으로 믿는 이들에게 도장 찍으심으로써 믿는 이들을 적시신다 — 엡 4:30.

C. 영 하나님의 도장 찍으심은 믿는 이들이 신성한 도장이신 하나님의 형상을 지니게 한다.

D. 믿는 이들에게 도장 찍은 신성한 본질은 믿는 이들의 유업이 되시는 하나님에 대한 보증과 담보와 미리 맛봄이 된다.

앞 장에서 우리는 사람에 대한 하나님의 최고의 목적이 그분 자신을 사람 안으로 건축하시는 것임을 보았다. 다시 말하면, 하나님은 그분의 신성한 요소가 창조된 사람 안에 일해 넣어짐으로써 사람과의 유기적인 연합을 가지시기를 원하신다. 이 연합 안에서 하나님의 요소가 사람 안에서 계속 증가된다. 하나님의 요소가 사람 안에서 증가될 때, 사람은 옛 창조물의 상태로부터 완전히 새 창조물이 되기까지 점점 새롭게 되고 변화된다. 새 창조물이란 무엇인가? 새 창조물은 다만 하나님 자신이다. 이 우주 가운데서 오직 하나님만이 새로움이시며 그 밖의 모든 것은 다 낡은 것이다. 우주 가운데 모든 사람과 모든 것은 다 낡은 것이고 또 매일 더 낡아져 가고 있다. 오직 우리의 하나님만이 새로움이시며, 그분만이 결코 낡지 않고 항상 새로우시다. 그러므로 우리가 이 하나님을 얻으면 새 창조물이 된다. 하나님은 우리 스스로가 자신을 바꾸어서 새롭게 되기를 원하지 않으신다. 하나님은 우리가 그분을 받아들이고, 그분으로 채워지고 적셔지며, 그분으로 침투되어서 신진대사적인 변화를 갖기를 원하신다.

그리스도인들은 누구나 하나님께서 사람이 되신 이 사실을 알고 또한 받아들인다. 그러나 사람이 하나님이 되는 것에 관해서는 믿을 수 없는 일이라고 여긴다. 어떤 형제자매들은 아마 이것을 듣고 선포했겠지만, 속에서는 이것에 큰 의문을 가지며 '뭐라고? 사람이 하나님이 된다고?'라고 생각할지 모른다. 이러한 말은 이단적인 가르침처럼 들린다. 사람이 하나님이 된다는 계시는 많은 그리스도인들에게 받아들여지지 않는다. 그러나 교회 역사 중 교부 시대에는 하나님께서 사람이 되신 것은 사람이 하나님이 되게 하시려는 것이라는 진리가 성도들에게 널리 받아들여졌다. 그렇지만 얼마 안 되어 교회는 이 진리와 하나님의 경륜의 이상으로부터 빗나갔고 갈수록 하락했다. 그러므로 오늘 우리가 사람이 하나님이 된다는 것을 말하기만 하면 사람들은 대개 그것을 이상하게 여기고 받아들이기 어렵다고 느낀다. 오늘 우리는 생각이 새로워짐으로 변화될 필요가 있다. 그럴 때 성경에 계시된 이 진리를 볼 것이다. 하나님께서 사람이 되신 것은 사람을 하나님이 되게 하시려는 것이다. 이 어떠한 기적인가! 이 어떠한 비밀인가! 비록 우리의 머리로는 이해할 수 없지만 우리는 단순히 이것을 받아들일 필요가 있다. 그러면 이 사실을 실재로서 누리고 체험할 수 있을 것이다.

거듭나게 하심을 통한 믿는 이들 안에서의 신성한 삼일성의 분배

하나님의 최고의 목적은 과정을 거치시고 완결되신 삼일 하나님의 무한한 분배로 말미암아 달성된다. 그분은 삼일 하나님, 곧 아버지와 아들과 영이시다(마 28:19). 삼일 하나님의 분배 안에서 그분은 아버지로서 그분의 신성한 생명과 거룩한 본성을 우리 안에 분배하심으로써 우리를 거듭나게 하신다. 그분은 거듭나게 하심을 통해 그분의 신성한 생명과 거룩한 본성을 분배하신 후에, 이어서 성령으로 말미암아 우리를 새롭게 하신다. 거듭나게 하심은 분배의 첫 단계이다. 본래 우리는 하나님의 생명이 없는 사람들이었다. 그러나 어느 날 우리는 복음을 들었고, 회개하고 죄를 자백하고 주님의 이름을 부름으로써 우리 안으로 주 예수님을 영접하게 되었다. 그와 동시에 아버지 하나님의 생명과 그분의 생명 요소가 그분의 분배하심을 통해 우리 안에 들어왔다. 그리스도인은 누구나 요한복음 3장 16절을 좋아한다. 그들은 '하나님께서 세상을 이처럼 사랑하시어', '독생자', '그분을 믿는 사람마다', '멸망하지 않고 영원한 생명을 얻도록 하려는 것입니다'라는 어구에 많은 주의를 기울이는 반면에, '주셨습니다'라는 핵심 단어는 소홀히 여긴다. 이 성경 절에서 가장 비밀하고 가장 뛰어나고 가장 기묘한 부분은 바로 '주셨습니다'라는 말이다. 이 '주셨습니다'가 바로 아버지 하나님의 분배이다. 아버지 하나님께서 아들을 우리에게 주신 것은 바로 그분의 신성한 생명을 우리에게 주시고 우리 안에 분배하신 것이다. 그 결과로 우리는 거듭나서 하나님의 자녀가 되었다.

거듭나게 하심은 신성한 분배의 시작으로서 세 가지 결과를 산출했다. 첫째로, 아담 안에 있는 타락한 옛 창조물을 그리스도 안에 있는 새 창조물이 되게 했다(고후 5:17). 둘째로, 하나님의 원수인 죄인들을 하나님의 자녀가 되게 했다(롬 5:10, 요 1:12-13). 셋째로, 아담 안에 있는 죽은 사람들을 그리스도의 유기적인 몸이 되게 했다(고전 15:22, 롬 12:5). 할렐루야! 옛 창조물이 새 창조물이 되었고, 원수인 죄인들이 하나님의 자녀가 되었으며, 죽은 사람들이 그리스도의 유기적인 몸이 되었다. 이것은 얼마나 놀라운가! 우리가 주님을 믿지 않았을 때 겉으로 보기에는 살아 있는 것 같았지만 실지로는 죽어 있었다. 밖으로는 활동하고 있는 것 같았지만 안에는 죽음이 가득했다. 그러나 일단 구원받으면 우리는 더 이상 죽은 사람이 아니며 단지 살아 있는 개개인들이 아니다. 우리는 그리스도의 유기적인 몸이다. 이것이 거듭나게 하심이 가져다준 결과이다.

새롭게 하심을 통한 믿는 이들 안에서의 신성한 삼일성의 분배

신성한 생명은 우리 안에 들어왔을 때 우리를 거듭나게 했을 뿐 아니라 우리를 새롭게 하는 일을 시작했다. 하나님은 새로움이시므로, 새롭게 하심은 하나님께서 그분 자신을 계속해서 우리 안으로 더하시는 것이다. 이것은 하나님의 분배의 두 번째 단계이다. 우리가 거듭났을 때 하나님은 우리의 영 안에 들어오셨고, 우리의 영 안에는 하나님의 생명이 있게 되었다. 그러나 우리 안에는 골칫거리들이 여전히 많이 있다. 먼저 우리의 생각과 감정과 의지 모두가 아직 옛 창조물 안에 있다. 여러분 중 많은 사람이 이 특별 집회에 참석하기 위해 멀리서 왔지만, 그랜드 캐니언을 보러 가면 모든 것을 잊어버릴 것이다. 때로 우리가 일에 분주하다 보면 분배나 거듭남이나 새로워짐이 실지적이지 않은 것처럼 느껴진다. 반대로 융자를 받는 것과 같은 일상생활의 여러 일들이 아주 실지적인 일들이 되어 버린다. 이것은 우리의 혼이 아직 옛 창조물 안에 있기 때문이다.

거듭나게 하심을 통한 분배 이후에 우리에게 가장 먼저 필요한 것은 하나님께서 성령으로 말미암아 그분의 생명 요소를 끊임없이 우리의 영 안으로 분배해 주시는 것이다(딛 3:5하, 고후 4:16하). 그런 다음 생각에서부터 시작하여 내적인 각 부분들이 신진대사적으로 새로워질 필요가 있다(롬 12:2상). 이것은 외적인 개선이나 외적인 변화가 아니라, 내적 본질의 변화 곧 신진대사적이며 유기적인 변화이다. 이러한 새롭게 됨은 우리의 생각에서부터 시작된다. 우리의 사고와 관점과 논리와 습관은 모두 새롭게 될 필요가 있다. 참된 그리스도인은 날마다 끊임없이 새롭게 되어야 한다. 우리는 얼마나 새롭게 되었는지보다는 계속적으로 새롭게 되고 있는지를 보아야 한다. 아마도 처음에는 자신이 매일 거의 비슷하다고 느낄 것이다. 그러나 일정 기간이 지난 후에는 우리의 생각이 변했고 우리가 새롭게 된 것을 사람들이 발견하게 될 것이다. 우리가 새롭게 될 때 사람들은 우리에게 하나님의 '향기'가 있고 영적인 깨달음이 있다는 것을 느낄 수 있을 것이다.

믿는 이들은 새롭게 되기 위해서 내적인 각 부분을 그 영께 연결함으로써 그 영께서 분배하시는 신성한 요소를 흡수해야 한다(롬 8:5-6). 우리 스스로는 새롭게 될 길이 없다. 오직 그 영께 연결되어야만 새롭게 될 수 있다. 그 영께 연결되는 비결은 첫째로 끊임없이 기도하는 것이다(살전 5:17). 만약 하루 종일 기도하지 않는다면 우리는 그 영께 연결되어 있기가 매우 어려울 것이다. 하지만 우리가 끊임없이 기도한다면 설령 잘못 기도할지라도 그 영께 연결되어 있을 것이다. 그리스도인은 구원받자마자 기도할 수 있는 권리와 기능을 얻게 된다. 그러나 안타깝게도 원수의 일로 말미암아 오늘날 기독교는 믿는 이들의 기도하는 기능을 거의 말살해 버렸다. 나는 우리 모두가 끊임없이 기도하는 사람이 되기를 바란다. 우리 인생의 마지막 호흡이 끊어지는 순간까지 여전히 기도하기를 원한다. 이렇게 기도한다면 우리의 숨이 끊어질 때 우리의 영은 여전히 주님께 연결되어 있을 것이다. 이것이 얼마나 좋은가! 기도는 우리가 그 영께 연결되게 하고 그 영을 흡수하게 하여 신성한 요소가 우리 안에 퍼지게 한다.

새롭게 되기 위해 믿는 이들은 또한 온 존재가 완전히 유기적인 새 창조물이 되기까지 그들의 내적 부분들이 그 영으로 적셔짐으로 새롭게 될 수 있도록 모든 일에서 영을 따라 행해야 한다(롬 8:4). 모든 일에서 영을 따라 행하려면 반드시 끊임없이 기도하고 언제 어디서나 계속해서 주님의 이름을 불러야 한다(고전 1:2). 우리가 "오, 주 예수님!" 하고 부를 때, 주님은 우리의 매일의 행함을 인도하시고 우리의 가정생활과 결혼 생활에 큰 도움을 주실 것이다.

그러므로 새롭게 된 결과는 바로 믿는 이들의 온 존재가 생명의 영으로 충만해지고 적셔져서 하나님의 영적인 새 창조물이 되는 것이다(롬 8:2). 바로 이때 사람은 하나님이 된다.

구속 안에 있는, 믿는 이들 안에서의 신성한 삼일성의 분배

아버지 하나님의 분배에 이어서 그리스도의 분배와 그 영의 분배가 있다. 그리스도의 분배는 그분의 구속 안에 있다. 에베소서 1장 7절은 우리가 그리스도 안에서 그분의 피로 구속받았다고 말한다. 그리스도는 그분의 구속을 통해 우리를 그분 자신 안으로 구원하시어, 우리가 그분 안에서 그분의 분배를 체험하도록 하셨다. 진주를 예로 들어 보겠다. 조개는 모래알에 의해 상처를 입을 때 모래알 주위에 생명 즙을 분비하여 모래알을 진주가 되게 한다. 십자가에서 죽으심으로써 우리에 의해 상처받으신 그리스도는 우리를 그분 자신 안으로 구원하셨고, 그 결과 우리는 그분의 생명 즙의 분비를 받아들임으로써 하나님의 귀한 유업을 구성하는 귀한 진주들이 되었다(엡 1:11).

한 면으로 하나님은 영원 안에서 우리를 사랑하신다(엡 1:4). 그러나 다른 한 면으로 본래 허물과 죄들 가운데서 죽어 있었던(엡 2:1) 우리는 사랑받을 자격이 없었다. 모래알은 사랑받을 만한 가치가 없지만 보물은 가치가 있다. 본래 우리는 사랑받을 자격이 없는 사람들이었다. 그러나 그리스도 안으로 들어와 그분의 구속 안에서 그분의 분배를 받음으로, 우리는 하나님의 사랑을 받을 만한 귀한 보물이 되고 하나님의 보배로운 유업으로 조성될 수 있게 되었다. 할렐루야! 이 유업은 바로 한 새사람이요 또한 새 창조물이다.

우리는 하나님의 보배로운 유업이 되자마자 하나님의 창조물 가운데서 올바른 질서를 회복하기 위해 온 우주 가운데서 앞장서서 그리스도 안에서 머리이신 그리스도 아래 통일되고 있다(엡 1:10). 사람의 타락으로 인해 온 우주는 붕괴되었고, 모든 것의 질서가 깨졌다. 더 나아가 우주 가운데서 하나님의 권위가 반대당하고 거절되었다. 그러나 우리 믿는 이들은 구속을 받아 그리스도의 분배를 통해 하나님의 유업이 되었으며, 앞장서서 그리스도 안에서 머리이신 그리스도 아래 통일되고 있다. 이것은 온 우주의 질서를 회복할 것이다. 오늘날 도처에 반역이 가득하다. 심지어 작은 모기까지도 반역적이다. 우리가 기르는 강아지가 때로 우리에게 불순종하며, 우리의 자녀들은 더욱더 불순종한다. 잔디도 우리의 말을 듣지 않고 제멋대로 자라기 때문에 자주 잘라 주어야 한다. 학교에서 학생들은 선생님의 말을 듣지 않는다. 심지어 교회 안에서 우리는 자주 장로들의 인도에 복종하지 않는다. 이 모든 것들은 분배가 부족하기 때문이다. 우리가 분배를 많이 받아들인다면 더욱 복종하게 될 것이고, 그 결과 온 우주는 점차적으로 머리이신 그리스도 아래 통일될 것이다. 이것이 하나님의 경륜의 목표이다.

도장 찍으심을 통한
믿는 이들 안에서의 신성한 삼일성의 분배

아들 그리스도의 분배에 이어서 그 영의 분배가 있다. 우리 안에서 분배하시는 그 영의 움직이심과 일은, 아버지 하나님과 아들 하나님의 분배를 강화하시는 그 영의 도장 찍으심(엡 1:13)을 통해 수행된다. 도장 찍으심은 그 영의 부드럽고 섬세한 일이다. 신약에서 성령은 부드러운 비둘기로 비유되신다(마 3:16). 여러분이 조금이라도 움직이면 비둘기는 날아간다. 이것은 성령께서 매우 부드럽고 섬세하시다는 것을 가리킨다. 누가복음 15장에서 주 예수님은 우리 안에서 부드럽고 섬세한 일을 하시는 성령을 설명하시기 위해, 집 안을 쓸며 잃어버린 드라크마를 세심하게 찾는 여인의 비유를 사용하셨다. 성령께서 하시는 일은 믿는 이들의 몸이 구속

되기까지 삼일 하나님의 본질로 부드럽고 섬세한 방식으로 믿는 이들에게 도장 찍으심으로써 믿는 이들을 적시시는 것이다(엡 4:30).

한 면에서 성령은 우리 안에서 도장이 되셔서 우리에게 표시를 하시며, 또 다른 면에서 우리 안에서 기름을 바르는 일을 하신다. 그 영은 우리에게 도장 찍으실 뿐 아니라 기름 바르신다. 그 영께서 도장 찍으시고 기름 바르시는 것은 한 면에서 삼일 하나님의 형상을 우리 위에 새기는 것이며, 또 다른 면에서는 먹이신 삼일 하나님의 본질로 우리를 적시고 우리의 모든 내적 부분들에 기름을 바르는 것이다. 그러므로 여기에 본질의 분배와 형상의 표현이 있다. 이렇게 우리는 성령의 부드럽고 섬세한 분배를 체험하게 되며, 삼일 하나님의 본질, 그분의 속성들과 미덕들, 그분의 사랑과 빛과 거룩함과 의가 날마다 우리 안에서 증가된다. 그 결과로 우리 안에 어떤 형상이 이루어져서 우리를 하나님의 표현이 되게 한다. 새로 지은 찬송이 바로 이것을 말해 주고 있다. "그분의 속성 내 미덕 되니 / 난 영광스런 그분 형상 나타낸다네". 이 도장 찍음의 결과로 우리는 그 영으로 충만해지고 적셔지게 된다.

그럴 뿐만 아니라 믿는 이들에게 도장 찍은 신성한 본질은 믿는 이들의 유업이 되시는 하나님에 대한 보증과 담보와 미리 맛봄이 된다(엡 1:14). 그리스도의 분배 안에서는 우리가 하나님의 유업이 되지만, 그 영의 도장 찍으심 안에서는 하나님께서 우리의 유업이 되신다. 그러므로 우리는 하나님의 유업이 되고 하나님은 우리의 유업이 되신다. 이것이 바로 하나님께서 사람이 되시고 사람이 하나님이 되는 것이다. 하나님은 우리 안에서 보증과 담보와 미리 맛봄이 되시는 그 영을 통해 우리의 유업이 되신다. 어느 날 도장 찍는 것이 완성될 때 우리 몸은 구속될 것이다. 그때 우리 몸은 완전히 하나님과 같을 것이고 신성한 본질로 완전히 충만할 것이다. 오늘 우리는 아직 구속받는 과정에 있다. 따라서 담보가 필요하다. 이 담보가 바로 하나님께서 우리에게 주신 그 영이다. 그 영은 담보이시자 미리 맛봄이시다. 그날에 우리는 온전히 맛보게 될 것이다. 오늘 그 영의 도장 찍으심을 통해 우리는 몸의 구속을 미리 맛볼 수 있다.

에베소서 4장 25절부터 바울은 믿는 이들의 생활의 세부 사항들을 말하기 시작한다. 바울은 1장에서 말한 성령의 도장 찍으심을 30절에서 다시 언급하면서 "하나님의 성령을 슬프시게 하지 마십시오. 여러분은 그분 안에서 구속의 날에 이르도록 도장 찍혔습니다."라고 말한다. 이것은 성령의 부드럽고 섬세한 분배가 일상생활의 세세한 일들에서 일어난다는 것을 의미한다. 특히 말을 할 때나 성질을 내려고 할 때 우리는 우리 안에 계신 그 영의 부드럽고 섬세한 분배를 계속 체험해야 한다. 우리 모두가 자주 성령을 슬프시게 했다는 것을 인정해야 한다. 우리의 강퍅함과 말다툼 때문에, 성령은 비둘기처럼 날아가 버리지는 않으시지만 우리 안에 머무시면서 슬퍼하신다. 바울은 우리에게 우리가 그분 안에서 도장 찍혔음을 상기시켜 준다. 이것은 우리 안에 하나님의 형상이 있고 우리가 하나님을 닮았다는 것을 의미한다. 또한 우리 안에는 우리에게 도장 찍는 하나님의 본질이 있다. 따라서 우리는 성령을 슬프시게 하지 말아야 한다. 그럴 때 그분은 우리의 몸이 구속될 때까지 우리 안에서 도장 찍는 일을 자유롭게 수행하실 것이다.

따라서 우리의 온 존재가 그분의 영광스러운 형상과 같은 형상을 이루는 길은 하나님의 성령을 슬프시게 하지 않고, 항상 그 영께 연결되어 있으며, 그 영 안에서 살고 행하는 것이다. 우리 안에는 이미 하나님의 도장이 찍혀 있기 때문에 우리는 특별히 우리의 말과 성질의 문제에서 그 영에 의해 행해야 한다. 그럴 때 그 영의 부드러운 분배가 계속해서 우리 안에서 운행하고 우리에게 도장을 찍음으로, 우리 각 부분 안에 영광이 있을 것이고 우리가 어디에 있든지 하나님께서 우리 안에 계실 것이다. 하나님은 우리의 생각과 감정과 의지 안에 계실 뿐 아니라, 우리의 말과 움직임과 활동에서 머리부터 발까지 그 안에 계실 것이다. 이것이 믿는 이들 안에서의 과정을 거치신 신성한 삼일성의 분배이다.

— 이 메시지는 미노루 첸(Minoru Chen) 형제님이 대신 전한 것임

3

과정을 거치신 신성한 삼일성의 믿는 이들 안에서의 변화시키심

The Transformation of the Processed Divine Trinity in the Believers

제3장

과정을 거치신 신성한 삼일성의 믿는 이들 안에서의 변화시키심

성경: 롬 12:2상, 딛 3:5하, 고후 5:17, 엡 4:22-24, 고후 3:18, 롬 8:29, 요일 3:2, 고전 3:12, 창 2:9, 16-17

개요

Ⅰ. 하나님의 분배는 믿는 이들을 새롭게 하고, 하나님의 새롭게 하심은 변화를 산출한다 — 롬 12:2상.

A. 새롭게 하기 위한 분배는 거듭나게 하기 위한 분배의 연속이다 — 딛 3:5하.

B. 이것은 믿는 이들이 그들의 옛 창조물을 벗어 버리고 하나님의 새 창조물로 변화되는 것이다. 즉 옛 창조물에 속한 사람을 벗고 새 창조물에 속한 사람을 입는 것이다 — 고후 5:17, 엡 4:22-24.

Ⅱ. 하나님의 변화시키심은 그리스도의 풍성한 생명 요소로 믿는 이들 안에서 그들의 본질을 바꾸는 일을 수행하시는 것이다 — 고후 3:18상.

A. 그분은 믿는 이들의 영에서부터 그들의 내적 존재의 모든 부분까지 변화시키신다 — 롬 12:2상.

B. 믿는 이들을 그리스도의 영광스러운 형상과 같은 형상을 이루기까지, 곧 삼일 하나님과 완전히 같아지기까지 변화시키신다 — 고후 3:18하, 롬 8:29, 요일 3:2.

C. 믿는 이들을 교회를 건축하는 보배로운 재료인 금과 은과 보석이 되게 하신다 — 고전 3:12.

Ⅲ. 하나님께서 믿는 이들을 변화시키시는 원칙은 악을 거절하고 선을 따르게 하는 원칙이 아니라, 선과 악에서 구출되어 하나님의 신성한 생명을 따르게 하는 원칙이다.

A. 성경 안의 신성한 계시는 시작부터 생명나무와 선과 악의 지식나무를 보여 주는데, 이 두 나무는 두 원칙을 가리킨다 — 창 2:9, 16-17.

B. 타락한 사람은 어둠 속에 눈멀어 있기 때문에, 신성한 생명을 무시하고, 악을 거절하고 선을 따르는 원칙에 의지한다.

C. 오늘날 기독교 안의 대부분의 가르침은 악을 거절하고 선을 따르는 원칙에 근거하고, 신성한 생명을 따르는 원칙은 간과한다.

D. 악을 거절하고 선을 따르라는 가르침은 사람을 일깨우거나 개선할 수 있을 뿐, 사람의 본질을 바꾸어 사람을 하나님께서 갈망하시고 그분의 신성한 본질과 일치하는 새 창조물이 되게 할 수는 없다.

신성한 삼일성의 분배의 일

이번 특별 집회의 전체 제목은 "과정을 거치신 신성한 삼일성의 믿는 이들 안에서의 분배와 변화와 건축"이다. 간단히 말하면 "사람을 창조하신 하나님의 최고의 목적"이다. 과정을 거치신 신성한 삼일성은 단순한 삼일 하나님이 아니시라 과정을 거친 하나님이시다. 그분은 더 이상 창세기 안에 계신 하나님이 아니시다. 그분은 육체가 되시어 이 땅에서 삼십삼 년 반 동안 죄 없는 인생을 사셨고, 죽음과 부활을 거치셨으며, 부활 안에서 생명 주시는 영이 되신 하나님이시다. 더 나아가 그분은 신성뿐 아니라 인성을 가지시고 높은 하늘로 승천하셨으며, 사람으로서 하나님 안에서 높아지시고 영광을 얻으셨으며 우주 가운데서 주님과 그리스도가 되셨다.

이러한 과정을 거치신 삼일 하나님은 오늘날 우리가 그분을 믿고 받아들일 때 우리 안에 들어오셔서 우리와 함께하신다. 우리와 함께하시는 삼일 하나님은 그분 자신을 완전하고 온전하게 우리 안으로 분배하시어 우리를 거듭나게 하신다.

많은 그리스도인들이 하나님께서 그들 안에 들어오셨다는 것을 알고 있지만 그들 안에서 무엇을 하시는지는 알지 못한다. 그들은 하나님께서 그들을 거듭나게 하신 이후로 그들 안에서 아무것도 하지 않으시며, 그들이 하늘나라에 갈 때까지 그들 안에서 다만 기다리신다고 생각한다. 그러나 신약 전체를 읽어 본다면, 오늘날 우리 안에 계신 하나님은 이 땅에 계실 때보다 더 바쁘시다는 것을 발견할 수 있다. 이 땅에서 그분은 널리 복음을 전파하시고 진리를 가르치시며 눈먼 이들의 눈을 뜨게 하시고 죽은 사람들을 살리시며 제자들을 훈련하기만 하셨다. 그러나 오늘날 주님은 수천만 명의 사람들 안에 들어가셔서 그들 각 사람을 변화시키시고 새롭게 하신다. 이것은 그분께서 이 땅에서 이루신 일보다 훨씬 더 어려운 것이다. 어떤 사람이 자신의 외양을 바꾸는 것은 다소 쉬운 일이다. 옷을 바로 입고, 이발을 하고, 행위를 개선하고, 어조를 바꾸기만 하면 외적으로 완전히 바뀐다. 그러나 변화는 외적으로 바뀌는 것이 아니라 내적인 본질과 본성에서 신진대사적으로 바뀌는 것이다. 외적으로 바뀌는 것은 사람의 일로 이룰 수 있지만 내적인 변화는 전적으로 유기적인 문제이다.

하나님께서 믿는 이들을 변화시키시는 원칙

일반적으로 사람들은 악을 거절하고 선을 따라야 한다는 관념을 가지고 있다. 특별히 중국인들은 공자와 성현들의 가르침의 영향으로 악을 거절하고 선을 따라야 한다는 관념이 강하여, 누구나 다 선량하고 마음씨 좋은 사람이 되려고 한다. 그러나 이것은 사람의 천연적인 관념이지 성경의 관념이나 하나님께서 사람에게 주신 가르침이 아니다. 성경은 하나님께서 사람을 창조하신 후에 에덴동산의 생명나무와 선과 악의 지식나무 앞에 두셨다고 말한다(창 2:8-9). 이 두 나무는 두 가지 원칙을 가리키는데, 하나는 단순한 생명의 원칙이며 다른 하나는 복잡한 선과 악의 원칙이다. 결국 사람은 생명나무를 받아들이지 않고 선과 악의 지식나무를 받아들임으로써 타락했다. 사람은 타락한 후에 생명에 대해 눈멀고 분명하지 않게 되었다. 사람의 사고 안에는 더 이상 생명의 요소가 조금도 없고 선과 악의 지식의 관념이 가득하게 되었다. 온종일 사람은 선과 악의 지식의 영역과 한계 안에서 맴돌며, 다만 악을 거절하고 선을 행하는 것만 주의한다. 우리 모두는 심지어 강도도 선을 행해야 한다는 마음이 있다는 것을 안다. 한 예로, 영국의 유명한 의적 로빈 후드는 스스로를 좋은 사람이라고 여겼는데, 왜냐하면 자신이 가난한 사람을 돕기 위해 하늘을 대신해 정의를 행한다고 생각했기 때문이다. 그러나 그는 생명에 대해서는 조금도 알지 못했다.

사실 악을 거절하고 선을 따르는 원칙은 타락한 원칙이다. 애석하게도 오늘날 기독교까지도 이러한 원칙을 받아들여 선과 악의 지식의 영역 안으로 떨어졌다. 그들은 공자가 가르치는 것처럼, 어떻게 악을 거절하고 선을 따르는지에 관해서만 말한다. 그러므로 서양 선교사들이 성경을 가지고 중국에 왔을 때 중국인들은 그들을 경시했다. 중국인들은 복음이 단지 사람들에게 아내를 사랑하고 다른 사람을 자기 자신처럼 사랑하라고 가르치는 것이라고 생각했으며, 그러한 가르침이 공자와 맹자의 위대한 가르침보다 전혀 높지 않다고 생각했다. 그러므로 그들은 복음을 받아들이기가 매우 어려웠다. 형제자매들이여, 우리는 이러한 관념에서 구출되어 하나님의 목적에 이르러야 한다. 하나님의 원칙은 생명의 원칙이고, 하나님의 목적은 사람이 생명 안에서 속에서부터 바뀌는 것이다. 변화는 사람의 본질을 바꾸어 사람을 하나님께서 갈망하시고 그분의 신성한 본질과 일치하는 새 창조물이 되게 하는 것이다. 이러한 변화는 내적이며 신진대사적인 과정이다. 외적으로 바뀌는 것은 사람을 더 좋게 만들 수도 있고 더 나쁘게 만들 수도 있다. 그러나 생명의 변화를 통과한 사람은, 거듭난 사람이 거듭나지 않은 사람으로 돌아갈 수 없는 것처럼 원래대로 돌아갈 수 없다. 여러분은 거듭난 후에 주님을 더 이상 원하지 않을지도 모른다. 그렇다 해도 여러분 안에 들어가신 하나님은 결코 여러분을 떠나지 않으신다. 하나님께서 여러분 안에 이루신 일은 결코 파멸되지 않으며, 하나님께서 여러분 안에 분배되신 것은 결코 없어질 수 없다. 이것은 여러분이 완전히 하나님의 새 창조물이 될 때까지 계속해서 여러분 안에 있을 것이다.

우리 안에서의 삼일 하나님의 분배는 신성한 삼일성의 분배이다. 먼저 거듭나게 하심을 통한 아버지의 분배가 있고(벧전 1:3), 성령의 새롭게 하심을 통한 아버지의 분배가 있다(딛 3:5). 그런 다음 구속 안에서의 아들 그리스도의 분배가 있다(엡 1:7-12). 결국 우리는 도장 찍으심을 통한 그 영의 분배를 갖는다(엡 1:13). 신성한 삼일성의 분배의 결과는 변화이다. 이것은 어떠한 기적인지! 우주 가운데 가장 큰 기적은 암이 치료되는 것이 아니다. 가장 위대한 기적은, 원래 형편없고 더러움과 성질과 사악함이 가득한 육체를 가졌던 우리 그리스도인들이 주님을 믿고 삼일 하나님의 분배를 받아들이며 교회생활 안에 있으면서 매일매일 기도하고 주님의 이름을 부르며 주님의 말씀을 읽고 집회하여, 일정한 시간이 흐른 후에 내적인 존재와 본질과 조성에서 변화되어 이전과 같지 않게 되는 것이다. 이것은 우주 가운데서 어떠한 기적인지! 주님의 교회 안에서 매일 시시때때로 이러한 기적이 일어나고 있다.

신성한 분배는 변화를 가져오며 변화는 곧 건축임

신성한 분배는 변화를 가져온다. 우리가 신성한 분배를 더 받아들일수록 그만큼 더 변화를 받게 된다. 그러므로 우리는 매일매일 주님의 분배를 받아들이는 것이 필요하다. 이것은 우리를 신속히 변화시켜 줄 것이다. 이것이 또한 우리가 매일 아침마다 부흥되어야 하는 이유이다. 아침 부흥은 삼일 하나님의 신성한 분배를 우리에게 가져다주어 우리를 변화시킨다. 자신을 개선하려고 노력하지 말라. 여러분이 개선하려고 하면 할수록 더욱더 실패하게 된다. 여러분은 아침 부흥을 통해 매일 주님의 영광을 바라보아야 한다. 그럴 때 점점 변화되어 주님의 영광스러운 형상과 똑같이 될 것이다. 이것은 개선하는 문제나 악을 거절하고 선을 따르는 문제가 아니다. 오히려 이것은 선과 악에서 벗어나 생명을 따르고 생명나무로 돌이키고, 과정을 거치신 삼일 하나님의 신성한 분배를 누리며, 그분께서 속에서부터 우리를 변화시키시도록 허락해 드리는 문제이다. 이렇게 할 때 치료될 수 없는 사람이었던 우리가 변화된다.

변화의 결과가 건축일 뿐 아니라 사실상 변화가 건축이다. 우리의 변화의 정도가 건축의 정도를 결정한다. 왜냐하면 변화 자체가 건축이기 때문이다. 신성한 삼일성의 분배는 먼저 우리를 거듭나게 하고 또한 새롭게 한다. 결과적으로 우리 안에 신진대사적인 변화가 있게 되며, 이 변화가 곧 우리가 말하는 건축이다.

신성한 삼일성의 분배

과정을 거치신 신성한 삼일성의 분배에는 세 방면이 있다. 먼저 아버지의 분배가 있는데, 아버지는 이 분배의 근원이시다. 아버지 하나님은 거듭나게 하심과 새롭게 하심을 통해 그분 자신의 생명과 본성을 우리 안에 분배하신다. 이것은 신성한 삼일성의 분배의 기초이다. 만일 거듭나게 하심과 새롭게 하심이 없다면, 우리는 구속 안에서와 도장 찍으심을 통한 신성한 삼일성의 분배를 체험할 수 없다. 그러므로 거듭나게 하심과 새롭게 하심을 통한 신성한 삼일성의 분배는 곧 신성한 삼일성의 분배의 기초이다.

두 번째 방면은 아들의 분배이다. 아들 그리스도의 분배는 구속 안에 있다. 우리는 구속 안에서, 곧 아버지의 사랑을 받으시는 분 안에서 신성한 삼일성이 우리의 내적 존재의 각 부분에 분배되는 것을 체험한다. 우리는 어떤 사람 안으로 들어갈 수 없지만, 주 예수 그리스도 안으로는 들어갈 수 있다. 성경은 우리가 주 예수님을 믿을 때 그분 '안으로 믿어 들어간다(believe into)'고 말한다. 중국인들이 믿음에 대해 일반적으로 가지고 있는 관념은 '의지하거나 기댐으로써 믿는 것'이다. 중국인들의 사고방식에 따르면, 이것은 마치 우리가 여기저기 표류하다가 어느 날 복음을 듣고 주 예수님께서 강하시고 견고하시고 풍성하신 분이심을 깨달음으로써, 우리의 구주이신 그분께 기대고 그분을 의지하는 것과 같다. 그러나 얼마 지나지 않아 우리는 너무나 지쳐서 더 이상 그분께 기댈 힘이 없을 것이다. 구약에 나오는 노아의 방주는 아주 좋은 그림이다. 노아의 온 가족과 모든 생물들이 방주를 통해 하나님의 심판의 홍수에서 구출되었는데, 이 방주는 구원하시는 그리스도를 예표한다. 그때 홍수는 사십 일간 계속되었다. 만일 노아가 다만 방주에 기대거나 방주에 매달려 있었다면 구원받을 방법이 없었을 것이다. 그러나 노아는 방주 안으로 들어갔으므로 구원을 받았다. 따라서 사십 일 동안이 아니라 사백 일 동안 비가 왔더라도 그는 매우 안전했을 것이다. 마찬가지로, 그리스도는 우리가 기댈 분이 아니시라 우리가 안으로 믿어 들어간 분이시다. 우리가 그분 안으로 믿어 들어갔다면 그분의 풍성한 은혜와 보혈의 씻음과 죄들과 허물들의 용서가 모두 우리의 누림이 된다. 그리스도의 구속 안에서 아버지는 근원으로서 아들의 요소를 계속해서 우리에게 공급하신다. 우리가 이미 말했던 것처럼, 그리스도는 진주를 산출하는 조개와 같으시다. 그분은 모래알과 같은 우리에 의해 상처를 받으셨고, 우리가 그분의 상처 안에 머물 때 그분은 우리 주위에 그분의 생명 요소를 분비하시며 계속해서 우리에게 분배하시고 공급하신다. 결국 그분은 우리를 귀한 진주로 만드시어 하나님의 유업인 하나님의 보물로 조성하신다.

신성한 삼일성의 분배의 세 번째 방면은 도장 찍으심을 통한 그 영의 분배이다. 이 도장 찍음은 삼일 하나님의 본질로 부드럽고 섬세하게 우리에게 도장 찍는다. 그러므로 아버지는 그분의 생명과 본성을 분배하시고, 아들은 그분의 요소를 분배하시며, 그 영은 우리에게 도장 찍는 그분의 본질을 분배하신다. 이 세 방면의 분배는 갈수록 풍성하며 갈수록 부드럽다. 데살로니가전서 5장 19절은 "그 영을 끄지 마십시오."라고 말한다. 이것은 우리 안에 계신 성령의 일이 매우 부드럽고 섬세하다는 것을 말해준다. 우리는 모두 그 영의 도장 찍으심 안에서 살고 행하는 것이 필요하다. 예를 들면, 어떤 사람은 사과할 때의 어조가 합당하지 않은데 이것은 그의 사과가 성령의 도장 찍으심 안에 있지 않다는 것을 증명한다. 성령의 도장 찍으심 안에서 사과한다면 그는 말하는 시점이나 어조나 얼굴 표정까지도 주의 깊게 고려할 것이다. 무언가 잘못된 것이 있다면 성령은 그의 안에서 슬퍼하실 것이다. 우리는 성령의 도장 찍으심 안에 머물 때 그리스도를 우리의 인격으로 취하게 된다. 그러면 더 이상 우리가 사는 것이 아니라 그리스도께서 사실 것이다. 이렇게 그 영은 우리 안에서 부드럽게 도장 찍는 일을 수행하시어, 우리가 합당한 방식으로 살고 행하게 하시고 바르는 관유로 충만하게 하시며 달콤함과 기쁨이 가득하게 하신다. 이것이 곧 성령의 도장 찍으심이다. 그분은 우리의 몸이 구속받는 그날까지 매일 우리 안에서 일하실 것이다. 우리 몸의 구속은 성령의 이러한 도장 찍으심의 결과이다.

건축을 위하여 분배 안에 머묾

어떤 믿는 이들은 주님께서 오시는 날에 결국 그들이 휴거될 것이라고 생각하여, 지금은 성령을 무시하고 신성한 삼일성의 분배에 주의하지 않으며 원하는 대로 생활한다. 이것이 여러분의 관념이라면 여러분은 꿈을 꾸고 있는 것이다. 우리는 주님께서 보물들 곧 그분께서 오시기에 귀한 이들을 데려가시려고 오신다는 것을 알아야 한다. 만일 우리가 귀한 진주로 변화되지 않는다면 주님은 우리를 데려가지 않으실 것이다. 휴거에도 몇 가지 종류가 있는데, 오직 이기는 이들의 휴거만이 최상의 휴거이다. 오늘날 여러분이 제멋대로 느슨하게 생활한다면 최상의 휴거는 여러분의 몫이 아닐 것이다. 그러나 여러분이 내적으로 하나님의 본질로 변화되고 외적으로 그분의 형상과 같은 형상을 이루기까지 매일 성령께서 여러분 안에서 도장 찍으시도록 허락해 드린다면, 여러분은 승리에 차서 휴거될 것이다.

그뿐만 아니라 우리는 교회생활 안에서 교회 건축을 위해 반드시 성령의 도장 찍으심 안에 계속 머물러야 한다. 때로는 잘못을 한 사람이 기꺼이 사과하는 말을 하려고 하지 않기 때문에 형제자매들 가운데 마찰이 일어난다. 어떤 때는 누군가에 의해 마음이 상했는데 그것을 마음에 두고 용서하려 하지 않는다. 우리가 그러한 상태라면 집회 안에서 주님을 찬미할지라도 교회 건축은 파괴된다. 그러므로 교회생활 안에서 형제자매들이 서로 사랑하고 서로 용서하는 것이 매우 필요하다. 이것을 우리 자신에 의해서는 할 수 없다. 오직 성령의 도장 찍으심에 의해서만 우리는 건축된 교회생활을 가질 수 있다.

믿는 이들 안에서의 하나님의 건축

하나님은 과정을 거치신 신성한 삼일성의 분배에 의해 우리 안에서 그분의 목적과 일을 성취하실 수 있다. 현재 우리는 몸의 구속을 기다리고 있다. 다시 말하면, 우리는 하나님의 본질이 우리 몸에까지 퍼져서 우리의 비천한 몸에 그분의 요소가 침투됨으로 우리가 하나님과 똑같아지고 안팎이 완전히 하나님이 되기를 기다리고 있다. 어떤 사람은 이렇게 비난

할지 모른다. "우리 사람이 어떻게 하나님이 될 수 있습니까? 이것은 이단입니다!" 그들이 이렇게 말하는 것은 이상을 보지 못했기 때문이다. 에베소서 4장 23절과 24절은 "또한 생각의 영 안에서 새롭게 되어 새사람, 곧 하나님을 따라 그 실재의 의와 거룩함으로 창조된 새사람을 입은 것입니다."라고 말한다. 이것은 이 새사람에게 외적으로 하나님의 형상이 있을 뿐 아니라 내적으로 하나님의 생명과 본성이 있음을 증명한다(골 3:10). 그러므로 이 새사람은 곧 하나님이다. 우리가 새사람을 입은 것은 곧 하나님을 입은 것이다.

또한 고린도후서 3장 18절은 우리가 주님의 영광을 바라보고 반사함으로써 그분과 동일한 형상으로 변화된다고 말한다. 이 형상은 사람이 창조될 때 지녔던 하나님의 형상을 가리키는 것이 아니라, 믿는 이들의 내적 본질이 변화됨으로써 본받고 있는, 부활하시고 영광스럽게 되신 공기 같은 영이신 그리스도의 형상을 가리킨다. 오늘날 그분은 과정을 거치신 삼일 하나님이시다. 바꾸어 말하면, 우리는 하나님과 동일한 형상이 되는 것이다. 로마서 8장 29절은 하나님께서 우리를 그분의 아들과 같은 형상을 이루게 하시려고 미리 정하셨다고 말한다. 어느 날 우리는 하나님의 아들의 형상을 갖게 될 것이며 완전히 하나님의 아들이 될 것이다. 물론 하나님의 아들은 하나님이다. 그러므로 요한일서 3장 2절은 "사랑하는 여러분, 지금은 우리가 하나님의 자녀들입니다. 우리가 장차 어떻게 될 것은 아직 나타나지 않았지만, 그분께서 나타나시면 우리가 그분과 같아지리라는 것을 압니다. 왜냐하면 우리는 그분을 그분의 존재 그대로 뵙게 될 것이기 때문입니다."라고 말한다.

만일 여러분이 성경의 몇몇 절을 읽어 본다면, 엎드려 머리를 조아리고 하나님께 경배하며 "하나님, 그렇습니다. 우리는 영원히 당신의 신격에는 참여할 수 없고 사람의 경배의 대상이 될 수 없습니다. 그러나 당신의 최고의 목적에 따라 거듭나게 하심과 새롭게 하심과 구속과 도장 찍으심 안에서 당신 자신을 분배하시어, 우리를 변화시키시고 당신 자신을 우리 안에 건축하심으로써 우리를 안팎으로 당신과 똑같이 되게 하시고 하나님이 되게 하시는 것에 대해 당신께 감사드립니다. 이러한 당신의 최고의 목적으로 인해 당신께 경배합니다."라고 말할 것이다. 여러분에게 이러한 깨달음이 있다면 여러분의 모든 생활에는 큰 변화가 있을 것이다. 또한 여러분은 더 이상 선과 악의 지식의 영역 안에서 오르락내리락하지 않을 것이다. 여러분은 그 영역에서 뛰어나와, 더 이상 좋은 사람이나 훌륭한 사람이 되려고 하지 않고 다만 하나님과 같아지고 하나님을 표현하며 하나님의 형상을 가지려고 할 것이다. 이것이 그리스도의 몸인 교회이다.

신성한 분배의 결과는 변화이며, 변화는 곧 건축이다. 하나님의 건축은 그분 자신을 재료로 삼아, 그분께서 선택하시고 구속하신 사람 안으로 그분 자신을 건축하시는 것이다. 어떤 형제자매들은 이러한 인식이 부족해서, 관심사가 서로 맞고 의견이 서로 일치하며 조화 가운데 함께 봉사한다면 자신들이 건축되었다고 생각한다. 그러나 그것은 건축이 아니다. 참된 건축은 삼일 하나님께서 믿는 이들을 변화시키심으로써 그분 자신을 그들 안으로 건축하시는 것이다. 에베소서 3장에 이러한 그림이 있다. 사도는 아버지 하나님께 그분의 영광의 풍성을 따라 그분의 영을 통하여 우리를 강하게 하셔서 그리스도께서 우리 안에 거처를 정하시게 해 달라고 기도했다. 이것은 삼일 하나님의 분배에 대한 한 폭의 그림이다. 요한복음 14장 23절에서 주 예수님은 "누구든지 나를 사랑하면 나의 말을 지킬 것입니다. 그러면 나의 아버지께서 그를 사랑하실 것이고, 우리가 그에게 가서 그와 함께 서로 거처를 정할 것입니다."라고 말씀하셨다. 거처는 건축된 것이다. 그러므로 삼일 하나님께서 우리 안에 거처를 정하신다는 것은 곧 삼일 하나님께서 그분 자신을 우리 안으로 건축하신다는 것이다. 다시 말하면 그분 자신과 우리를 함께, 그분 자신과 우리를 위한 상호 거처로 건축하신다는 것이다.

형제자매들이여, 오늘 여러분 안에는 하나님께서 얼마나 건축되셨는가? 우리는 주님을 믿은 지 오래되었지만 삼일 하나님께서 그분 자신을 우리 안에 충분히 분배하시도록 허락해 드리지 않았을지 모른다. 그 결과 여러 해가 지났어도 우리는 여전히 여기저기에 흩어진 재료들에 불과하고, 심지어 기초가 잘 놓이지도 못했다. 우리가 신성한 삼일성의 분배를 더 많이 받아들인다면, 하나님의 요소가 우리 안에서 매일 증가될 것이고 매일 더 많은 건축이 이루어질 것이다. 그 결과로 머지않아 하나님은 속히 우리 안에서 거처 곧 그분께서 안식하실 수 있는 처소를 얻으실 것이다. 하나님은 우리 안에서 거처를 얻으실 것이기 때문에 우리 안에서 편안함과 안식을 가지실 것이고, 또한 하나님 자신도 우리의 거처가 되실 것이다.

이것은 교리가 아니다. 이것은 우리의 매일의 체험이 되어야 한다. 이것이 생명의 성장이며 진정한 영적인 진보이며 참된 이기는 생활이다. 주님의 회복은 워치만 니 형제님 때부터 항상 이 건축에 주의해 왔다. 우리에게 필요한 것은 밖의 물질적인 축복이나 소위 영적이 되거나 승리하는 것이 아니다. 우리에게 필요한 것은 에베소서 3장에서 바울이 기도한 것이다. 즉 아버지께서 그분의 영광의 풍성을 따라 그분의 영을 통하여 능력으로 우리를 속사람에 이르도록 강하게 해 주시고, 믿음을 통하여 그리스도께서 우리의 마음에 거처를 정하시게 하시는 것이다. 우리는 모두 서로를 위해 또한 교회를 위해 기도할 필요가 있다. 우리는 모두 속사람에 이르도록 강하게 됨으로써 그 영 곧 삼일 하나님께 연결되며, 신성한 삼일성 곧 근원이신 아버지와 요소이신 아들과 본질이신 그 영의 지속적인 분배를 체험할 필요가 있다(엡 4:4-6). 이 분배의 결과로 우리 안에 하나님의 건축이 이루어질 것이다. 그리하여 우리와 하나님, 하나님과 우리는 상호 거처가 된다. 먼저는 우리가 그분 안에 거하고, 그런 다음 그분께서 우리 안에 거하신다. 결국 우리가 그분 안에 거하고 그분께서 우리 안에 거하심으로써 그분과 우리는 하나가 된다. 즉 하나님은 사람이 되시고 사람은 하나님이 된다. 이것이 요한복음 14장에서 말하는 '거처를 정하는 것'의 궁극적인 결과인 새 예루살렘이다. 다시 말하면, 우리가 그분 안에 거하고 그분께서 우리 안에 거하시는 이 상호 거함의 결과로 새 예루살렘이 산출된다. 주님께 감사드리자. 오늘 우리는 새 예루살렘의 실재 안에 살면서, 새 예루살렘을 위해 그리스도의 몸을 건축하고 있다.

— 이 메시지는 미노루 첸 형제님이 대신 전한 것임

4

과정을 거치신 신성한 삼일성의 믿는 이들 안에서의 건축

The Building of the Processed Divine Trinity in the Believers

제4장

과정을 거치신 신성한 삼일성의 믿는 이들 안에서의 건축

성경: 엡 4:4-6, 요 14:23, 엡 3:17, 4:15-16, 골 2:19, 고전 3:12, 계 4:2-3, 21:18상, 19상, 11

개요

Ⅰ. 믿는 이들 안에서의 삼일 하나님의 변화시키심은 믿는 이들 안에서 이루어지는 그분의 건축이다. 이것은 단순히 하나님께서 믿는 이들을 교회를 건축하는 보배로운 재료로 만드시는 것이 아니다.

A. 삼일 하나님은 믿는 이들을 변화시키심으로써 그분 자신을 믿는 이들 안에 건축하시고, 믿는 이들의 변화된 새사람으로 그리스도의 몸을 구성하신다.

B. 삼일 하나님은 이 몸의 생명과 실재이시고, 믿는 이들은 이 몸의 구조와 표현이다.

C. 요한복음 14장 23절은 아버지 하나님과 아들 하나님께서 그분을 사랑하는 이들에게 오셔서 그들과 함께 서로 거처를 정하실 것이라고 말하며, 에베소서 3장 17절은 그리스도께서 그 영을 통해 강화된 믿는 이들의 마음 안에 거처를 정하신다고 말한다. 이 두 절은 모두 신성하고 비밀스러운 건축에 대해 말한다.

Ⅱ. 믿는 이들 안에서의 하나님의 건축은 믿는 이들 안에서의 하나님의 생명의 성장과 증가이다 — 엡 4:15-16, 골 2:19.

A. 이 생명의 변화에서 비롯되는 건축은 교회, 곧 그리스도의 몸을 위한 것이다 — 고전 3:12.

B. 이것은 악을 거절하고 선을 따르는 원칙에 근거한 가르침에 의해서는 절대로 이루어질 수 없다. 오직 신성한 생명의 원칙에 따른 계시만이 생명의 변화에서 비롯되는 건축을 산출할 수 있다.

Ⅲ. 성숙한 모든 성도들은 새 예루살렘, 곧 하나님의 단체적인 복사판으로 건축된다.

A. 보좌에 계신 하나님의 모습은 벽옥과 같다 — 계 4:2-3.

B. 새 예루살렘의 성벽과 첫째 기초 역시 하나님의 존재를 표현하는 벽옥이다 — 계 21:18상, 19상, 11.

부담의 말씀

주님께 감사드린다. 오늘 저녁에 나는 여전히 여러분과 교통을 나누고 싶은 부담이 있다. 먼저 나는 여러분에게 미안함을 느끼고 용서를 구한다. 특히 멀리서 온 분들은 나를 만나 교통하고 싶어 했지만, 지난 몇 주 동안 거의 내내 나는 병중에 있어서 휴식을 취하고 있었기 때문에 이러한 요구에 응할 수 없었다. 나는 이 점에 대해 참으로 애석하게 느낀다. 여러분이 나를 용서해 주기를 바란다. 메시지 방면에서 비록 나 자신이 메시지 한 편 한 편을 처음부터 끝까지 여러분에게 교통해 주지는 못했지만, 내가 형제들에게 소식을 들을 때 나를 대신하여 메시지를 전한 형제가 나보다 더 메시지를 잘 전했다고 느낀다. 그러므로 이것은 우리의 사역이 한 개인의 단독적인 사역이 아니라 몸의 단체적인 사역임을 증명한다. 내가 잠시 약해졌으나 다른 형제들이 나를 대신할 수 있다. 이것은 얼마나 좋고 아름다운가!

여러분이 허락한다면 나는 앉아서 교통하는 것이 비교적 수월할 것 같다. 이번 특별 집회의 부담은 매우 비밀하다. 특별히 하나님께서 사람이 되시고 사람이 하나님이 되는 이 요점이 그렇다. 이것은 천사들과 사람들이 측량할 수 없는 경륜이다. 이것은 너무나 높고, 너무나 비밀하고, 너무나 비밀스러우며, 우주 가운데 그러한 일이 일어날 수 있다는 것을 믿을 수 없을 정도로 그러하다. 나는 참으로 이번 특별 집회에 참석한 모든 형제자매들이 이 큰 이상을 보기를 바란다. 우주 가운데에는 하나님과 하늘과 땅과 사람, 이 네 가지가 있다. 네 항목 중 하늘과 땅, 이 두 가지는 죽은 것이고 생명이 없는 것이다. 나머지 두 가지 곧 하나님과 사람은 살아 있다. 나는 여러분 모두가 하나님과 사람의 이야기가 어떤 것인지를 보기를 바란다.

육천 년 동안의 인류 역사는 우리에게 종교와 철학과 윤리에 관한 가르침이 있었음을 보여 준다. 온 세상에 그러한 가르침이 있다. 오직 주님만이 우리에게 한 권의 성경을 주셨다. 이 성경에서 주님은 우리에게 하나님께서 그분 자신을 사람과 똑같이 만드시기를 원하신다는 큰 계시를 보여 주신다. 이것이 놀랍지 않은가? 그분은 하나님이시지만 사람의 본성을 취하셨고 사람의 몸을 입으셨으며 사람의 생명을 가지시고 사람들과 함께 거주하고 사셨는데, 그 목적은 사람들 곧 그분께서 선택하신 사람들을 그분과 똑같이 만드시는 것이다. 이 사람들은 비록 사람이지만 그분의 신성한 생명과 신성한 본성을 소유한다. 생명과 본성에서 사람과 하나님이 같은 종류가 되었다. 하나님은 우리를 낳으셨고 우리는 그분에게서 났다. 그분은 하나님이시지만 우리의 인성을 소유하셨듯이, 우리는 사람이지만 또한 그분의 신성한 본성을 갖고 있다. 그러므로 이 둘은 하나님이지만 인성을 가졌고 사람이지만 신성을 가졌다. 이 두 본성과 두 생명에 의해 하나님께서 그분 자신을 사람과 연합하심으로써, 그분의 신성한 생명이 사람들 가운데서 인성을 통해 살아 나타나게 하셨고, 그분께서 구속하신 사람들이 그분의 신성을 소유하고 또한 그분의 신성 안에서 부활하고 높아진 인성을 통해 하나님의 모양을 살아 나타내게 하셨다.

결국 이것은 하나님과 사람을 똑같이 만들고 하나로 연합되게 하며 심지어 함께 건축되게 하는 것이다. 바로 앞에서 언급한 단계들을 통해 하나님은 그분 자신을 사람 안으로 건축하시고 사람을 그분 자신 안으로 건축하신다. 하나님 자신은 이 조성체의 내재적인 요소 곧 내적인 근원과 요소와 본질이 되시고, 그분께서 구속하신 사람들은 내재적인 요소 곧 근원과 요소와 본질 안에서 함께 건축되어 이 조성체의 골격이 된다. 이것이 우주 가운데의 한 새사람이다. 이것이 에베소서 4장이 우리에게 보여 주는 것이다. 이 새사람의 궁극적인 완결은 새 예루살렘이다. 새 예루살렘은 바로 하나님과 사람, 사람과 하나님, 이 둘로 이루어진 조성체이다. 이 둘은 하나로 조성되었다. 이 조성체는 신성이 인성 안에서 표현되고 인성이 신성 안에서 영광스럽게 된 것이다. 그러므로 신성과 인성, 이 둘은 하나의 상호 거처가 된다. 하나님이시자 사람이신 분은 사람이자 하나님인 존재 안에 거하시고, 사람이자 하나님인 존재는 하나님이시자 사람이신 분 안에 거한다. 이 둘은 하나의 상호 거처이다. 이처럼 그분의 신성한 영광은 인성 안에서 찬란하게 빛을 발하고 나타날 것이다. 그 안에는 무슨 선함이나 사악함이 조금도 없으며, 그것은 선이나 악과는 무관한 것이다. 하나님의 경륜은 절대적으로 선과 악의 밖에 있다. 이 경륜은 하나님 자신과 사람이, 하나님이자 사람이며 사람이자 하나님인 한 실체가 되는 것이다.

형제자매들이여, 여러분 모두는 복이 있는 사람들이다. 이것을 볼 수 있는 것은 너무나 큰 축복이다. 주님께서 종교와 철학에서 王한 인간의 윤리에서 우리를 구원하셔서, 하나님께서 사람이 되시고 사람이 하나님이 되는 이 큰 이상 안으로 온전히 이끌어 주시기를 구한다. 바로 이러한 이상 안에서 주님은 그리스도의 지체들인 성도들, 그리스도의 몸인 교회, 하나님-사람과 사람-하나님의 구성체인 한 새사람을 가지실 수 있다. 그 결과 우주 가운데 하나님의 영원한 표현인 신성한 영광이 사람 안에서 밝게 나타날 것이다. 나는 참으로 여러분 모두가 이것을 볼 수 있기를 바란다. 또한 하나님께서 한량없는 복으로 여러분을 축복하시고, 무한한 은혜를 여러분에게 베푸시며, 그분의 영원한 임재를 여러분에게 허락해 주시기를 바란다. 여러분이 이것을 누리며 이것의 증거가 되기를 바란다. 다시 한번 주님께서 형제자매들을 축복하시고 형제자매들과 함께하시기를 바란다.

과정을 거치신 신성한 삼일성의 믿는 이들 안에서의 분배와 변화와 건축

초판 인쇄일/ 1994년 4월 15일
개정판 인쇄일/ 2024년 8월 30일
개정판 발행일/ 2024년 9월 12일
저자/ 위트니스 리
역자/ 한국복음서원 편집부
발행인/ 이희득
발행처/ 한국복음서원
등록/ ®1978.3.6. 제16-12호

주소/ 경기도 성남시 중원구 사기막골로 124,
SKn테크노파크 비즈센터 B210호 (13207)
전화/ 1600-3191
팩스/ 031) 709-3389

ISBN/ 979-11-6857-228-7 03230

http://www.kgbr.co.kr
E-mail:kgbr@kgbr.co.kr

정가 4,000원